정신역동상담의 실제

Michael Jacobs 저
김영근 · 손자영 · 김미례 · 김수임 · 김종수 · 박승민 · 신선임 · 안인숙 · 윤숙경 · 조난숙 · 최바올 · 홍상희 공역

PSYCHODYNAMIC COUNSELLING IN ACTION (5TH ED.)

학지사

역자 서문

지난 수십 년 전부터 현재까지 꾸준히 출판되어 영미권에서 오랫동안 사랑받아 온 SAGE사의 '상담의 실제(Counselling in Action)' 시리즈 19권 중 가장 많은 개정판을 낸 『정신역동상담의 실제』와 최근에 출간된 『정서중심상담의 실제』를 한국심리치료상담학회 운영위원진들과 함께 번역하고 발간할 수 있게 되었다. 최근 들어 한국의 상담학계에는 최신의 서구 상담이론들이 꾸준히 소개되고 있는 가운데, 전통적인 오랜 역사와 함께 여전히 한국 상담자들의 주된 선호 이론 중 하나로 굳건히 자리 잡은 정신역동치료와 비교적 최근에 한국에 많이 소개되고 있는 이론인 정서중심치료에 관한 두 권의 책을 동시에 번역하고 출간할 수 있어서 대표 역자로서 기쁜 마음을 감출 수 없다. 상담자들은 자신에게 가장 잘 맞는 옷의 상담이론을 선택하여 중심이 되는 인간관을 바탕으로 자신만의 상담관을 형성해 나가고, 다른 이론들의 장점을 취합하여 통합적 관점을 형성해 가면서 전문가로 성장해 나간다. 이 두 권의 책이 한국의 상담자들에게 전문가로 성장해 나가는 지난한 여정에서 좋은 도움이 됨과 동시에 우리의 가장 큰 스승인 내담자들에게 그 혜택이 고스란히 돌아갈 수 있게 되기를 기대해 본다.

이 두 권의 책이 출판되기까지 많은 도움을 주신 분들을 떠올려 본다. 캐나다 윈저 대학교 심리학과로 연구년을 나온 나에게 편집위원장이라는 중책과 함께 두 권의 책 번역을 위한 진두지휘를 믿고 맡겨 주신 한국심리치료상담학회 박승민 학회장님과 멀리 타국에 있어서 수작업을 할 수 없는 나를 대신해 꼼꼼하게 교지 작업을 담당해 주신 손자영 자격관리 부위원장님을 비롯하여 두 권의 책 번역을 맡으면서 성가실 수도 있는 나의 요구를 친히 감당해 주신 아홉 분의 한국심리치료상담학회 운영위원진에게 감사를 전한다. 또한 첫 역서 책임자인 나에게 직접 전화를 걸어 기간을 지켜주십사 당부하면서 믿고 역서 출간을 허락해 주신 학지사 김진환 사장님과 SAGE사와의 계약 및 진행 과정이 순조로이 될 수 있도록 해 주신 이수정 대리님, 편집 과정에서 수정할 부분이 많음에도 불구하고 묵묵히 인내하며 섬세하게 작업해 주신 백소현 실장님께 심심한 감사의 마음을 전한다.

캐나다 윈저대학교 연구실에서

대표 역자 김영근

추천 서문

우리는 Freud의 공헌으로 인하여 이성으로 이해하려고 하거나 안심시키려는 것만으로는 해결되지 않는 심리적인 갈등은 무의식적 동기와 감정의 산물로 이해해야 한다는 것을 알게 되었다. 그러나 다른 사람들이 Freud의 아이디어를 적용할 때, 모두 혼란스러운 현상을 마주하게 되었다. 고통이 없기를 간절히 바라는 사람들조차도 내면을 탐색하기 시작했을 때, 그러한 노력을 바로 포기하는 모습을 보였다. 예를 들어, 건강에 대한 망상적인 감각을 경험하거나 치료자나 그의 작업에 부정적인 반응을 보이기도 했다. 이러한 저항의 근원을 발견하고 이를 극복할 수 있는 방법을 발견하는 것이 타인의 고통스러운 갈등을 해소해 주고자 하는 사람들을 교육할 때 중요한 부분을 차지한다. 실제로, 이러한 훈련을 받지 못할 경우 어떠한 변화도 이루어 낼 수 없다고 말할 수 있을 것이다.

Freud의 공헌은 그의 기본적 가정을 채택하거나 그를 따라가면서도 독자적인 위치를 차지하는 많은 사상가들에 의해 발전되었다. 따라서 관련 지식의 영역은 매우 광범위하고, 보통 '정신분석'보다 더 광범위한 의미로 '정신역동'이라고 불리는 편이다. Michael Jacobs는 이 책에서 정신역동과 관련하여 상담 과정에 대한 뛰어나고 훌륭한 설명을 제공한다. 광범위한 연구 결과를 활용하여 이를 어떻게 상담에 적용해야 하는가에 관하여 선명하고 매력적인 방식으로 균형 잡힌 섬세함이 드러나는 설명을 제시한다. 또한 약간의 노력만으로도 심리적 갈등이 해결될 것이라는 순진한 기대를 쫓아버리도록 한다.

그럼에도 불구하고, 그는 자기를 이해하고, 현실적인 기간 내에 가능한 실질적 이득을 얻고, 자신이 원한다면 더 만족스러운 삶으로 이어지는 이득을 얻는 과정에서 볼 수 있는 발전적인 특징으로부터 시작한다. 그는 또한 이러한 과정이 수동적인 주체에 의해 실현될 수 있을 것이라는 비현실적인 기대를 내려놓도록 하는 중요한 역할을 한다. 그 대신, 이 과업을 시작하는 개인은 상담자와의 동반자 관계에서 자신의 발전에 대한 책임을 상담자와 함께 공유한다. 잠재적인 자원에 대한 투자를 해야 자신의 전 존재가 소중한 이득을 얻을 수 있는 것이다.

이 분야의 저자들이 흔히 겪는 어려움은 내담자의 정보를 안전하게 지키는 것이다. Michael Jacobs는 이와 관련하여 새로운 방식의 해법을 제시한다. 그는 인간의 특성을 날카롭게 관찰한 소설가, Charles Dickens가 묘사한 보통 사람들이 겪는 정서적 스트레스를 활용하였다. 여기에서부터 그는 실제 사례라고 믿을 수 있을 만큼 뛰어난 상상을 바탕으로 한 '역사적 사례'를 만들어 냈다.

자신의 상담 기술을 향상시키고자 하는 독자들과 상담이 무엇인지 배우고자 하는 독자들은 이 책으로 많은 도움을 받을 것이다. 인간의 본성에 대한 깊은 이해와 인간의 본성을 탐구하고자 한 뛰어난 문헌을 발견하게 될 것이다.

전 Tavistock 클리닉 의료 소장

John D. Sutherland CBE, FRCPsych

저자 서문

이 책의 초판을 출간한 지 거의 삼십 년이 되어간다. 각각의 다른 판본마다 수천 부가 팔렸고, 어느새 제5판을 개정하게 되었다. 이전에도 말했지만, 나는 이제 이 책이 마지막 개정이 아닐까 하는 나이가 되었다. 새로운 개정판을 준비할 때면 늘 그렇듯이, 출판사에서 유용한 개정 의견을 제시하였다. 이전에 '깊이와 방어(Depth and Defensiveness)'로 부제를 달았던 장이 어렵다는 의견을 주어 나는 그 장을 다시 썼다. 내용은 대부분 동일하나, 방어의 중요성을 강조하고 내 생각에 직면을 지나치게 강조한 부분을 완화시키기 위해 일부를 재배열하고 단순화하였다. 나는 치료적 관계와 반영 부분을 다시 작업했는데, 이는 나와 많은 슈퍼바이저들이 작업하는 방식을 반영한 것으로, 적어도 전통적으로 정의된 전이에 대한 강조를 덜 하고, 치료적 관계와 실제 전이 자체가 형성하는 다른 형태에 더 많은 주의를 기울였다. 글을 읽는 과정에서 나는 저자로서뿐만 아니라 상담자로서도 내 스타일이 수년간 변화했음을 깨달았다. 이는 근본은 그대로 유지하되 수많은 구절들을 바꾸는 데 녹아들어 있다.

이 책에 추가해 달라고 받은 요청 중 하나는 정신역동적 상담의 효용성에 대한 연구 개요를 서술해 달라는 것이었다. 나는 이 일이 상담 서비스를 의뢰하고 자금을 조달할 때 특히 필요하다는 것을 너무나 잘 알고 있다. 그러나 이는 나의 관심 영역은 아니다. 내게 중요한 성과는 내담자에게 중요한 성과이며, 나는 많은 좋은 일들이 일어나는 것을 보아왔다. 나는 이것을 넓은 세상에 선언하고 싶었던 적이 없으며, 이를 측정하려고 한 적도 없다. 성과를 측정하려는 이들에게 박수를 보내면서도 (그 연구가 치료의 과정을 방해하지 않는 한), 그리고 누군가는 해야 한다는 것을 알면서도, 나는 수년간의 경험과 수백 명의 내담자를 통해 내가 이미 알고 있는 것을 확인하는 용도 빼고는 성과 측정에는 흥미가 잘 생기지 않았다. 내가 알고 있는 것은 나와 다른 많은 정신역동 상담자와 치료자가 참여하는 작업의 가치이다. 다양한 접근의 많은 상담자와 치료자의 경우도 마찬가지이다. 나는 무엇보다도 대화 치료(talking therapies)를 중요하게 생각한다. 나는 종종 발생하는 기법 간의 경쟁을 경멸한다(그렇다, 경멸). 나는 정신역동적 접근 방식만이 고유한 것이 아니며, 이 접근이 때로는 다른 접근에 선한 영향을 미치고 또 다른 접근으로부터 영향을 받은 점, 그리고 이것은 임상에서 때로는 다른 이름이 붙여지지만 거의 같은 가치를 공유한다는 점을 이 책에 반영되기를 바란다.

많은 나의 독자들 또한 이 접근이 다른 대화 치료보다 더 효과성이 있다는 점을 연구를 통해 입증하는 일에 궁극적으로는 흥미가 있을 것이라 생각하지 않는다. 이는 그저 정신역동적 접근이 나에게 맞고 또 종종 그들에게 맞을 뿐이다. 이 접근은 단순히 증상과 결과만 보는 게 아니라 우리가 어떻게 생각하는지, 어떻게 느끼는지, 어떻게 관계 맺는지, 그리고 특히나 (이 책에서 앞서 묘사하기로는) 내면 세계와 외부 세계의 관계에 주목한다. 만약 독자들 (혹은 이 교재를 사용하는 선생님들) 중에 연구에 대해 더 알고 싶다면, 이것을 아는 분에게 문의하길 바란다. 2010년 American Psychologist(인터넷에서 전부 열람 가능)에서 많이 인용된, Jonathan Shedler의 정신역동적 치료 연구에 대한 메타분석에 따르면 정신역동적 치료의 결과는 다른 근거 기반 치료들만큼 효과적이었으며, 정신역동적 치료의 효과는 지속성이 있었고, 증상의 차도가 있었으며, 효과는 종종 정신역동적 치료가 끝난 이후에도 증가하였다(Shedler, 2010: 90-109). BACP에는 다양한 연구 결과를 정리해 놓은 상담 및 심리치료 연구 관련 웹페이지가 있다. Jessica Yateley와 Peter Hobson은 Royal College of Psychiatry 웹사이트에 정신역동적 심리치료에 관한 연구를 정리해서 올리는데, 최근에는 2013년에 업데이트 되었다(이름과 '근거(evidence)'에 대한 키워드를 검색할 것). Mick Cooper는 단기 정신역동치료의 효용성을 보여 주는 몇 가지 연구를 언급하고(Cooper, 2008: 2164-6), 전이 해석의 과도한 사용은 연구에서 금지되는 것을 보게 된다. 전이 해석이란 용어는 종종 잘못 사용되기 때문에, 이것이 무엇을 의미하는지 아는 것이 매우 중요하다. 이는 6장에서 논의할 예정이다. 하지만 그것이 '순수한' 형태, 관계의 다른 측면들은 거의 배제한 전이를 의미한다면, 이 연구가 의미하는 바를 이해할 수 있을 것 같다. 그 장을 읽게 될 독자로서 내 입장은 치료적 관계의 다양한 요소들은 일관성 있고 서로 관통하며, 모두 동일하게 중요하다는 것이다. 다양한 연구 방법 간의 타당성에 대한 논쟁과 단기 혹은 장기적인 정신역동 및 정신분석 치료의 상대적 효용성에 대한 논쟁은 항상 있겠지만, 나는 이를 가장 잘 아는 사람들에게 남겨놓고자 한다. 나는 내가 아는 것만 그것은 이 책에 설명되어 있다.

처음 이 책이 출판되었을 때, 나는 두 허구의 인물에 대한 묘사를 선택한 이유에 대해 설명한 바 있다. 상담에 대한 정신역동적 접근 방식에 대해 처음부터 끝까지 써 보라는 당시 편집자의 브리핑을 고려해 볼 때, 독자에게 처음부터 끝까지 두 가지 사례를 안내하는 것이 맞다고 여겼다. 그러나 이는 어려움이 있었다. 사례 삽화는 내담자의 신원을 방지하기 위해 충분히 위장될 수 있는 반면, 사례가 너무 길면 너무 많은 정보를 제공할 위험이 있기 때문이다. 대안은 그들을 아주 위장시켜서 사례의 진실보다는 상담자의 상상 속 허구로 읽히도록 하는 것이었다. 특정하기 쉬운 특징들을 바꾸는 것은 생각보다 쉽지 않았다.

그래서 나는 Dickens의 소설에서 두 인물을 가져오는 것을 선택했고, Dickens가 그들에게 부여한 감정적 어려움을 가지고 그들이 나를 찾아오는 것을 상상했다. 사실, 그들이 내 앞의 종이 위에 나타나, 마음속에서 나와 대화하는 순간, 그들은 Dickens의 창작물이 아니라 거의 나의 것이 되었지만, 그들은 아마 Dickens의 것도 내 것도 아니고, 다만 그들만의 삶을 살았을 것이다. 나는 절대 소설을 쓸 수는 없지만, 소설가들이 소설 속 인물들이 주도권을 가져간다고 말하는 뜻을 이해할 수 있었다. Dickens가 딜레마와 대부분의 사실을 내게 제시해 주었다면, 나는 상담사를 제공해야 했다! 그러나 나는 설득력 있는 20세기적 모습을 묘사하기 위해 Little Nell의 나이를 늘려야 했고, 비슷한 이유로 Manette 박사를 바스티유에 수감된 프랑스 의사에서 동유럽 난민으로 바꾸어야 했다. 하지만 그것마저도 지금은 현대 동유럽을 반영하기보다는 역사적인 문제이다.

내가 접근 방식을 이상화하고 기술의 완벽한 예를 제시하기 위해 그러한 허구를 사용할 수 있다는 점에서 이는 위험요소가 있다. 추후 알게 되었지만, 내가 알아볼 수 있는 내담자보다는 가상 인물과 관련하여 내 실수의 일부를 기록하는 것이 더 쉬웠다. 나는 Little Nell(Hannah로 소개한)과 Doctor Manette(Karl로 소개한)가 내 앞에 있다고 상상하면서, 다양한 내담자들과의 실제 작업에서 일어난 상호작용들을 각색하여 소개하였다. 내가 진행한 회기 중에 표현되지 않았던 것은 글 속에 하나도 없으며, 더욱이 최근에 어떤 내담자의 경우에는 내가 Karl을 처음 만났을 때 그가 했던 말과 거의 유사하게 말하면서 첫 회기를 시작하기도 했다. 나의 두 '내담자'에게 전달했던 이해는 만약 그들이 '진짜' 사람이었다면 내가 그렇게 했을 법한 내 생각을 반영한다. 하지만 Dickens가 정신역동적 가설을 제시했던 것은 아니다!

하지만 Dickens가 그렇게 하지 않았다 하더라도, Freud 이전에 글을 쓴 다른 훌륭한 소설가, 작가, 시인들처럼 그가 Freud의 통찰력 중 많은 것들을 예견했다는 것을 발견했다. Dickens가 Freud를 예견했다는 것이 의심스러운 사람은 Manette 박사의 인격 변화에 대한 해석과 치유가 훌륭하게 묘사된 파트 2, '두 도시 이야기(A Tale of Two Cities)'의 19장을 읽어보기 바란다. Manette와 Lorry는 사람의 정신 장애가 공부를 너무 많이 했을 때 재발할 수 있는지 여부에 대해 논의한다. Manette 박사는 "나는 하나의 연관성 외에는 어떤 것도 그것을 새롭게 할 거라고 생각지 않는다…. 그 화음의 어떤 특별한 거슬림…"이라고 말했다. 그러자 Dickens는 "그는 작은 것이 정신의 연약한 체계를 압도하는지를 알고 있는 사람의 수줍음으로, 그러나 개인의 인내와 고통으로부터 천천히 확신을 얻은 남자의 자신감을 가지고 말했다."라고 작성했다. 마지막 장에서 독자들은 '한 줄의 연상'을 통해 우리가 Karl을 어떻게 이해할 수 있게 되었는지 보게 될 것이다. 이와 유사하게, Hannah의 경우도 성욕(sexuality)과 분리(separation)가 '오래된 호기심 가게(The Old Curiosity Shop)'를 통해 Little Nell을 뒤덮는다.

또한 흥미로운 것은 Hannah(이 이름은 Anna Freud와 Hannah Segal에 대한 일종의 존경의 의미로 선택하였다)를 내가 성공한 사례의 내담자가 되는 것으로 의도했다는 점이다. 동일하게, Karl(또 Carl Jung뿐만 아니라 Carl Rogers에 대한 존경의 의미로 선정하였다!)은 실패한 작업을 대표하는 것으로 결정하였다(실패를 두 명의 Carl의 탓으로 돌리는 것은 아니다!). 놀랍게도 내 초기 의도와는 달리, Dickens의 텍스트를 내 목적에 맞게 적용하면서 Hannah가 Little Nell의 길을 가고 Karl이 Manette 박사처럼 회복하는 것을 막을 수 없었다. 그리고 나는 Hannah와의 여정의 마지막 부분을 적을 무렵, Little Nell의 죽음에 대해 Dickens와 그의 독자들이 느꼈던 압도적인 슬픔과 동일한 강렬한 슬픔을 느꼈다(그리고 여전히 그 문단의 마지막 문구를 읽을 때면 동일한 감정을 느낀다). Hannah/Little Nell 그리고 Karl/Manette 박사, 그들의 결과를 바꾸기 위한 의도적인 노력에도 불구하고 나는 어떻게 원래대로 돌아가게 된 걸까? 이는 정신역동적 관점에서 또 하나의 흥미로운 질문이다.

2016년 11월

스와니지에서

Michael Jacobs

차례

02 첫 회기 • 47

03 첫 회기 이후 • 81

정신역동적 접근법의 소개 01

중요한 질문

상담이 시작되자 Hannah는 조심스럽게 자리에 앉았다. 바깥 풍경을 잠시 쳐다보더니 이내 고개를 돌려 다소 위협적인 눈빛으로 나를 응시했다. “정신분석가세요?” 그녀의 목소리와 몸짓이 불안해 보였다.

나는 잠시 머뭇거리며, 내가 느꼈던 위협감이 그녀의 감정을 반영한 것일지도 모른다고 생각했다. 더 할 말이 있을지 기다려 보았지만 그녀는 내가 대답해 주길 바라는 게 분명했다. 그래서 나는 짧은 침묵 동안 그녀에게 반응할 말을 찾아보았다. 그리고는, “정신분석가란 당신에게 어떤 의미인가요?”라고 되물었다.

나는 Hannah의 뻔한 질문 뒤에 숨은 의미가 궁금해 답변하지 않았고, Hannah는 “Freud나 다른 뻔한 남자들처럼 모든 것을 성적(sex)으로 보는 남자 중 한 명일 뿐이에요. 그런 건 충분히 겪어봤어요.”라며 받아쳤다. 그녀는 잠시 머뭇거리다가 “여자 상담자를 원했는데…”라며 아쉬워했다.

“여자 상담자와 상담하길 원했지만 정작 지금은 남성과 대화하고 있네요. 그리고 당신은 제 신경이 오로지 성에만 가 있을까 봐 걱정하고 있고요.”라며 부드럽게 대답했다. 이 같은 대답은 다소 위험한 발언임을 알고 있었지만 이렇게 말했던 이유는, 앞으로 정신역동적 작업에서 성보다 우리 관계가 중요한 기초가 되기 때문이며 또한 이 사실을 그녀가 너무 성급하게 받아들이지 않도록 모호하게 반응했다.

"그러니까 정신분석가란 말씀이지요?" Hannah가 이번엔 살짝 미소를 지으며 말했다. 아마도 그녀는 나의 모호한 태도를 눈치챈 것 같기도 했지만, 그보다는 중요한 문제의 실마리를 잡았다는 안도감의 표시일 가능성이 커보였다. 나는 내가 남자라는 사실이 중요하지 않은 척하지도 않고, 그녀가 나에게 분명히 드러낸 자신의 삶을 위협하는 영역에 관심을 보이지도 않으면서 이와 같이 부드럽게 반응했다.

"아니요, 저는 상담자이자 심리치료자예요. 그런데 Hannah 씨가 정신분석에 관해 걱정하시는 것이 무엇인지 궁금합니다."

정신역동이론과 실무

Hannah의 첫 질문은 상담치료에 대한 염려와 상담과 정신분석 사이에 모호한 개념을 나타낸다. 이는 일반 대중들에게서 흔히 나타나는 모습이다. 첫 회기의 나머지 내용은 다음 장으로 이어진다. 우선 Hannah는 정신역동이론과 실무에 관해 기술할 좋은 질문을 던져 주었다.

Hannah의 염려는 Freud가 연상되는 접근에 의구심을 가지는 다른 접근의 상담자를 포함해 많은 사람들에게도 공유되는 문제다. 하지만 아이러니하게도, Freud가 120년 전부터 최초의 이론과 기법을 개발한 이후 인지행동치료를 제외한 수많은 치료법들이 그의 이론과 실무로부터 비롯되거나 이에 대한 반응으로 발전해 왔다. 결과적으로 정신분석적 개념은 다른 치료 접근법의 기반이 되기도 하고 다른 용어로 활용되기도 했다. 그러므로 일부 이론가들은 Freud의 이론에서 논란이 많은 측면을 무시했으나, 그 외 다른 정신분석가들은 정신분석이론과 실무를 다른 방향으로 발전시켰다.

물론 Freud의 이론과 실무 또한 발전해 왔다. 하지만 Hannah에게 정신분석이 현재 서구사회에 끼치는 영향력을 알려주는 것은 적절치 않다. Freud에 대한 Hannah의 이미지는 고정관념에 가까운 일방적인 이미지였다. 예를 들어, Hannah는 Freud

가 살아생전 그의 사상을 단지 성(sex)을 넘어 삶과 죽음의 문제로까지 확장했다는 사실은 모르는 것 같았다(하지만 그녀가 왜 알아야 할까?)(Freud에 관한 다른 글에서 나는 그의 이론의 파급효과뿐 아니라 그의 생애, 그의 사상과 임상적 실무에 관해 간략히 소개한 적이 있다; Jacobs, 2003 참조).

Hannah는 Freud가 성(sex)을 강조한 것에 대해 문제를 제기했다. Freud가 경력 초반에 환자들이 고통받는 이유가 성적 학대 때문이라고 주장한 것은 사실이다. 하지만 그가 추후에 인정했듯이 그러한 설명은 맞기도 하고 잘못되기도 했다. 항상 맞다는 식의 주장은 틀렸지만, 오늘날 통상적으로 받아들이는 성적 학대의 심각성을 고려한다면 맞다고도 할 수 있다. 유아성욕에 대한 초기 비판으로 인해 Freud는 성(sex)에 대한 생각이 더욱 확고해졌다. Carl Jung과 Alfred Adler는 그와 갈등을 겪은 제자들 가운데 가장 주요 인물들로, 그들만의 독자적인 정신역동이론과 실무를 발전시켰다. 1939년 Freud의 사망 전후로 그의 초기 성격 모델에 대해 정신분석 내에서 상당한 재해석과 발전이 거듭됐으며, 인간의 생애 초기 심리 발달에 대한 이론이 훨씬 많이 발전되었다. 영국에서는 Melanie Klein, John Bowlby, Donald Winnicott, 미국에서는 Heinz Kohut, Otto Kernberg 등이 주요 인물로 꼽힌다. 이 책은 심리학 이론에 관한 책이 아니며, 나는 다른 저서에서 정신역동상담과 심리치료에 이론을 적용하는 법을 다루고 있다(Jacobs, *The Presenting Past*, 2012 참조). 여기서 먼저 강조할 점은 정신역동상담은 유아기부터 노년기까지 개인 발달에 대한 이론적 모델을 포함한다는 사실이다. 그리고 이것은 내담자의 삶과 내담자와 상담자 간의 관계 속에서 일어나는 과정을 더 깊이 이해하기 위한 중요한 훈련의 일부라는 점이며, 정신역동 상담자가 되는 법을 배우는 것만큼 중요하다는 사실이다. 이 장의 마지막 부분에 나오는 추가 읽을거리 영역에서는 다양한 아이디어에 대해 여기서 설명한 것보다 더 많은 내용을 담고 있는 몇 가지 책을 추천한다.

하지만 이 책은 정신역동상담(및 심리치료)에 관한 '실용서'이다. 정신역동 치료자가 작업하는 방식에 대해 내가 설명한 상당수는 정신분석에서 나온 것으로, 많은 정신역동 치료자가 일하는 상황, 즉 대면상담, 주 1회 상담, 때로는 단기, 중장기 작업(수년간 주 5회가 아닌)에 맞게 조정하였다. 앞으로 설명할 내용을 다른 사람들이 '기법'이라고 부르는데, 이 용어가 상담자와 내담자 간에 관계의 중요성을 충분히 반영치 못한다는 점에서 썩 마음에 들지 않는다. 또한 치료자가 내담자와 작업할 때 느끼고 생각하는 것만 중요하게 여긴다면, 차이를 만드는 또 다른 요소, 즉 무의식을 말할 수 있도록 하는 것이 있다는 것을 인정하지 못하는 셈이다.

수년간의 경험을 통해 확립한 나의 입장은, 정신분석에서 독립 학파로 알려진 것에 가깝다. 오직 하나의 이론만 따르는 것은 무리라고 생각한다. Jung과 Klein이 제시한 몇 가지 아이디어를 높이 평가한다. 본인 스스로 Jung이나 Klein 학파라고 자칭하는 일부 상담자들은 Freud 이후 사상과는 다르게 독자적인 개념과 용어를 사용하기도 한다. 이 책에 나오는 일부 사례는 Jung이나 Klein이론을 훈련받은 상담자가 동의하지 않을 수도 있고 Freud조차 의문을 제기할 수 있는 정신역동적 공식을 포함할 수도 있다. 노련한 상담자들은 당연히 본인만의 방식으로 작업한다. 그럼에도 불구하고 정신역동적 학파의 차이점 가운데 일부는 강조하는 점이나 의미하는 바의 문제일 수 있으며, 같은 상황이나 경험일지라도 다른 이론적인 용어로 상호작용할 수 있다. 그러므로 가장 중요한 점은 상담의 공식이나 이론이 실제 치료자나 내담자에게 얼만큼 의미를 지니는가이다.

여러 개념에 대해 논의하면 정신역동적 접근법에 대해 배우고 싶은 사람들에게 더 많은 지식을 전달해 줄 수 있지만, 일반적으로 그러한 내용은 교육환경이나 슈퍼비전과 사례 회의에 가장 적합하다고 할 수 있다. 모든 숙련된 상담자들은 이론은 실천뿐 아니라 내담자가 경험하는 것과 지속적으로 관련되어야 한다는 사실을 알고 있다. 정신역동 상담자는 내담자가 경험하고 있는 것과 내담자의 사고에 초점을 두고 상담해야 하며, 이러한 관점에서 철저하게 인간 중심적이어야 한다. 그러므로 정신역동 상담자가 상담할 때에는 내담자가 이해할 수 있는 수준의 용어로 적절하게 사용하고 설명할 수 있어야 한다. 상담자는 항상 내담자가 이해할 수 있는(물론 상담자 본인도 이해할 수 있는) 언어로 이론을 쉽게 설명할 수 있어야 하며, 현재나 이전 회기에서 이야기한 내용을 이론적으로 설명할 수 있어야 한다.

그러나 나는 이미 몇 가지 이론적 용어를 사용하기 시작했다. 그러므로 이제부터 정신역동적 작업을 대표하는 가장 일반적인 기본 용어와 원리에 대해 설명하려고 한다. 그런 다음 후속 장에서는 이러한 원리가 실제로 작업하는 방식을 보다 자세히 살펴보기 위해서 Hannah의 사례를 살펴본 뒤 두 번째 내담자를 소개할 것이다.

왜 '정신역동'인가

정신분석에서 발전해 온 여러 이론을 고려해 볼 때, 나는 '정신역동'이란 용어를 사용하는 것이 앞서 언급한 학파들을 아우를 수 있다는 점에서 특히 유용하다고 생각한다. '정신역동'이라는 용어는 심리치료와 상담이 정신분석으로 연결되지만, '정신분석'은 일주일에 두세 번 진행되는 장기 심리치료 과정을 의미하는 반면, 정신역동상담은 보통 일주일에 한 번 이루어지는 과정으로 여겨져 왔다. 또한 '정신역동'이라는 용어가 정신분석 사상에 중점을 두든 그렇지 않든 간에, 스스로 통합적이라 자처하는 많은 사람들의 아이디어와 실천에 사용되어 온 용어로 알고 있다. 교류분석에는 강력한 정신역동적 요소가 포함되어 있으며, 다수의 인본주의 치료자들 역시 정신역동 치료의 일부 특성을 채택해 사용하고 있다. 특정 정신분석 학계를 제외하고, 예전처럼 영역에 대한 경계를 엄격히 구분하진 않는다. 내가 정신분석과 연관성이 너무 깊지 않은 '정신역동'이란 용어를 선호하는 이유는 일부 정신분석이 지향하는 정치적인 고귀함과 경직성에 연관되고 싶지 않아서이다. 그럼에도 불구하고 정신분석적 측면을 비판하는 다른 사람들처럼, 나의 작업과 사고 과정 또한 탁월한 통찰력을 가진 많은 분석가들의 독창적이고 사려 깊은 작업과 경험에 깊이 의존하고 있다. 다른 어떤 분야보다 정신분석가들은 자신의 분야에서 수많은 아이디어를 통해 예술적 실천, 이론과 응용 정신분석에 기여해 왔다.

'정신역동'이란 용어는 분명 설명이 필요하다. 심리학, 심리치료, 정신역동 등의 어원인 '정신(Psyche)'이란 단어는 영미권의 문헌에서 '마음(mind)'으로 번역되곤 했다(Freud 연구의 오역에 관한 예문은 Bettelheim, 1983 참조). 번역에는 사고 과정만을 의미하지만 '정신'에는 정서나 감정도 포함해야 한다. 세속적인 시대에서는 정신(Psyche)과 같은 단어는 '정신(spirit)'이란 단어와 유사해지는 반면, 영혼(soul)이란 단어와는 거리가 멀다. 특히 정신역동 문헌에 사용되고 있는 정신이라는 용어는 인간의 사고, 감정, 그리고 정신(혹은 아마도 본질)이라는 세 가지 요소를 의미한다. 몸과 마음, 정신이 어떠한 복잡한 관계로 얽혀 있는지 이 책에서 다루지는 않는다. 이 세 가지 요소가 한 사람을 구성하는지, 심지어 자아가 하나인지 아니면 여러 개의 자아로 존재하는지조차 알 수 없다. 다만 알고 있는 사실은 우리에게 다양한 측면의 정신적, 신체적인 과정이 있고, 이것이 우리를 나로 존재하게 만든다는 점이다(자아의 다양한 측면에 관한 개괄적인 내용은 Brinich and Shelley, 2002를 참조). 스스로 돌아볼 때 우리에게는 정신과 육체, 사고와 지성 그 이상의 것이 존재한다는 것을 알 수 있다. 정서 혹은 감정, 정신과 육체는 우리의 몸과 마음 사이에서 끝없는 상호작용을 주고받는다.

정신역동은 마음(mind)/정서(emotions)/정신(spirit)/자기(self)와 같이 정신에서 작용하는 방식을 말하며, 이것은 정적인 것이 아니라 활동적인 것으로 경험된다. 단순하게 사고와 감정이 개인적인 활동이라는 의미에서 활동적이라는 뜻이 아니며, 표현이나 만족을 적극적으로 추구하는 정신 내부의 힘만을 의미하는 것도 아니다. Freud 초기 이론에서 중요한 역할을 했던 '본능(instincts)'이나 '추동(drives)'과 같은 용어는 에너지와 유사한 특정 종류의 활동을 설명하지만 사람과의 관계나 그 속에서 일어나는 역동성이나 에너지의 움직임에 관해서는 많은 비중을 두지 않는다(Jacobs, 2003: 43-6).

'정신역동'이란 용어가 특히 구별되는 점은 정신의 활동이 사람이나 자신과 외부 대상과의 관계에 국한되지 않는다는 점이다(이에 대해 이의를 제기하는 사람은 거의 없을 것이다). 1983년 Greenberg와 Mitchell, 1996년 Gomez는 대상관계이론을 다양한 형태로 광범위하게 기술하였다. '대상관계(object relations)'에서 '대상(object)'이라는 용어는 우리가 타인과 관계 맺는 방식에 관해 설명한다. 예를 들어, 사람들은 사랑과 증오의 대상이 될 수 있으며, '나'는 관찰자이자, 연인이자, 증오하는 주체가 된다. 우리는 또한 인간이 아닌 대상과도 관계를 맺고 감정을 느끼는데, Winnicott(1958: 229-42)은 곰인형이나 편안한 담요에 '중간 대상(transitional objects)'이라는 용어를 사용해, 사물의 특정 부분과도 관계를 맺으려는 인간의 모습을 설명하였다. 예를 들어, 정신분석에서 '부분 대상(part object)'이란 용어를 사용하는데, 이것은 엄마와 아기와의 관계에서 아기가 엄마의 신체 특정 부위에 구강기적으로 집착하며 젖가슴과 같은 대상과 관계하는 것을 나타낸다. 그리고 대상(object)은 우리 자신에게도 영향을 미치기 때문에 정신역동적 접근에서는 자아와 우리 외부나 내부 모든 것 사이에 일어나는 '대인관계(interpersonal)' 또는 '상호주관적(inter-subjective)' 측면을 강조하기도 한다.

앞서 언급한 바와 같이, 정신역동은 우리의 외적인 관계만을 다루지 않으며 이러한 활동은 우리의 정신 '내부'에서 자신과의 관계 속에서도 일어난다. 그러나 이전에도 설명했듯이, 정신이나 성격은 여러 개의 '자기'로 구성된 것으로 보이기 때문에 '자신'이란 용어는 모호하다. 일상생활 속에서 사용되는 일반적인 표현들에 대해 떠올려보면 이 모든 것이 명확해진다(이 장의 마지막 부분에 있는 '연습하기'를 참조해 보라).

"나는 오늘 내 자신이 잘 느껴지지 않아요."라는 표현을 예로 들어 보자. 여기서 화자는 현재 그녀/그가 경험하고 있는 자기가 아닌 평소 그녀(또는 그)에게 자기가 존재하고 있다고 전제한다. 이러한 구문에서 화자는 '느끼다'라는 동사로 연결된 구문의 주어('나')와 목적어('자신')를 통해서 자신을 지칭한다. 또 다른 예를 살펴보자. "그 생각이 떠오르자, 나는 내 자신에게 화가 나 참을 수가 없었다(It just came over me, and I felt so cross with myself)."라는 문장에서 화자는 자기에 대해 적어도 '세 가지' 측면을 언급하고 있다.

a. '그것(It)': 나를 지배하는 것 같은 뭔가가 내 안에 존재한다. Freud가 독일어 저서에서 사용한 단어는 '그것(It)'으로 번역되어야 하는 'Es'였다. 이는 영미권에서는 라틴어 '원초아(Id)'로 잘못 번역되었다.
b. '나(me)': 자아의 중심에 있는 내가 일시적으로 지배당한 것처럼 보인다.
c. '나(I)': 여기서 '나'는 중심에 있는 '나'가 아니라 비판적이고 심지어 적대적인 '나'의 일부로 보인다.
d. 그리고 '내 자신(myself)'은 '그것(It)'을 의미할 수도 있고, 이런 일이 일어나도록 만들거나 허용한 '나(me)'를 의미할 수도 있으며, 내 자신(myself)을 향해 화를 내고 있는 '나'(I)를 의미할 수도 있다.

이런 식으로 문장을 분석하는 일은 지나치게 복잡해 보일 수 있겠지만, 이렇게 하는 이유는 내부관계가 다른 사람의 감정이나 외부의 자극에 달려 있지 않다는 것을 보여 주기 위함이다. 우리는 다른 사람들과 마찬가지로 자신의 일부를 쉽게 사랑하고, 미워하며 비판하거나, 두려워할 수 있다. 이것이 바로 타인과의 관계뿐 아니라 정신 내부의 관계에서도 존재하는 역동성이다.

자아의 이러한 부분들은 정신역동 연구에서 다양한 방식으로 설명되곤 했다. 우리의 경험을 잘 이해하기 위해 시도해 온 것이지만, 정신분석에서 전통적으로 사용되어 온 용어들이 항상 그렇듯이 그 의미를 분명하게 전달하지 못했다. Freud는 (우리에게 익숙한 원초아, 자아, 초자아 대신) Es, Ich, Uber-Ich라는 용어를 보다 정확하게 번역하기 위해 It, I, Over-I라는 용어로 사용했다. 성격 구조에 대한 이러한 메타 심리학적 개념은 정신 내부의 관계에 대한 '지형도'로 나타내고 있다(Jacobs, 2003: 61-4). 또한 Jung은 페르소나, 그림자, 아니마, 아니무스 등의 용어를 시각화하여 전인(whole person) 혹은 자기(the Self)를 구성하는 다양한 측면을 상당히 명확하게 묘사했다(F. Fordham, 1953; Samuels, 1985). Winnicott은 참자기와 거짓자기에 대해 기술했으며(1965: 140-52; Jacobs, 1995: 47), Malenie Klein은 '내부 대상(internal objects)'이란 개념을 발전시켰다(1965: 140-52; Jacobs, 1995: 47). 그러나 스코틀랜드의 주요 인물인 Ronald Fairbairn(1994)은 Freud와 같은 관점으로 성격 구조를 바라보지 않았다. 또한 교류분석은 정신역동이론과 상당히 차이를 보이지만 정신분석에서 유래되었으며 '자아상태'를 부모, 성인, 어린아이라는 용어로 단순화시키려고 노력했다(Stewart, 2013). 이러한 자아상태는 단순히 부모-자녀관계와 같이 두 사람 사이에서 한 사람이 다른 사람을 지배하는 형태로 설명하는 것이 아니라 '(내면의) 부모가 (내면의) 자녀를 지배하는 것'과 같이 내부상태에도 적용할 수 있다.

이러한 정신 내부 측면들(또는 '대상들')은 유아기 초기에 주로 부모상과 관련한 외부 관계에 대응하는 것으로서, 아동 발달 전반에 걸쳐 오랜 기간 동안 형성된다. 아동의 감정이나 환상의 대상은 외부(있는 그대로 실제 부모 모습)와 내부(특히 스트레스가 심할 때 부모의 모습) 모두 해당된다. 가끔 내부대상은 행복했던 순간을 되찾으려 하는 것처럼 이상적인 부모의 모습으로 나타날 수 있다. 이처럼 아동의 정신내부에 형성된 이미지는 내면화된 대상이 되어 분리할 수 없는 자아의 일부가 되지만 그 자체로 분명한 존재감을 지닌다. 이는 단순히 기억 속 모습을 넘어 처음 경험했을 때와 마찬가지 상태로 정신 내부에 생생하게 살아있다. 하지만 언제나 쉽게 다가갈 수 있는 것은 아니다.

정신역동적 접근에서는 환상의 강력한 영향을 진지하게 받아들인다. 어린 아동은 정보에 기반하지 않은 방식으로 '사고'하며 현실과 비교하는 지각 능력이 성숙한 성인에 비해 떨어진다. 따라서 심리발달의 중요한 측면은 어머니와 아버지가 자녀와 관계 맺는 방식뿐만 아니라, 자녀가 부모를 지각하고 '상상'하는 방식에도 영향을 미친다. 이러한 아동의 초기 지각과 기초적인 이해는 더 넓은 세상을 경험하며 점점 바뀌지만, 완전히 사라지지는 않는다. 때로는 어른들도 내부에 있는 아이의 시선으로 세상이나 특정 인물, 심지어 자신까지도 바라볼 수 있다. 특히 스트레스 상태에서 '유아기' 때 가졌던 사고, 감정, 행동방식으로 되돌아갈 때(심리학 용어로 이를 '퇴행'이라 한다) 더욱 그렇다. 예를 들어, 정신분석이론에 따르면 부모에 대한 자녀의 분노가 부모에게 투사되어 내면화된 부모는 정신에서 우리 자신을 벌하는 방식으로 공격할 수 있는 가혹한 '나쁜 대상'이 될 수 있다.

모든 정신역동이론이 공통적으로 아동의 초기 환경이 중요하다는 점에 관심을 기울이긴 하지만, Klein은 이론에서 선천적 요인과 소인을 특히 강조하며 타고난 것과 양육에 대한 논쟁을 벌였다. 초기의 환경은 나중에 성격의 강점이나 취약한 부분을 촉진하는 기초가 되는 것으로 간주하였다. 따라서 정신역동 상담자는 내담자의 과거 경험과 감정이 가끔은 상상으로 때로는 현실로 현재 상황에 깊은 영향을 끼치기 때문에 이를 중요하게 여긴다.

'정신역동'의 의미에 대한 이러한 설명은 인간이 만족을 기다리는 성적인 본체라는 초기 Freud의 이론과는 거리가 멀어 보일 수 있다. 정신분석을 비롯해 여러 정신역동적 접근법에서는 유아가 더 이상 굶주린 상태로 밥을 기다린다거나 배변을 조절하지 못하거나, 혹은 성적 해방감을 갈구하는 것과 같이 원초적인 부분만 다루지 않는다. 우리가 반드시 겪는 경험이지만 이것이 전부는 아니다. 정신역동의 기능은 이러한 패러디보다 더 복잡하고 완전하다. 여기에는 인간 정신 내부의 여러 요소 간의 관계뿐 아니라 사람(부모와 자녀, 남편과 아내, 가족이나 집단) 사이에 일어나는 강력한 감정이 포함된다. '관계'라는 용어는 초기 Freud 저서에 나타나 있는 것처럼 많은 뜻을 내포하고 있으며, 현대 정신역동이론에서는 본능이나 추동 이론보다 훨씬 더 중요하게 생각한다. Freud의 발달단계이론(Freud, 1905b)에서 구강기, 항문기, 남근기는 각 단계에 관련된 여러 특징들을 비유적으로 표현한 것으로 보이지만 이러한 요소가 인생의 한 부분에만 국한되어 있는 것은 아니다(Jacobs, *The Presenting Past*, 2012 참조).

이러한 요소들은 정신 내부의 역동적인 힘이나 활동뿐 아니라 자아의 여러 영역들 사이의 내부관계 그리고 이들이 타인과의 관계 속에서 행동화(acting out)하는 방식에도 영향을 미친다. 대상관계이론의 '대상'이라는 단어가 처음에는 매우 비인격적으로 느껴질 수 있지만, 정신역동적 사고가 발전해온 방식을 보다 명확하게 표현한다. '대상관계'와 유사하게 쓰일 수 있는 동의어로는 '대인관계'로 미국에서는 Freud 이후 Harry Stack Sullivan이 이 표현을 선호했다. 그러므로 정신역동 치료자 및 상담자는 내담자의 모든 인격체와의 관계 외에도 내부대상(앞서 언급한 성격의 내면화된 요소)인 '부분 대상'과 비인격적 대상과의 관계를 이해하는 데 중점을 둔다. 이러한 다양한 관계와의 중요성은 치료자와 내담자와의 대화를 통해 파악할 수 있다.

이는 분명 복잡한 개념이지만 설명하는 이유는, '정신역동'에서 '역동'이라는 용어가 그만큼 중요하기 때문이다. 내가 '정신분석 치료자'보다 '정신역동 치료자'라는 호칭을 선호하는 이유도 깨어 있을 때나 잠을 잘 때나, 심지어 독서와 같이 집중하는 활동을 하고 있는 순간에도 정신은 기억이 활성화되고, 감정이 자극되며, 생각이 떠오르는 등 지속적으로 활동하며 삶과 함께 끊임없이 움직이고 있기 때문이다. 이러한 정신은 우리가 이해할 수 없을 정도로 현재로선 일부만 얕게 드러내고 있지만 바로 이러한 점이 정신역동 상담자와 치료자의 작업을 매우 매력적으로 만드는 이유다.

무의식

'무의식'이라는 개념은 정신분석적 사고에서만 사용되는 용어는 아니지만 정신역동 연구의 주요 가설 중 하나로 사용되는 용어이다. Freud는 정신 활동을 의식, 전의식, 무의식으로 구분하였는데, 의식은 사고를 하고 감정을 느끼는 의식적인 정신 활동을 말하며, 전의식은 의식하진 못해도 간단한 감정이나 예전 일을 다시 떠올릴 수 있는 정신 활동을 말한다. 무의식은 쉽게 의식화할 수 없어서 이를 추론하는 과정을 통해 발견할 수 있기에 의식적인 형태로 전환이 필요한 정신적 과정이나 내용을 말한다(1940: 20; Jacobs, 2003: 34-6).

이러한 용어들은 처음 사용된 것이 아니라 당시 일부 저서와 철학에서 통용되던 개념이었다(정신분석 및 기타 모델에서 사용된 용어들에 대해 자세히 알고 싶다면 Edwards와 Jacobs, 2003를 참조). Freud는 우리가 무의식이라고 여기는 사고와 감정이 정신적 스트레스뿐 아니라 일상 생활 속 특성을 이해하는 데 매우 중요하다는 사실을 밝히며 이 용어의 추가적 의미를 덧붙였다. 그가 무의식의 영향을 처음으로 주목한 것은 최면을 사용하면서부터였다. 그는 특정 기억이 특정 형태의 암시를 통해서만 접근 가능한 것으로 보인다는 사실을 발견했다. 하지만 Freud는 장기적인 관점에서 최면이 대화 치료보다 효과적이지 않다는 것을 깨닫고 이를 중단했으며 이후로 최면은 정신역동적 실무에서 제외됐다. 그러나 현재까지 치료 목적이든 재미 목적이든 간에, 최면 사례를 통해 최면 중이나 후에 마음과 몸에 영향을 끼칠 수 있는 방식과 무의식을 통제할 수 있는 방식을 볼 수 있다.

문제는 무의식이라는 용어가 우리가 의식하지 못한 기억, 생각, 감정을 포함한다는 점이다. 그래서 무의식 그 자체로는 알 수 없다. 정신분석적 접근의 한 가지 목표는 이렇듯 우리가 인식하지 못하더라도 다른 반응을 일으킬 수 있는 어떤 것을 의식으로 가져오는 것이다. '어머니의 중간 이름이 어떻게 되나요?'라는 질문을 받으면 바로 기억이 의식으로 떠오른다. 우리 대부분 원래 알고 있던 거라면 꽤 쉽게 기억해 낼 수 있다. 이는 Freud가 전의식과 무의식을 구분한 것이 유용하다는 것을 나타낸다. 하지만 어떤 기억과 현재의 사고와 감정은 접근하기 어렵고, 이를 기억하거나 인식하는 것이 불쾌하고, 죄책감, 수치심, 두려움을 느끼게 한다. 가끔 상황과 사건이 꽤 정확하게 기억나더라도 당시에 느꼈던 감정을 기억하지 못한다. 이를 정신역동적 용어로 말한다면, 우리에게 무슨 일이 있었는지, 어떤 감정을 느꼈는지 기억하고 싶지 않을 때나 현재의 생각이나 감정을 스스로에게조차 인정하고 싶지 않을 때, 우리는 의식 속에 받아들이고 싶지 않은 것을 '억압'하고 있다는 것을 의미한다. 다만 문제는 이처럼 용납할 수 없는 것을 억압했다는 사실조차 알지 못하고 심지어 잊어버린다는 것에 있다.

우리는 무의식적으로 억압하지만 가끔 생각이나 감정을 원치 않아서 억지로 다른 것을 생각하거나 말함으로써 '억압'할 수도 있다. 또한 상담자가 어떻게 받아들일지 걱정되어서 알리는 것을 꺼릴 수도 있다. 그러나 우리도 그것을 경험한 적이 있다는 것을 알고 있을 것이다. 그러므로 무의식을 의식화하도록 돕는 정신역동상담에서는 내담자 자신이 실제 생각하고 느끼는 것을 억압하고 있다는 것을 아는 것을 중요하게 여긴다.

이를 설명하기 위해 Hannah의 회기 후반부로 돌아가 보겠다. 그녀는 그 회기에서 할아버지와 함께 집에서 쫓겨났던 날을 회상했다. 나는 그녀에게 정확히 무슨 일이 있었는지 말해 달라고 요청했다. 그녀는 다소 사무적인 태도로 당시 상황을 이야기했지만 그때의 감정에 대해서는 아무 말도 하지 않았다. 당시에 그녀는 무척이나 슬펐지만 할아버지를 화나게 만들고 싶지 않아 자신의 감정을 드러내지 않았다고 말했다. 그녀는 슬픔을 억눌렀다. 할아버지의 행동으로 인해 집에서 쫓겨났다고 말하는 그녀의 제스처나 목소리 톤에서 할아버지를 향한 깊은 분노가 느껴졌다. 그녀도 당시 할아버지에게 매우 화날 만했다는 것을 인정했다. 그녀는 자신의 분노를 들여다보며 "내가 그런 감정을 느꼈는지 몰랐다."고 말했다. 당시 그녀는 슬픔을 억제하고(suppressed), 분노를 억압해서(repressed) 표현하진 못했지만 잊어버리진 않았다. 나는 아무 말도 하지 않았다. 하지만 만약 그녀가 직접 알아차리지 못했다면 내가 관찰한 것을 말해 줄 수도 있었다. 물론 그녀도 그것을 부인했을 테지만 말이다. 그래서 내담자 스스로 무언가를 깨달을 때 더 설득력이 있다고 생각한다. 그러나 근거가 명확하고 내담자가 이를 받아들일 수 있다고 생각될 때, 시간적 제약을 받는 상황인 단기상담이나 주 1회 상담의 경우, 치료자가 정확히 보고 확인하여 내담자가 놓쳤을 수도 있는 부분에 대해 가끔씩 공유하는 것이 좋다. 치료자는 관찰자로서 내담자가 인식하지 못한 부분을 파악해 적절한 방법으로 반영해 줄 수 있다(내담자의 본능적 방어를 다루는 방법에 대한 자세한 설명은 5장을 참조).

'무의식'이라는 용어를 너무 난해하게 생각할 필요는 없다. 특정 상황과 관련한 생각이나 감정이 너무 고통스럽거나 두려워서 인정하기 어렵기 때문에 우리 자신 속에 숨겨놓은 측면에 대한 은유적 용어를 말한다.

이해의 다양한 층위

지금까지 저술된 많은 책들은 이렇듯 정신역동적 개념들에 대해서 논의하고 개인 발달과 정신 내부 관계에 대한 정신역동적 이해를 구조화하려는 시도들을 해오고 있다. 이러한 이론적 기반의 대부분은 심리치료 및 상담의 실무로부터 나온다는 점을 알아둘 필요가 있다. 실제로 일부 심리학자와 비평가들은 정신분석이론이 많은 사람들을 대상으로 한 광범위한 연구가 아니라 개인 사례에 지나치게 기반을 둔 것이 단점이라고 지적했다. 그러나 많은 내담자들과 작업한 내 경험을 비추어 볼 때, 나는 그들로부터 인생의 다양한 상황에서 생각하고, 느끼고, 반응하는 다양한 방식을 배웠고 지금도 배우고 있기에 그 점이 강점이라 생각한다.

정신분석이론은 정신역동 상담자에게 이정표와 같은 역할을 해 준다. 정신역동 상담자의 주요 목표는 다음과 같다. 첫째, 첫 회기에서는 주로 내담자가 현재 상황에 대해 이해하도록 만들고, 둘째, 그런 상황에서 생기는 감정과 생각을 표현하도록 돕는다. 셋째, 바로 생각날 수도 있고 상담이 진행되면서 떠오를 수도 있지만 가능한 한 현재 상황과 관련된 기억을 생각해 보게 한다. 정신역동 상담자는 실제 기억 외에도 (그 자체로 미묘한 개념이지만) 과거와 현재의 환상과 꿈을 탐구하는 데 관심이 있다. 그리고 정신역동적 접근의 특징은 현재의 감정과 환상, 그리고 이와 관련된 감정과 환상을 가진 과거 경험 사이의 연관성을 파악하는 데 있다. 이것은 탐정처럼 행동하는 지적인 활동이 아니라 과거와 현재가 강력한 방식으로 연결되어 현재의 사고와 감정에 영향을 미치는 방식으로 그림(일부는 해석이라 부르지만 Freud는 이를 구성이라 일컬음)을 단계적으로 그려나가는 과정이다. 다음 장에서 설명할 내용은 내담자와 상담자의 관계를 형성하는 모습과 관련된다. 불가피하게도 정신역동상담에서는 가끔 장기 정신역동치료만큼의 시간적 여유가 없기 때문에 전체 그림의 일부분만 집중할 수 밖에 없다. 그러나 어떤 특정한 초점에 집중하는 단기 역동상담에서도 똑같은 치료적 효과를 나타낼 수 있다(Mander, 2000; Coren, 2009; Garrett, 2010 참조).

'Hannah의 첫 질문'

Hannah의 첫 회기로 돌아가 정신역동상담에서는 그녀의 간단한 질문을 어떤 식으로 다루는지 살펴보자. "정신분석가세요?"라는 질문은 여러 가지 의미로 해석될 수 있기에 다양한 방식으로 답할 수 있다. Hannah가 질문에 대해 객관적인 답을 듣고 싶어한다고 가정한다면 그냥 "아니요, 그렇지 않아요."라고 말할 수 있을 것이다. 어떤 이들은 내가 정신역동 상담자임을 첫 회기에 밝히고 작업이 어떤 식으로 이루어지는지 설명해야 한다고 말할 수 있을 것이다. 나는 내가 추구하는 방향성에 대해 내담자가 구체적으로 묻지 않는 한, 이런 식으로 접근하는 것을 선호하지 않는다. 대신에, 차라리 그게 중요한지 내담자에게 물어볼 것이다. Hannah가 심리치료 과정을 밟고 있으며 정신분석심리치료 경험이 필요해 그런 질문을 했다면, 정신분석치료를 원하는지 물어봤을 것이다. '왜'라는 질문은 가급적 피하려고 하지만 그녀가 듣고 싶은 대답을 파악하기 위해 "왜 그것을 물어보시죠?"라는 식으로 질문했을 것이다.

다른 접근의 상담자도 나처럼 다소 공격적인 방식으로 질문했을 수도 있다. 예를 들어, 상담을 받으러 온 감정이 어떤지 물었을지도 모른다. 이것은 터무니없는 반응은 아니지만, 정신역동 치료자인 나는 내담자의 감정 외에 그 속에 담긴 의미, 즉 내담자가 느끼는 것뿐 아니라 생각하는 방식에도 관심을 가진다. 그녀의 질문이 뜻하는 바가 무엇이었을까? 여기서 언급한 여러 가지 가능성 외에도 더 많은 것을 의미할 수 있다. 그래서 나는 그녀에게 " '정신분석가'가 당신에게 어떤 의미인가요?"라고 되물었다.

어쩌면 그녀의 대답이 확실했을지 모른다. 그녀는 내가 정신분석가라면 상담의 주된 초점이 성이 될지 모른다는 염려를 했을지도 모른다. 그녀가 성에 대해 이야기 나누는 것을 조심스러워 한다는 것을 의미할 수 있다. 그녀는 여성이고 나(상담자)는 남성이기 때문에 그런 비밀스러운 이야기를 하는 것이 어렵다고 생각했을 것이다. 아니면 (그녀의 태도를 보면 그렇진 않은 것 같지만) 성에 관한 이야기를 오히려 하고 싶었을 수도 있다. 그리고 그녀는 그건 많이 했다고, 그러니까 성관계는 이미 충분히 했다고 덧붙였다. 그 말은 무엇을 의미하는 것일까? 그러나 상담 초반에 성에 관한 질문이 그녀의 감정을 거슬리게 할까 봐 묻지 않았다. 그녀는 이 주제에 대해 쉽게 이야기하지 않겠다고 경고하고 있었다. 나는 그 말에 주목했고 기억 속에 저장해 두었다. 왜냐하면 이렇게 무심코 던진 말이 얼마나 중요한지 정확히 확인하기 위해서는 기다려야 했기 때문이다. 그래서 혹시 내가 성을 강요하거나 학대했던 다른 남자들과 같을까 봐 그녀가 걱정하고 있는 것은 아닐지 의구심이 들었다.

당시에는 몰랐지만, 내담자의 첫마디가 근원적인 문제를 가리킬 수 있다는 것을 경험을 통해 알게 되었다. 또한 첫 회기에 내가 알아야 할 모든 것이 담겨 있다는 것도 알게 되었다. 그것이 무엇인지만 알았더라면! 지금은 알고 있지만 당시에 인지하지 못했던 부분들은 치료 후반에 초반부 회기 노트를 살펴보면 많은 것을 발견할 수 있다. 어떤 문제든 Hannah의 첫마디는 그녀가 현재 갖고 있는 문제에 대해 중요한 단서들을 내비치고 있었다. 이러한 경험으로 내가 했던 첫 번째 행동은 내담자에게 자리를 안내하며 반가운 몸짓과 표정으로 맞아주는 것이었고 가벼운 손짓으로 그가 이야기하도록 만드는 것이었다.

정신역동상담과 치료의 핵심을 이루는 것은 바로 내담자의 언어(때로는 비언어)에 접근하는 방식이다. 이러한 접근 방식은 예를 들어, 자신이 겪은 일에 대해 이야기할 때 현재는 어떻게 느끼고 그때는 어떻게 느꼈는지, 지금은 어떻게 생각하고 그때는 어떻게 생각했는지와 관련된 언어적인 반응에 접근하는 방식과 내담자가 말하거나 앉아 있는 방식과 같이 비언어적인 반응에 접근하는 방식을 포함한다. 이와 같이 내담자가 회기에 보이는 반응에 가능한 한 모든 의미에 접근하는 것, 이것이 바로 정신역동상담이 실천하는 방식이다. 나는 Hannah와의 첫 회기가 시작될 때 많은 가능성을 떠올렸고, 그중에서 어떤 게 중요한지 확실해질 때까지 마음속에 저장해 두었다. 그러다 보니 자연스레 궁금한 질문이 떠올랐지만 Hannah의 현재와 과거 관계, 이전 경험과 현재 경험에 대해서는 여전히 묻지 않았다. 기회가 되면 물어볼 수 있었겠지만 묻지 않아도 Hannah가 언젠가 말해 주길 바랐다. Hannah는 과거에 무슨 일이 있었고 현재에는 어떤 일이 일어나고 있을까? 현실과 현실에 대한 인식 모두에서 그녀는 무엇을 경험했고 경험하고 있을까? 이 단계에서는 그러한 과거력이 그녀의 현재 문제와 관련이 있는지, 그리고 어떤 관련이 있는지 전혀 몰랐지만, Hannah와 상담을 시작하면서 이러한 질문들은 모두 중요하였다.

이 책에 실린 두 가지 사례를 통해서, 나는 내담자의 생애사가 갖는 의미를 살펴보고, 내담자와 상담자 관계에서 이러한 생애사가 반복되는 방식을 포함해 과거와 현재의 상호작용을 설명할 것이다.

상담 관계

지금까지 외부와 내부세계, 의식과 무의식, 표면적 의미와 심층적 의미, 과거와 현재, 그리고 한 사람이 가진 자아의 여러 측면 간의 역동성에 관해 설명했다. 정신역동적 접근법은 외부와 내부 '세계(world)', 타인과의 관계와 정신 내부에서 발생하는 내부관계, 과거와 현재 경험이 지속적으로 연결되어 있다고 본다. 이와 같은 맥락으로 내담자가 상담 회기 '밖(out there)'에서 겪은 일과 상담자와 내담자 사이에서 일어날 수 있는 일 사이에는 늘 미세한 연관성이 존재한다. 이러한 연관성은 간혹 분명하게 드러나기도 한다. 예를 들어, 정신역동상담에서의 내담자는 상담 관계 외의 타인과 관계를 맺고 대답하는 방식이 상담실 안에서도 나타난다. 이러한 상담의 즉시성은 많은 다른 상담 접근법과 유사하다. 또한 어떤 경우에는 그렇게 분명하게 드러나지 않을 때도 있다. Hannah가 남자를 정말로 만나고 싶지 않다고 말했을 때 확실치 않았지만 그녀가 나뿐만 아니라 다른 남성들과도 터놓고 신뢰할 수 있는 관계를 형성하는 데 어려움을 겪고 있음을 암시했다.

내담자와 치료자 간의 관계, 즉 치료자가 내담자를 대하는 방식과 태도, 내담자가 상담자에게 느끼는 안전감의 크기와 같이 모든 대화치료에서 가장 중요한 요소는 두 사람이 함께 작업하는 과정에서 생기는 긍정적 관계 모델이라는 것이 충분히 입증되었다. 나는 이 점에 특히 주목해 정신역동상담에서도 치료적 관계가 중요하다는 점을 강조하고자 한다. 인본주의치료의 기초가 되는 일치성, 무조건적 존중, 그리고 깊은 공감적 이해, 이 세 가지 핵심 조건을 전적으로 지지한다. Peter Lomas의 말을 인용하자면, 너무 많은 치료자들(여기서는 정신분석 치료자를 지칭함)이 '따뜻함, 성실, 용기, 힘, 감수성, 현실성, 정직함'으로 내담자에게 도움을 준다고 주장하기엔 너무 겸손한 말이지만 그것이 가장 중요한 기술이다(Lomas, 1973: 135). 그러나 단순히 따뜻함과 감수성만을 언급한 것은 아니라고 생각한다. 나는 인본주의자이자 통합적 접근을 하는 치료자인 John Rowan과 함께 진정성 있는 치료자에 관한 글을 쓴 적이 있다(Rowan & Jacobs, 2002).

그러나 인간중심 접근이 핵심 조건보다 훨씬 더 많은 것을 포함하는 것처럼, 정신역동상담 역시 좋은 관계를 형성하고 유지하는 것 이상을 포함한다. 나는 정신역동치료자로 일하면서 핵심 조건은 필요하지만 충분하지 않는다고 본다. 정신역동치료와 상담은 전이와 역전이라는 치료적 관계의 두 가지 측면에 특히 주의를 기울인다. 상담자와 내담자 관계의 이러한 측면과 다른 측면들에 대해서는 6장에서 다룰 것이다. 내 생각에 전이가 너무 신비화되어 있는데, 전이는 인간관계, 특히 가까운 관계나 권위와 권력을 동반하는 관계에서 흔히 나타나는 특징으로 널리 인식되고 있다. 하지만 전이와 역전이를 인식하는 방법은 그리 간단하지 않은 경우가 많다. 여기서 강조하고 싶은 것은, 처음부터 Hannah가 나와 어떤 관계를 맺고 내가 그녀와 어떤 관계를 맺고 있는지를 가장 먼저 생각해야 한다는 점이다. 그녀의 첫 질문이 나를 당황하게 만들었고 내가 어떻게 반응해야 할지 조심하도록 만들었지만, 아마도 나보다 그녀가 더 불안했을 수도 있다. 그러므로 그녀가 나를 더욱 신뢰할 수 있도록 시작부터 관계를 만들어 가는 노력을 해야 했다. 하지만 그녀가 나를 신뢰하기 시작한다고 해도 남성과 작업하는 문제는 여전히 염려로 남는 부분이었다.

전이와 역전이는 정신분석과 정신역동치료에서 단순한 문제가 아니다. 다양한 신념을 갖고 있는 상담자와 치료자의 슈퍼바이저로서 나는 전이와 역전이가 명시적으로 드러나진 않더라도 모든 상담관계에 어떤 식으로 퍼져 있는지 살펴본다. 상담자들에게 무조건적인 존중, 즉 무슨 이야기를 하든 아무런 편견을 가지지 않고 있는 그대로 받아들이는 능력은 당연히 필요하다고 강조한다. 하지만 정신역동적 관점으로 바라볼 때, 상담자의 이러한 자질은 내담자에게 바람직한 부모-자녀 관계의 가장 좋은 모습의 경험을 반복하려 한다는 것을 의미한다. 정신역동적 관점에서 이를 상담자와 내담자의 긍정적 전이 관계라고 부른다. 내담자가 처음부터 상담자를 의심하거나 적대적인 경우는 부정적 전이라고 한다. 긍정적 전이는 대개 별다른 설명이 필요없다. 그러나 내담자가 이전에 경험했던 부모, 선생님 혹은 다른 치료자로 인해 불신과 방어적인 태도를 갖게 되었다면, 이러한 부정적 전이는 그동안 관계와 상반된 상담자와의 경험을 통해 해결해야 한다. 그러나 정신역동적 접근법에서 더 중요한 것은 상담 외 다른 관계에서도 반복할 가능성이 있는 패턴을 파악함으로써 이를 해결하도록 하는 것이다.

상담자의 태도를 통해 내담자에게 긍정적 교정체험을 제공하려는 방식과 '전이적 관계'라는 용어를 사용하는 상담 방식 간에는 중요한 차이가 있다. 6장에서 자세히 설명하겠지만, 상담자를 향한 전이는 그중 어느 한 부분에 지나지 않기 때문에 오해의 소지가 있을 수 있다. 정신역동 상담자는 내담자가 다른 관계에서 전이된 감정을 인지하고 이야기하도록 도와 자신의 감정을 이해하도록 돕는다. Hannah의 예를 들면, 그녀는 내가 Freud처럼 성에만 관심이 있을까 봐 두려워하는 것 같았다. 나는 그녀가 Freud에게 전이된 인식을 정신분석 전반에, 특히 상담자인 나에게 가진다고 생각했다. 이에 대한 그녀의 설명이나 불안을 알아보기엔 너무 이르다고 생각했기 때문에, 나는 그녀가 편견으로만 알고 있던 Freud와 Freud의 대리인인 나에게 과거 자신을 향한 남성의 음란한 성적 관심을 전이시키고 있을 가능성을 마음속에 저장해 두었다. 여러분도 나처럼 그러한 가설이 있을 때, 실제로 근거가 있는지 확인하기 위해선 지켜봐야 할 것이다.

실패의 반복

정신역동 상담자의 역할을 다른 상담 접근법과 다르게 만드는 중요한 또 다른 측면은 부정적 전이의 개념이다. 치료자는 부정적 전이에 대해 단순히 내담자의 부정적 전이를 해석하는 것뿐만 아니라 이것이 다른 방식으로 치료적 가치를 지닌다는 점을 알아야 한다. 관계를 잘 유지될 수 있는 방식으로 교정적 체험을 제공하는 것은 중요하며 이러한 경험이 내면화되어 내담자가 자신과 보다 긍정적 관계를 맺을 수 있다면 이는 추가적으로 얻게 되는 보너스이다. 그러나 상담을 예약한 일주일 동안, 혹은 상담을 마치고 난 이후 내담자는 치료자를 만날 수 없기에 치료자와 긍정적 전이가 일어났을지라도 실망감을 가질 수 있다. 상담자는 내담자가 원했던 것처럼 변함없이 선하고 자애로운 부모의 모습이 될 수 없다. 상담자는 내담자가 유아기부터 성인기에 이르기까지 알고 지내거나 고통을 주던 사람들과 경험했던 실패와 단점들을 '필연적으로' 반복할 수밖에 없다. "[치료자]는 내담자가 과거에 겪은 고통을 보상해 줄 순 없지만, 자신을 충분히 사랑해 주지 못한 실패를 재현하고… 이를 함께 나누며, 자신의 실패에 대한 감정을 다루도록 도울 수 있다"(Malan, 1979: 141의 Winnicott에서 인용).

가끔 상담은 내담자에게 만족감 못지않게 실망감을 줄 수 있으며, 상담자는 기적을 일으키는 사람이 아니다. 또한 보통 내담자가 처음에 기대했던 것과는 달리 명확한 지침과 조언을 제공해 주지 않는다. 그리고 내담자가 원하는 방식으로 친구나 친밀한 파트너도 되어 줄 수도 없다. 상담자는 단순히 상담자로 행동하는 것만으로도 내담자는 과거 경험으로부터 온 좌절감 등 현재에 영향을 미치는 부정적인 관계를 반복하며, 내담자의 현재 관계에도 영향을 미칠 것이다. 일부 내담자의 문제는 부모나 다른 이들의 명백하고 고의적인 학대가 원인이지만, 거의 항상 관계의 '실패'는 무엇을 했느냐보다 무엇을 하지 않았느냐로 발생하는 경우가 너무 많다. 이상적인 부모가 존재한다고 믿었던 사람들은 현실에서도 이상적인 파트너가 그 어딘가에 존재한다고 믿기 때문에 또다시 실패를 반복한다. 내면화된 부모로 인해 아이는 계속 애도하거나 처벌받곤 한다. 그러므로 정신역동이론은 이러한 환상이 지각과 관계를 왜곡하는 힘을 고려한다.

이러한 실패는 Hannah의 첫 만남에서부터 발생했다. 그녀는 여성 상담자를 원한다고 했다. 나는 그녀가 남성과 대화하고 있다는 사실에 주목했고, 그녀가 어떤 반응을 보일지 궁금했다. 예를 들어, 내가 남자라는 것에 대해 부정적인 감정을 표현할지,

반대로 여성과 대화하는 것에 대해 어떤 의미로 말할지를 말한다. 다시 말하지만, 우리는 이러한 실망감이 앞서 그녀가 말한 것보다 더 큰 의미가 있는지, 그렇다면 그 실망이 무엇을 의미하는지 지켜봐야 한다.

상담자가 내담자에게 실망감을 안겨줄 수 있는 한 가지 방법은 상담 회기가 끝나고 상담 자체가 종결될 때이다. 상담자가 아무리 많은 것을 제공해도 내담자에게 충분히 줄 수 없기 때문이다. 어떤 내담자는 처음에 기대했던 만큼의 성과를 얻지 못해 실망하고, 어떤 내담자는 상담자에게 거부감을 느끼며, 어떤 내담자는 화를 내고, 어떤 내담자는 슬퍼하며, 어떤 내담자는 도망친 게 다행이라고 느끼는 등 다양한 방식으로 실망감을 경험한다. 7장 후반에서도 다루겠지만, 여기서는 정신역동치료와 상담의 또 다른 중요한 특징인 상담자에 대한 상실과 이에 대한 대처, 그리고 끝맺음에 중점을 둔다. 계약 기간이 짧은 일부 상담의 경우, 대부분의 내담자들은 상담자와 매주 정기적으로 만날 수 있는 기회가 부족할 수 있다. 하지만 단기상담에서도 내담자들이 희망을 가질 수 있으며, 실제 가능한 것보다 더 많은 걸 얻을 수 있다고 기대할 수 있다. 단기상담이든 장기상담이든 간에, 상담이 진행되는 시간은 1시간 미만이며, 휴일에는 잠시 쉬기도 하고, 질병이나 기타 예기치 못한 긴급 상황으로 인해 상담이 변경되기도 하며 어느 시점이 되면 작업을 끝내야 한다. 이러한 중단과 종결은 모든 사람이 일생 동안 경험하는 일이다. 하지만 유아기에는 한계와 상실이 더욱 극심하게 느껴지며 오랫동안 이러한 감정이 반복된다. 따라서 상담자는 내담자와 상담자 관계에서 '지금-여기'에서의 상실감뿐 아니라 초기 좌절감을 극복할 수 있는 기회를 제공한다.

방어와 저항의 사용

정신역동치료 및 상담에서 또 다른 주요 초점은 상담 과정의 측면에 대해 저항의 형태를 취할 수 있는 방어를 이해하고 다루는 것이다. 저항은 정신분석에서 사용하는 용어이다. 내담자가 상담자의 반응이 두려워 자신의 말이나 감정을 자유롭게 말하지 못하거나 사고와 감정을 인정하지 못할 때 의식 또는 무의식적으로 사용하는 다양한 방법이라 할 수 있다. 이는 고통스럽거나 굴욕적이거나 부적절한 사고와 감정을 인정하지 않도록 스스로를 보호하는 자연스러운 수단인 방어와 밀접한 관련이 있다.

상담과 심리치료가 효과적이기 위해선 시간이 필요하다(그러나 숙련된 상담자가 단기계약만으로도 많은 성과를 내는 것을 보면 놀라울 따름이다). 이처럼 단기상담은 몰입해야 하는 작업이지만 그렇다고 이러한 과정을 서두를 수는 없다. 내담자는 본인의 속도대로 행동하기 때문에 방어의 세기를 인지하는 것에는 어느 정도 시간이 걸린다. 내담자가 아무리 변화를 원하고 상황이 달라지길 바라더라도 그 과정에서 자신이 무엇을 얻게 될지, 존재, 관계, 행동방식을 바꾸면 어떤 일이 일어날지 불안해할 수 있다.

Hannah가 성과 관련해 "그런 건 충분히 해 봤다."고 말하며 저항의 기미를 드러냈다. 그 주제에 대해 계속 파고든다면 내가 뺨을 맞을 수 있음을 확실히 해둔 것이다. 정신역동적 접근법이 차별화되는 점은 바로 이렇게 방어하는 '이유'를 이해함으로써 저항을 다뤄야 한다는 점이다. 상담자는 내담자가 방어하려고 하는 것을 이해하는 데 관심을 기울인다. 아무리 능숙하고 섬세한 상담자라도 내담자가 저항하는 원인이 무엇인지 파악하도록 도울 수는 있어도 저항을 해결할 수는 없다. 저항을 해결하는 것은 내담자 본인이다. 저항은 장기 심리치료보다 단기 치료에서 그 효과를 더 떨어뜨린다. 이 문제에 대해서는 5장에서 보다 자세히 설명할 것이다.

상담자를 위한 '원칙'과 내담자를 위한 '원칙'

대부분의 상담자는 일반적으로 내담자가 말을 많이 할 때 의도적으로 자제함으로써, 내담자가 자신의 의제에 집중하도록 하고 감정, 생각, 환상을 탐구할 수 있도록 장려한다. 이렇게 상담자가 자제하는 것을 정신역동치료에서는 '절제의 원칙(rule of abstinence)'이라 부른다. 이는 완전히 침묵하거나 비인격적인 빈 스크린같이 행동하라는 것이 아니라, 내담자가 말하려는 내용을 방해하지 않도록 조심하라는 의미이다. 이와 같은 상담자의 절제는 내담자에게 부정적인 감정을 불러일으킬 수 있다. 이것이 내담자에게 어린 시절 부모로부터 충분한 보살핌을 받지 못한 경험과 같은 실패를 불러일으키기 때문이다. 초반부에 상담자가 생각보다 더 많은 질문이 필요한 일부 내담자라도, 상담자는 항상 내담자가 주도권을 갖도록 격려하고 침묵의 순간을 잘 견디도록 노력해야 한다

상담자나 치료자의 이러한 태도는 정신역동적 실무의 '자유연상'에 대한 원칙에 기반하는 것이다. 내담자는 '머릿속에서 떠오르는 모든 것'을 표현해야 한다(Freud, 1940: 407). Freud는 자신의 환자들에게 다음과 같은 방식으로 설명했다고 한다.

> 이야기를 하다 보면 어떤 비판적인 생각이 떠올라 거부하고 싶을 것입니다. 이 내용은 여기에 맞지 않다거나, 전혀 중요하지 않다거나 의미가 없으니 꺼낼 필요가 없다고 말하고 싶은 유혹을 받게 될 겁니다. 이런 비판에 개의치 말고, 그냥 말해 보세요. (Freud, 1913/2002: 56)

대부분의 상담자는 표현의 자유가 내담자의 불안이나 저항감을 키울 수 있어서 원칙으로 정하기보다 장려하는 편을 선호한다. Freud가 말한 '기본 원칙(fundamental rule)'과 상담자의 '절제의 원칙'이 필요한 까닭은 내담자가 한 말 뒤에 숨어 있는 감정이나 상황에 대해 사실뿐 아니라 사소해 보이는 세세한 부분까지, '모두 털어놓도록' 격려하기 위함이다. 이러한 자유로운 흐름은 내담자의 두려움과 환상을 보다 잘 이해할 수 있는 기회를 제공한다. 내담자의 자유연상에 해당하는 것이 치료자의 자유부동주의(free-floating attention)인데 이것은 치료자의 사고와 감정을 자유롭게 떠오르도록 하는 것을 말하며, 상담자가 훨씬 적극적인 역할을 하는 정신역동적 접근과 구별되는 방식이다.

Hannah와 대화를 시작할 때 이러한 절제의 원칙을 사용한 예시가 초반부에 나온다. Hannah가 "정신분석가세요?"라고 물었을 때, 다른 대화에서도 그렇듯이 나는 그녀의 질문에 바로 답하지 않았다. 그녀가 나와의 만남에서 가질 수 있는 잠재적인 두

려움과 환상을 파악하기 위해선 그러한 용어를 그녀가 어떤 의미로 사용했는지 알아야 했기 때문이다.

'원칙'이란 용어를 사용한 이유는 이것이 정신분석에서 설명하는 방식이기 때문이다. 그러나 이러한 원칙은 엄격하지도 불변하지도 않으며 우리가 늘 추구하는 이상에 가깝다. Hamlet의 말처럼 "지키는 것보다 어기는 것이 더 명예로운" 원칙이다. Mearns와 Thorne(2013: 23)의 말대로 정신역동상담은 구조와 경계에 얽매여선 안 된다. 정신역동상담은 기법이나 이론에 관한 것이 아니며 때때로 그것이 중요하게 보인다면, 그것은 단지 학습에 도움이 되거나 각각의 상담자가 각각 다른 내담자와 독창적이면서 신중하게 작업할 수 있는 틀을 제공하기 때문일 것이다.

원칙이 도움이 되지 않을 때가 있는데 이러한 경우 기법을 각 상황에 맞게 조정해야 한다. 이론은 항상 조정되고 변화될 가능성이 있기 때문이다. 다시 Hannah의 이야기로 돌아와서, 독자들은 내가 Hannah의 질문에 대답은 했지만 즉시 답변하진 않았다는 것을 눈치챘을 것이다. 그렇게 했던 이유에 대한 내 입장은 그녀의 불안을 덜어주고 싶었고 처음에 내가 던졌던 질문에서 충분히 많은 것을 얻었기 때문이다. Hannah에게 내가 정신분석가가 아니라는 답변을 하기 위해서 질문에 답한 것은 아니었다. 내가 다른 사람이라고 오해하지 않게 하는 것이 중요했고 더 이상 답변하지 않는 것은 거짓 주장을 하는 것이기 때문에나는 그렇게 하고 싶지 않았다.

정신역동상담과 정신분석

내가 정신분석가인지 묻는 Hannah의 질문에 나는 정신분석가가 아니라고 했지만, 내가 정신분석 치료자이자 상담자라는 사실까지 굳이 알리진 않았다. 왜냐하면 직업 간에 경쟁을 위한 목적으로 이것을 구분한다면 필요할지 모르겠는데, 그게 아니라면 굳이 서로를 정의하는 것이 현실에서 중요하지 않기 때문이다. 상담은 정신분석도 아니고 장기 심리치료도 아니라는 점을 분명히 밝혀둔다. 정신역동상담은 정신역동치료와 많이 유사한데, 특히 상담 계약이 연장되고 작업이 과거와 현재의 상호작용과 치료적 관계의 본질에 초점을 맞출 경우 이 두 용어는 상호교환할 수 있다. 차이점에 대한 질문이 제기되기도 하지만 쉽게 해결나지는 않는다. 나를 비롯한 영국 상담 및 심리치료 학회에 소속되어 있는 실무진들이 내린 결론에 따르면, 이 둘 간의 차이는 전문직함이라기보다 이해와 경험의 정도라는 것이다(Jacobs, 2009a: 164-5).

이 글을 읽고 있는 독자들은 심리치료자보다는 상담자로서 정신역동 수련을 시작한 사람일 가능성이 높아보인다. 일부는 정신역동 치료자나 정신분석 치료자로서 수련을 받는 사람일 수도 있다. 고도로 숙련된 슈퍼바이저가 있는 상담 프로그램이나 숙련된 치료자가 슈퍼바이저로 상주하는 상담 기관에서는 공인된 심리치료자 못지않게 유능한 상담자를 배출한다. 그리고 상담자 수련을 받는 사람들도 초급 수련 과정에서 더 많은 경험을 쌓게 되면 심리치료자 못지않은 역량을 발휘하게 된다. 이들은 처음 실무를 시작할 때부터 부담스러운 내담자를 맡기도 하고 단기 치료할 내담자를 배정받았어도 장기 치료 작업을 해야 할 수도 있다. 그러므로 우리 자신과 업무를 설명하기 위한 명칭보다 더 중요한 것은 상담자들이 더 많은 이해력과 통찰력을 개발하고, 정신역동이론과 연구법에 대해 더 많이 배우고, 평가 기술과 효과성을 평가하는 일에 대해 미세한 조정 과정을 통해 더 잘 작업하도록 노력하며, 내부감독자를 개발하고 불안을 견디는 역량과 실수로부터 배울 수 있는 정직성, 그리고 답을 알지 못해도 편안하게 느낄 수 있는 태도 등이다. 그리고 이 모든 자질은 실무자들이 지속적으로 개인 및 전문성 개발을 통해 습득해야 할 목표들이다.

정신역동상담적 접근을 하기 위해서 반드시 적응해야 할 부분이 있다. 정신역동상담의 전반적인 계약기간은 장기 치료에 비해 더 짧으며 장기 치료에선 명확한 시간 제한이 없기 때문에 계약의 의미가 불분명하다. 계약에 관해서는 4장에서 더 자세히 다룰 것이다(Sills, 2006에서 내가 저술한 장을 참조). 경험이 많은 정신역동 상담자는 고통받는 내담자를 심리치료자만큼 자주 만난다. 제3장에서 나오는 상담에 적합한 내담자에 대한 질문을 참고해 보라. 단기상담의 목표는 더욱 제한적일 수밖에 없다. 일부 내담자가 주는 정보 양을 고려할 때 상담자가 내담자의 목표에 초점을 두고 파악하는 것이 때로는 바람직할 수 있다. 시간상 정확하고 효과적인 개입의 기회가 줄어든 만큼 상담자는 내담자에게 적절한 속도를 유지하며 빠르게 사고해야 하는 측면이 있다. 이처럼 정신역동 상담자는 정신분석적 접근을 밀도있게 다루면서 정신역동 실무 과정을 통해 치료 과정과 인간의 성격이 얼마나 복잡한지, 변화하는 과정이 얼마나 느린지 깨달아야 하므로 힘에 부칠 수 있다. 그러나 상담의 제한적인 목표에도 불구하고, 내담자가 발전하려는 의지가 있고 상담자가 정신역동적 접근방식을 신중하게 적용한다면, 내담자는 중요한 인식의 변화와 통찰을 얻을 수 있다. 상담자와 내담자의 작업에서 볼 수 있는 정신역동적 접근법은 내담자가 자신에 대해 생각하기 시작하는 과정에서 사용되며, 그 과정에서 내담자는 내면화된 또 다른 관계가 있기 때문에 내담자가 자신에 대해 생각하기 시작하는 방식으로 사용된다.

Freud 사상이 서구 문화에 지대한 영향을 미쳤기에 정신역동적 접근 방식이 그다지 낯설게 느껴지진 않는다. 이번 장에서는 장기 심리치료를 모델로 한 정신역동상담의 주요 특징들을 소개하였다. 다시 한번 열거하면, 외부 세계와 내부세계의 상호관계, 스트레스로 인한 퇴행, 대상 관계, 무의식, 과거의 의미와 현재의 반복, 내담자와 상담자 간의 전이 관계, 치료자 입장에서 본 실패의 중요성, 종결의 활용, 저항을 이해하는 것의 중요성, 절제의 원칙 등이다. 다음 장에서는 이렇게 다양한 특징에 실제로 어떻게 적용하는지를 보여 준다.

용어 중 일부는 정신분석 및 정신역동치료에 특정한 것이지만, 각기 다른 이론적 기반을 가진 상담자들은 이러한 용어가 정신분석에 뿌리를 두고 있다는 사실을 잊은 채 사용하곤 한다. 이 장에서 집중적으로 다룬 몇 가지 기본적인 기법은 다양한 상담 접근 방식에서도 공통적으로 사용되는 것이며 정신역동 작업에서도 똑같이 중요시한다는 점을 거듭 강조한다. 사실 이러한 작업에서 사용되는 기본적인 기법과 가정의 일부는 Freud가 지시적으로 질문한 방식에서 벗어나 환자가 말하려고 하는 것을 경청했던 그의 접근 방식에서 유래되었다. 초기 환자 중 한 명이 그에게 "이런저런 일이 어디서 비롯되었는지 계속 물어보기보다 환자가 직접 말하고 싶은 대로 내버려 두라며 다소 못마땅한 어조로 말했고, 나도 이 말에 전적으로 동의한다."라고 말했다 (Freud and Breuer, 1895/2004: 64).

다음 장에서 살펴볼 Hannah와의 정신역동적 접근에는 다른 접근법을 사용하는 상담자도 공감할 만한 반응과 개념적 특징이 담겨 있다. 다양한 상담 유형에 공통적으로 적용되는 부분을 통해 독자들은 Hannah가 첫만남에서 나를 만나 느꼈던 것보다 훨씬 편안하게 느끼길 바라며, 정신역동상담에서 배울 수 있는 새로운 내용으로 상담자가 가진 가능성의 폭을 넓히는 데 도움이 되길 바란다.

추가 읽을거리

추가 읽을거리에 담긴 모든 저서와 글은 이 책의 말미에 있는 참고문헌에 전체적으로 수록되어 있다.

나는 이 책이 본질적으로 정신역동상담, 경우에 따라서는 정신역동심리치료의 수련을 위한 입문서로 인지하고 있다. 이 책은 정신분석적 사고의 다양한 이론적 접근법을 직접적으로 다루고 있진 않지만, 추후 정신역동 상담자나 치료자의 사고와 실무에 영향을 줄 거라 믿는다. 여기서는 정신분석의 주요 인물들의 사상을 더 자세히 볼 수 있는 몇 가지 읽을거리를 소개하려고 한다.

정신분석은 Freud에 의해 처음 개발되었으며, 그의 저서는 여전히 많은 것을 시사한다. Freud는 종종 잘못 알려지기도 해서 나는 그가 무슨 말을 했는지 여러 번 다시 찾아 읽었다. Freud의 설명이 항상 옳은 것은 아니지만, 그의 관찰력은 예리하고 그의 인간성과 유머는 작업을 통해 빛을 발한다. Freud의 Hysteria 연구 『Studies in Hysteria』(Penguin 출판사의 현대 고전 번역판이 특히나 훌륭하다; Freud and Breuer(1895/2004))에서 Katharina와 Fraulein Elisabeth von R.의 사례연구에서부터 '비판적 분석'까지 읽어보라. 그런 다음 그의 정신분석 입문 강의인 『Introductory Lectures on Psychoanalysis』(1916)로 넘어가라. Freud의 생애, 이론, 실제, 영향에 대한 간략한 내용은 내가 쓴 『Sigmund Freud』(Jacobs, 2003)를 참조하라.

Jung분석이론에 관심이 있다면, Jung 이론의 메타심리학(metapsychology)을 상당 부분 번역한 Ann Casement의 『Carl Gustav Jung』(2001)이란 저서가 읽기에 훌륭한 입문서이며, Andrew Samuels의 『Jung and the Post-Jungians』(1985)는 Jung 이론에 대해 훌륭하게 논평한 저서이다. 내 자신은 영국의 정신분석 '학파'에 더 가깝다고 할 수 있는데, 그중 Freud와 그의 딸 Anna Freud를 중심으로 한 Freudians 학파(『Selected Writings』

(2015)), Melanie Klein을 중심으로 한 후기 Klein 학파(Julia Segal의 『Melanie Klein』(2004)부터 시작함))를 포함하는 Klein 학파, John Bowlby를 비롯해 R.W.D. Fairbairn, D.W. Winnicott을 포함한 독립 학파(내 저서 『D. W. Winnicott』(1995) 참조))가 있다. 독립적인 정통을 가진 많은 주요 인물에 대한 간단한 설명은 Eric Rayner의 『The Independent Mind in Psychoanalysis』(1990) 또는 G. John의 『The British School of Psychoanalysis: The independent Tradition』(1986)을 참조하라.

나의 치료자로서 내게 많은 영향을 준 책은 Rayner의 『Human Development: An Introduction to the Psychodynamics of Growth, Maturity and Ageing』(2005)이란 책으로, 이는 빼놓을 수 없는 책이다. 정신역동 실무의 근간이 되는 이론을 소개하는 훌륭한 책으로는 Juliet Higdon이 쓴 『Psychodynamic Theory for Therapeutic Practice』(2012)가 있다. 나의 저서 『The Presenting Past』(Jacobs, 2012)는 전통적인 정신분석적 관점에서 내담자가 치료 중에 무엇을 어떻게 표현하는지에 대한 이해와 적용하는 방식을 잘 보여준다. 또한 Josephine Klein의 『Our Need for Others and its Roots in Infancy』(1987)가 도움이 되는 책이다. 독립적인 견해를 가진 분들을 위해 Peter Lomas가 쓴 책을 추천한다. 이 책은 내 상담에 지대한 영향을 미쳤다(그의 저서 『True and False Experience』(1973) 참조).

Freud의 뒤를 이은 사람들은 미국의 정신분석학계에서도 많이 존재한다. Eric Erikson과 같은 후기 Freud 학파와 Erich Fromm(예: 『Fear of Freedom』(2001))과 같은 신 Freud 학파가 있다. 1970년대 이후 자기심리학의 Heinz Kohut(A.M. Siegel의 『Heinz Kohut and the Psychology of the Self』(1996))과 나르시시즘에 관한 Otto Kernberg(『Love Relations』(1995))는 주요한 공헌을 하였다. 정신역동 상담자와 치료자가 참조할 만한 많은 문헌과 아이디어도 있다. 접근이 가능하다면 대학 도서관을 이용하고(개인적으로 구독하기에는 비용이 많이 들기 때문에), Psychoanalytic Electronic Publishing (www.pep-web.org)을 방문하라. 이곳은 온라인상에서 가장 방대한 정신분석 문헌 데이터 베이스의 이용이 가능하며, 2016년 기준 105,000편 이상의 논문이 수록된 68개 주요 정신분석 학술지의 전문, Freud의 전집을 포함해 100권이 넘는 고전 정신분석 도서, 40개의 비디오 동영상을 제공해 준다. 이곳의 동영상은 온라인으로 이용할 수 있다.

연습하기

1. 다음의 인용문을 읽고 생각해 보고 가능한 경우 다른 사람들과 논의해 보라:

그렇다면 나는 무엇일까? 나는 여러 개의 '나'로 구성되어 있으며, 그중 하나만 가지고 나를 전부 동일시하는 실수를 범할 수 있다. 일단 타인의 이익을 위해 꾸며낸 '나'가 있다. 그리고 나 자신의 이익을 위해 꾸민 '나'도 있다. 그 다음에는 인생의 역경으로 인해 상처받고 추하게 변해 버린 '나', 보기에 너무 고통스러워 어두운 장롱 속에 가둔 '나'(내 자신의 모습)가 있다. 하지만 보이지 않는 곳에 갇혀 있는 이러한 나는 나 자신과 타인의 이익을 위해 '나'에게 계속 악의적인 영향력을 행사할 수 있다. (Williams, 1982: 353)

2. 정신역동적 관점에서는 인간관계가 중요한 만큼, '나'를 구성하는 여러 부분과 내부적으로 관계를 맺는 방식도 중요하다고 본다. 혼자서, 혹은 다른 사람과 함께 '자아'의 다양한 측면을 설명할 수 있는 표현을 최대한 많이 적어 보자. 예를 들어,

(나는) 나에게(me) 무슨 일이 일어났는지 모르겠다.
(나는) 내 자신(myself)이 아니었다.
(나는) 내 자신(myself)에게 너무 화가 났다.
(나는) 좋은 표정을 지었다.
(나는) 다시 예전의 자신(self)으로 돌아갔다.

3. 여러 정신역동이론은 자아의 다양한 부분을 지칭하며, 전문 용어를 사용하기도 한다. 예를 들어,

Freud:	자아 ego / 원초아 id / 초자아 super-ego [또는 나 / 그것 / 초자아 I / It / over-I]
Jung:	자아 ego / 페르소나 persona / 그림자 shadow / 자기 Self
Klein:	선한 내부대상 the good internal object / 처벌적 내부대상 the persecutory internal object
Berne/TA:	부모 parent / 성인 adult / 어린아이 자아 상태 child ego states
Winnicott:	거짓 자기 false self / 참자기 true self
Fairbairn:	중심 경험 자아 central experiencing ego / 리비도적 자아 libidinal ego / 반 리비도적 자아 anti-libidinal ego

이 용어들을 이해하는 범위 내에서 당신이 적어놓은 문구와 일치하는 것이 있는가?

4. 진짜 당신이 있는가?

5. 여러분은 일생 동안 영향을 미치는 외부의 모든 것과는 전혀 다른 내면의 자기를 인식하고 있는가? 다른 사람들과 이 문제를 논의할 때 내면의 가장 깊은 곳까지 들어갈 필요는 없지만, 자신의 여러 부분 사이에 역동적인 관계가 있다는 생각을 해 보라.

Hannah의 응답

"하지만 저는 당신이 지금 정신분석에 대해 무엇을 걱정하는지에 관심이 있어서요…."라고 나는 말했다.

Hannah는 잠시 동안 생각했다. 침묵이 흐르면서 오히려 약간 덜 긴장된 것처럼 느껴졌다. 그녀는 맞은 편의 나를 쳐다보았다: "저는 제가 여기서 무엇을 하고 있는지 모르겠어요. 저는 이런 걸 기대한 게 아니었어요."

"당신은 이런걸 기대한 게 아니었군요." 나는 그녀가 한 말을 반복하였다.

"네, 저는 기분이 매우 안 좋아서 의사를 찾아갔어요. 의사가 저에게 약을 처방해 줄 것이라 생각했는데, 제가 선생님을 만나야 한다고 했어요. 혹시 의사가 저에 대해 선생님께 말했나요?"

"의사에게 뭐라고 말씀을 하셨나요?" 나는 Hannah가 직접 나에게 말할 수 있기를 바랐다. 사실 의사는 나에게 거의 아무말도 하지 않았다.

"제가 말씀드릴 수 있을지 모르겠어요." 그녀는 얼굴을 찌푸렸고, 다시 불안해 보였다.

"아마 제가 남자이기 때문에 말씀하시기 어려운 것은 아닐까요?"

Hannah는 고개를 끄덕였지만 아무 말도 하지 않았다. 그녀는 조금 슬퍼 보였다.

"의사 선생님을 만나러 가고 싶으신가요?" 나는 물었다.

"의사 선생님은 시간이 없어요, 알아요. 저보다 더 많은 관심을 받을 자격이 있는 사람들이 훨씬 더 많다는 것을요." 그녀의 눈에 눈물이 고이기 시작했다.

"그것이 당신을 혼란스럽게 하는 것 같네요. 한편으로는 저에게 말할 수 있을지 확신이 서지는 않지만, 마음속 어떤 부분은 누군가가 당신이 느끼는 것에 관심을 갖기를 원하고, 또 다른 한편으로는 당신이 다른 사람들에 비해 가치가 있는지 확신이 서지 않고요…" 나는 천천히 말하면서 그녀가 했던 말을 바꾸어 말했고, 그녀가 딜레마에 빠져 있다는 사실에 주목하였다. 그녀는 몇 가지 상반된 감정을 가지고 있었다. 그녀는 누군가가 자신의 말을 듣기를 원했지만, 그 누군가가 나인지에 대해서는 확신이 서지 않았다. 그녀는 나에 대한 염려와 더불어 그녀를 괴롭게 만드는 문제가 다른 사람에 비해 중요한지 확신하지 못했다.

내 말에, Hannah는 더 화가 난 것처럼 보였다. 내가 말을 멈추자 Hannah는 머리를 두 손으로 파묻고 울기 시작했다. Hannah는 계속해서 의자 가장자리에 앉은 채로 앞으로 몸을 구부렸다. 그녀는 내가 그녀를 만질 수 있을 정도로 가까이 있었다. 그리고 여기가 상담 장면이 아니라면, 내가 실질적인 위안을 줄 수도 있었을 텐데 하는 생각이 들었다. 나는 그녀가 겪고 있는 것 같은 슬픔을 내 안에서 느꼈다. 하지만 나는 가만히 앉아 있었다. 나는 침묵하며 침착한 상태로 회기가 시작되고 나서 어떤 변화가 있었는지 궁금했다.

의뢰

상담은 상담자를 만나기 전에 이미 시작된다. 왜냐하면 많은 사람들이 제3자의 제안으로 상담자를 만나게 되기 때문이다. Hannah의 경우에도, 나에게 그녀를 의뢰한 사람은 그녀의 의사였다. 나의 두 사례가 보여 주듯이, 정신역동 상담자가 주목하기에 사소한 것은 없다는 점을 강조하고 싶다. Hannah가 어떻게 나에게 왔는지, 또 그녀가 의뢰된 방식은 여러 가지 이유에서 중요했다. 첫째, 나는 특히 그것이 우리 사이의 신뢰와 협력의 발전을 방해한다면, 나에게 '보내진' 것에 대한 그녀의 반응이 무엇인지 이해할 필요가 있었다. 어떤 내담자들은 자신의 걱정이 심각하게 받아들여지고 있음을 기쁘게 생각한다. 의뢰된 다른 내담자들은 준비된 해결책을 기대했을 때 거절감을 느낀다. 둘째, 상담이 무엇이며, 그것이 도움이 될 수 있을지에 대한 내담자의 기대는 특히 의뢰가 서투르거나 급하게 처리되는 경우처럼 의뢰가 행해지는 방식 때문에 편견이 생길 수 있다. 셋째, 다른 사람에게 의뢰되는 것은 때때로 내담자의 삶의 경험에서 비슷한 상황을 반복한다(곧 보게 되겠지만 Hannah의 경우). 내담자의 첫 번째 말처럼, 첫 회기의 내용은 내담자의 생각, 감정, 경험에서 패턴을 발견하는 과정을 시작할 수 있으며, 이는 내담자의 정신역동적 이해에 중요한 것으로 드러날 수 있다.

처방전을 주리라 예상했던 것과 다르게 그녀의 담당의는 Hannah가 상담받을 수 있도록 의뢰하며 다른 종류의 도움을 주었다. 그녀는 자신의 실제 요청에 응해 주지 않은 의사에게 원망을 느꼈을 수도 있다. 그녀가 원망을 느꼈다면, 그것은 아마도 그녀가 계속 만나고 싶어 했던 그녀의 담당의를 향한 것이라기보다 내 쪽을 더 겨냥한 것처럼 보였다. 그녀는 이미 나에게 남자보다는 여자와 이야기하는 것을 희망했고, 그 점에서 그녀의 담당의가 그녀에게 더 적절했다고 말했다. 하지만 Hannah는 자신을 떠넘긴 담당의에게 아무런 분노도 느끼지 않는 것처럼 보였다. 대신, 그녀는 화를 내는 원인을 스스로에게 돌림으로써 자신의 담당의의 행동을 설명했다. 그녀는 자신이 다른 환자들보다 의사의 관심을 받을 자격이 적다고 생각했다.

나는 그 의사를 잘 알고 있었고 그녀가 세심하게 의뢰하는 일을 처리했을 것이라고 직감하였다. 실제로 그녀가 그렇게 하지 않았다면 Hannah가 상담 예약을 할 생각이 전혀 없었으리라 생각한다. 나는 의사가 Hannah를 여러 사람에게 소개할 수도 있었지만 그녀는 여성 상담자보다는 남자인 나에게 그녀를 소개하기로 결정했다는 것을 깨달았다. 의사는 나에게 Hannah에 대한 자세한 보고서를 보내지 않았고, 또한 내가 요청하지도 않았다. 많은 상담자는 다른 사람의 관점에 따라 첫인상을 결정하기보다는 내담자에 대해 스스로 평가하는 것을 선호한다. 내 직감으로는, 그녀의 담당의는 Hannah가 여성 상담자에게 의뢰하는 것을 더 쉽게 받아들였음에도 불구하고 남성 상담자가 궁극적으로 Hannah에게 더 많은 도움이 될 수 있다는 결정을 내릴 만큼 Hannah의 이야기를 충분히 들었으리라 생각한다. 어느 성별 혹은 그 외 다른 성별과의 협력을 불가능하다고 여기는 내담자들이 있기 때문에 이러한 결정은 민감한 경우가 많아 때때로 성공적인 의뢰를 위해서 이를 고려하는 것은 필수적이다. 내담자와 상담자의 인종적 배경이나 성적 취향도 이와 비슷하게 고려 사항이 될 수 있다. 의뢰하는 사람은 내담자가 이러한 차이에서 오는 주저함을 극복할 수 있는지 평가해야 한다. 왜냐하면 편안한 사람뿐만 아니라 다소 불안한 사람과도 작업하는 것이 장기적으로는 내담자에게 도움이 될 수 있기 때문이다. 만약 Hannah가 남자들과의 관계에서 문제가 있다면, 남자와 작업하는 것이 여자와 작업하는 것보다 그녀의 부정적인 감정을 더 불러일으킬 수도 있다. 부정적인 반응이라고 불리는 것이 있을 수도 있고, 그것이 정신역동적 용어로 불리는 부정적인 전이가 있을 수도 있다. 만약 그렇다면 심각하게 받아들이고, 이해하고, 제때에 해결해야 한다. 정신역동적 상담은 어려움에 대해 말하는 것 이상을 포함하며, 그것은 또한 치료적인 관계의 '지금-여기'에서 그것들을 다루려고 노력하는 것을 의미한다.

여기서 상담은 내담자가 불안해하는 것을 직시하도록 격려하는 행동 모델과 유사한 점이 있다. 정신역동상담에서 이는 행동 둔감화 프로그램에서 발생할 수 있는 것처럼 의도적으로 계획된 상황에 의해 달성되지 않는다. 오히려 상담자는 내담자의 삶에서 문제 영역이 발생하는 방식을 찾고, 상담 관계 자체에서 분명하게 나타날 수 있는 사항에 특별한 주의를 기울인다.

그 의사는 Hannah에게 나의 상담 접근에 대해 많은 것을 이야기하지 않았거나, 만약 말했더라도, Hannah는 그것을 나에게 얘기하지 않았다. 이는 Hannah가 마음속으로는 내가 정신분석과 관련이 있을 거라고 생각했지만, 무엇을 기대해야 할지 잘 모른다는 것을 암시한 것 같았다. 담당 의사는 Hannah가 나를 만나기로 약속하는 데 도움을 줄 수 있을 만큼 충분히 노력했고, Hannah가 주도권을 잡도록 내버려 두었다. Hannah가 직접 이런 행동을 했다는 것은 좋은 징조였다. 그녀의 의사는 상담에 대한 기대나 내가 그녀를 도울 수 있을지에 대한 기대를 높이는 것을 피했다. Hannah가 스스로 약속하는 것을 막을 만한 즉각적인 의심들에 대해 논의하는 것에 거리를 두고, 의사는 Hannah 자신이 나에게 물어봐야 할 질문들만을 남겼다.

모든 의뢰가 그렇게 잘 이루어지는 것은 아니다. 어떤 의뢰들은 다소 무시하듯이 행해지기도 한다. 예를 들어, "더 이상 도와드릴 수 없어요. 가서 상담자를 만나야 합니다."와 같은 말을 한다. 어떤 사람들은 예를 들어, "당신은 정말로 정신건강 문제를 전문적으로 다루는 사람을 만나야 합니다."와 같은 심각한 진단의 암시를 담고 있다. 어떤 사람들은 마법 같은 해결책을 찾을 수 있을 거라고 암시한다. 예를 들어, "가서 X를 만나시는 것을 제안합니다; 그는 빠른 시일 내에 당신을 호전시켜 줄 거예요, 그는 우울증에 대해 알아야 할 모든 것을 알고 있습니다."와 같은 말들이다. 어떤 의뢰는 "상담자에게 연락해 그녀와 예약을 잡아야 하니 제가 통화할 동안 잠시만 기다려 주세요."와 같이 내키지 않는 내담자에게 의사를 물어보지 않고 강행하기도 한다. 어떤 사람들은 상담의 타당성에 의문을 제기하며, 상담의 가치에 대해 편견을 드러낸다. 예를 들어, "상담자와 몇 번 만나보는 건 도움이 될 수도 있다고 생각합니다."와 같은 회의주의는 내담자로 하여금 실패를 예상하도록 만든다. 어떤 돕는이들은 상담자에게 "당신을 위한 사랑스러운 사례가 있어요. 완전 제정신이 아닌데, 그를 보낼게요. 아주 흥미로운 사람이라고 느끼실 거 같네요."라고 말하는 등 상당히 부적절한 말을 한다. 예를 들어, 일부 의뢰인들은 상담자가 내담자의 말에 앞서 그 앞에서 열어보고 읽도록 하는 편지를 보내는 등의 행동을 통해 그들과 상담자 사이에 공모적 동맹을 만들기도 한다. 다른 이들은 상담자로부터 비공식적이거나 공식적 리포트를 요구하며 내담자는 아무것도 알지 못한 채로 상담의 진전 사항에 대한 연락을 지속적으로 받기를 기대한다. 나는 이러한 종류의 상담을 모두 알고 있었다. 그래서 나는 의뢰가 이루어진 방식과 상담을 하러 오는 것이 내담자에게 어떤 의미인지에 관한 작은 단서일지라도 주의 깊게 듣는다.

때로는 의뢰인의 사전 정보가 유용할 수 있지만, 많은 상담자(다른 학파의)는 첫 회기가 끝난 후 자신의 관점에서 내담자를 평가할 기회가 있을 때까지 그러한 정보를 아껴 놓는 것을 선호한다. 의뢰서는 상담자가 느낀 바를 확인할 수도 있고, 상담자가 아직 보지 못했던 내담자의 또 다른 면을 제시할 수도 있다. 사람들은 여러 조력자들에게 다양하게 자신을 표현할 수 있다. Hannah(나중에 알게 됨)는 의사에게 훨씬 더 협조적인 것처럼 보였고 나와의 첫 회기 초반부보다 상담 의뢰를 더 기꺼이 받아들였다.

그런 다음 나는 Hannah가 동의하지 않거나 의심스러운 제안에 대해 자신의 감정을 억누를 정도로 다른 여성들에게 더 순응할 가능성이 있는지 궁금했다. 그리고 그녀는 남자들과의 관계에서 더욱 의심이 많고 심지어 적대적일 가능성이 높아 보였다.

평가의 중요성

어떤 내담자들은 정신역동적 접근법에 적합하지 않고 어떤 유형의 상담에서도 도움을 받지 못할 것 같은 내담자들도 있다. 3장에서 적합성의 기준을 살펴볼 것이다. 일반적으로 선택권이 주어진 상담자들은 그들이 보통 작업하는 방식에 반응을 보일 것 같은 내담자들을 맡게 되지만, 개방형 접근 서비스(예를 들어, 1차 진료 또는 상담센터의 상담자)에서 일하는 상담자는 각각의 내담자에 맞춰 어느 정도 그들의 접근법을 수정해 나가야 할 필요가 있다. 나는 스스로 '순수주의적' 접근법을 믿지 않으며, 많은 비평가들이 생각하는 것보다 정신역동상담이 더 적용성이 있다는 것을 알게 되었다. 하지만 평소 내 상담 방식에 적용해야 할 때는 왜 그런 적용이 필요한지, 그리고 그것이 내담자가 가진 세계의 역동성에 대해 무엇을 말해 줄 수 있는지 스스로에게 묻는 것이 유용하다는 점을 깨달았다.

첫 회기는 상담자와 내담자 모두가 함께 일할 수 있는 능력을 평가할 기회이다. 이러한 평가는 공식적인 방법으로 수행될 수 있다. 예를 들어, 예비 설문조사를 통하거나 첫 회기에서 제기된 문제, 해당 문제의 시작과 역사, 가족 배경, 약물 복용, 이전 문제, 이전 정신건강 문제 등을 다루는 일련의 질문을 통해 이루어질 수 있다. 나 자신은 그러한 접근을 좋아하지 않지만, 특히 아직 충분한 경험을 쌓지 못해, 이러한 정보를 훨씬 편하게 비공식적인 방식으로 얻지 못하는 상담자들에게는 더욱 가치가 있다고 생각한다. 또한 상담기관에서 내담자를 적절한 경험을 가진 상담자에게 소개하는 과정의 일환으로 평가를 해야 할 때에도 유용할 수 있다. 내 개인적인 접근 방식은 새로운 내담자가 떠오르는 주제에 대해 자유롭게 이야기하도록 격려하면서 동시에 제시된 문제와 그 배경을 명확히하기 위해 특정 정보가 필요하다고 생각될 경우 대화를 특정 방향으로 이끄는 것이다. 나는 공식적인 평가를 수행할 때 어떤 질문을 할지 알고 있지만, 직접 묻지 않고도 답변이 나오는지 우선 기다린다. 내담자의 복지나 내가 도움을 줄 수 있는 능력에 대해 첫 회기에서 특별히 걱정해야 할 이유가 있다고 생각하지 않는 한, 진행되는 회기 동안 공식적인 평가를 제공할 수 있는 정보를 계속 모으는 것을 선호한다.

만약 처음 몇 분 동안 내담자가 거의 불가능해 보이는 시나리오를 제시하여 상담자가 정신역동상담이나 단기상담이 적합한지 의심하게 만든다면, 해당 회기에서 내담자가 자신의 특정 문제에 적합한 자원을 찾도록 도와야 한다. 때로는 첫 회기만으로 내담자가 적합한지 분명하지 않을 때가 있고, 때로는 상담자는 특정 사안을 조사하는 데 있어 정신역동적 접근법이 내담자가 좀 더 적극적으로 임하도록 만들기에 적합한지에 대하여 큰 의심을 가진다. 만약 내담자에게 적절한 도움을 제공할 수 있을지 의문이 든다면, 위험성을 평가하고 적절한 의뢰를 하기 위해 더 적극적으로 특정 질문을 할 수 있다. 그리고 일반적으로 첫 회기에 하는 것보다 더 포괄적으로 내담자의 생애사를 파악해 기록해 둘 것이다.

의문이 드는 상황에서 상담자가 특히 찾고자 하는 정보는 다음과 같다. 그것은 이전 장애의 심각성과 지속 기간, 특정 증상의 첫 발현과 그 이후의 발현, 내담자가 입원했거나 정신과 의사의 치료를 받았는지 또는 의사로부터 받은 약을 복용하고 있는지, 다른 곳에서 내담자가 도움을 요청한 적이 있고 도움을 거절했는지, 내담자나 타인에게 해를 끼칠 위험성이 있는지에 관한 증거를 포함한다. (때로는 내담자가 실제로 정신역동적 접근 방식에 적합하지만 상담에 사용할 수 있는 시간은 특정 초점에 대한 필요성을 암시한다.) 이는 상담자가 한때 이론적으로 바람직하다고 느꼈던 것보다 회기 방향을 조정하는 데 더 적극적으로 만들 수 있다. 1장에서 살펴본 것처럼 정신역동상담은 신속한 평가가 더 중요한 단기작업에 적합하다(Mander, 2000; Coren, 2009; Garrett, 2010). 또한 내담자에게 시간이 있고 이용 가능한 자원이 있는 경우 단기상담에 적합하지 않은 사람은 장기상담이나 심리치료를 받거나 의뢰될 수 있다.

첫 회기에서 나는 내담자가 나와의 상호작용뿐만 아니라 자신에 대해 얼마나 깊이 성찰할 수 있는지를 고려해 내가 제공할 수 있는 시간과 접근법을 잘 활용할 수 있는지 평가한다. 이러한 종류의 심사숙고는 정신역동적 용어로는 종종 '통찰'이라고 불리며, 정신역동 문헌에서 찾을 수 있는 mantra 같은 용어 중 하나이다. 이는 심리적인 편향이 있는 사고방식을 의미하며, 우리가 왜 현재와 같이 되었는지, 왜 지금처럼 반응하는지, 과거와 현재 사건 간이나 다른 사람들에 대한 유사한 반응 사이에서 어떠한 연결고리가 있을 수 있는지에 대해 관심을 나타낸다. 그러나 이것은 단순한 사고만이 아니다. 정신역동 상담자는 감정이 체험되고 표현되는 데에도 관심을 가지며, 통찰은 종종 감정적인 충격을 동반한다. 통찰은 생각이나 경험이나 감정이 '이해되는(makes sense)' 순간이라고 제안하며, 이는 의미를 제공하고 인식을 변화시키는 데 도움이 되는 것이다. 통찰은 '영리한' 해석의 결과가 아니라 이는 '아하' 순간이라고 불리는 것과 더 관련이 깊다. 나는 특히 첫 회기에서 이러한 성찰의 징후를 찾는데, 이것은 정신역동상담의 좋은 지표가 된다.

대부분의 내담자는 상담이 자신과 무관하다고 느끼거나 너무 위협적이어서 이미 무시해 버린 경우를 제외하고는, 상담이 변화할 가능성이 있는지에 대해 궁금해하며 실제로 희망한다. 그들은 처음 만나는 상담자와 이야기하고 개인적인 문제를 공유할 수 있는 사람인지를 확인하고자 한다. 그들은 더 나아지길 원하지만, 여전히 마법 같은 해결책을 기대할 수도 있다. 이러한 경우 책임 있는 상담자는 상담 결과의 예측 불가능성에 주의를 기울일 수 있어야 한다. 왜냐하면 거짓 약속과 과장된 희망은 치료적 동반자의 취약한 기초를 형성하기 때문이다. 일부 내담자들은 너무 고분고분해서 '전문가'의 말을 의심 없이 받아들인다. 정신역동 상담자는 이런 종류의 이상화와 결탁하려고 하지 않지만, 그것은 그 자체로 누군가의 도움을 필요로 한다는 강력한 필요와 표현이다. 전문 상담자가 된다는 것은 내담자의 자율성을 빼앗는 의미로도 생각할 수 있다. 게다가, 내담자가 추구하는 이상적인 전지전능한 '부모'의 모습이 되지 않는 치료자에 대한 '실패'는 실망, 좌절 그리고 분노의 부정적인 감정을 여는 중요한 방법일 수도 있는데, 이 감정은 종종 개인적인 어려움의 근원에 자리 잡고 있다.

두 번째 사례

두 번째 내담자인 Karl과의 작업은 그가 자신을 표현하는 방식으로 인해 매우 신중한 상태에서 시작되었다. 그의 적합성 평가는 실제로 모든 내담자와 마찬가지로 첫 회기부터 시작되었다. Karl의 첫 대화에서, 그는 어떤 종류의 단기 정신역동상담에도 적합하지 않은 것처럼 보였다. 그는 나를 만나자마자 기뻐하는 듯한 표정을 지었으며, 내 방으로 안내했을 때 그의 모습은 그다지 깔끔하지 않았다. 그는 약 50세, 머리는 다듬지 않은 백발이고 위쪽 머리칼은 빈약해 보였다. 그의 차림은 상당히 단조롭게 보였는데, 헌 베이지색 외투는 열려 있었고, 닳은 갈색 부츠는 닦아야 할 것 같았으며, 바지는 그의 짧은 다리에도 불구하고 너무 짧게 느껴졌다. 그는 마치 자기 자리인 양 의자에 앉아서, 약간 뒤로 물러나 나를 곧장 쳐다보았지만 빠르게 시선을 피했다.

“내가 시작하기를 바랍니까?” 그는 주저 없이 말했고 마치 그가 상황을 잘 안다는 듯했다. 그는 외국인 억양으로 말했다. “나를 만나주셔서 기쁩니다; 당신에 대해 많이 들었어요, 사람들이 당신이 훌륭하다고 말하더군요. 내용으로 들어가 볼게요. 그럼 선생님이 나를 해결해(sort out) 주겠죠.” 그는 다시 돌아서 나를 쳐다보았고, 나는 그의 빠르지만 꿰뚫어 보는 시선이 도전장을 내미는 것 같은 느낌을 받았다. 그러나 이내 그는 고개를 돌려 창문 밖을 쳐다보며 덜 서두르듯이 이어갔다. “나는 바닷가의 부두에 있는 점성가를 찾아갔어요. 한번 해봐야겠다고 생각했지요. 나는 대부분의 것을 한 번씩 시도해 봐요. 그녀가 내 별자리에 대해 물어보더라고, 그런 거 알지요? 그런 허튼 소리들…”

이대로라면 아마 상서로운 시작이었을 것이다! Karl은 별에 대한 언급이 마치 그에게 뭔가를 생각나게 한다는 듯 잠시 말을 멈췄다. 그는 어리둥절한 표정을 지었다. 그는 혼잣말처럼 ‘별이여, 달이여… 저 뒤에 뭔가가 있어요.’라고 말했다. 그는 얼굴을 찡그린 다음, 떨쳐버리듯이 계속 말했다. “그녀가 나를 겁주려는 말을 했어요. 그녀는 ‘당신 과거에는 뭔가 어두운 일이 있었죠, 그렇죠?’라고 말했어요. 그녀가 어떻게 알았는지 모르겠어요. 덫에 걸린 기분이었어요.” Karl은 고개를 돌려 나를 바라보았다. “내 마음을 읽을 수 있나요?”

"내가 할 수 있기를 바라는 건가요? 아니면 내가 할 수 있을까 봐 두려운 건가요?"

"모르겠어요." 그는 내 말을 제대로 듣지 못한 것처럼 즉흥적으로 말했고, 그의 생각은 다시 다른 것으로 옮겨가는 것처럼 보였다. 이 상황에서 조금 길게 느껴지기는 했지만 1~2분간은 침묵이 흘렀다. 그는 자신의 안으로 들어가는 것처럼 보였다. 그는 당황해서 미간을 찡그렸고, 때때로 무슨 말을 해야 할지 고민하는 듯 입술이 움직이기 시작했다. 때때로 고통스러워하는 표정이 되돌아오기도 했다. 그러자 Karl은 용기 내어 말한 것처럼 나를 다시 한번 훑어보고는 시선을 내게 고정시켰다. "당신도 알다시피, 누군가가 강탈해 간 것 같아요."

"당신에게서 무엇을 강탈해 갔나요?"

"모르겠어요." Karl은 다시 멍한 태도로 대답했다.

Karl은 내가 도울 수 있는 사람이라는 인상을 즉시 주지 않았다. 나는 그를 좋아하는지조차 어느 정도 확신할 수 없었다. 그의 단정치 못한 외모는 이미 나를 짜증나게 만들었다. 아첨이기도 한 친숙함("당신에 대해 많이 들었어요.")을 시도하는 그의 그런 태도는 나에게 호감을 주지 않았다. 해결해 달라는 그의 제안은 상담에서 자신의 역할을 매우 수동적으로 보는 방식이었고 내가 기여할 수 있는 부분을 과장한 것이었다. 그는 자신이 생각하고 말하는 것이 왔다 갔다 하는 것 같았다. 심지어 그는 내가 그의 생각과 감정을 소리내어 말하는 노력을 완전히 덜어주기를 기대하는 것 같아 보였다.

그 순간 나는 나의 개입("혹시 그게 두려워서 그런 거 아닌가요?")이 그의 질문에 대한 대안적인 설명인지를 살펴보았다. 내가 개입했을 때, Karl은 내가 말한 것에 전혀 신경쓰지 않는 것처럼 보였다. 그러나 다시 생각해 보면, 그 질문이 그에게 내가 그의 마음을 읽는 것에 대한 두려움을 살펴보게 만들었을까? 그가 내가 알아낼까 봐 두려워하는 것이 있었을까? 이러한 생각 중 일부는 나에게 당시에 떠올랐고, 일부는 회기 이후에 Karl이 내가 제공할 수 있는 시간과 빈도로 상담이 적절할지를 평가하려고 할 때 떠올랐다. 다른 곳으로 그를 의뢰해야 할까?

그가 점성가를 찾아간 이야기는 그가 이성과 통찰을 위해 필요한 노력을 열심히 했다기보다 운명에 관한 마법 같은 아이디어에 더 강하게 설득되고 있음을 나타내는 것으로 보였다. 하지만 그는 자신 안에서 무언가와 씨름하고 있는 듯했으며, 이로 인해 나는 그를 더 동정하게 되었고, 그가 가진 내면의 갈등을 나누는 데 도움을 줄 수 있을지도 모른다는 희망을 가졌다. 그런데 이 모든 것을 생각하고 있을 때, 그가 "그러니까, 누군가가 강탈해 간 것 같아요…."라고 말했을 때 결정적인 순간이 왔다. 그 짧은 문장과 함께 고정된 시선은 나에게 심각한 경고 신호로 들렸다. 점성가에 대한 불안이 그의 마음속으로 들어가는 것처럼 보이면서 나는 Karl이 편집증에 걸렸는지 궁금해졌다. 나는 진단하기를 좋아하지 않지만 진단이 때로는 우리가 인지한 것을 전달하는 유일한 수단이기도 하다. 나는 즉시 절도사건이 실제로 발생했는지 확인했고, 그의 대답은 자신도 모른다는 것이었다. 모든 것이 매우 혼란스러웠다.

Karl의 모습은 Hannah의 모습과 매우 달랐다. Karl은 나를 만나고 싶어 했던 반면, Hannah는 의심스러워했다. 반면 Karl은 분명 스스로 생각할 수 있는 기회보다는 내가 그를 위해 무엇을 해 줄지를 더 보고 싶어 했던 것 같다. 그는 Hannah가 그랬던 것처럼, 다른 누군가의 제안에 마지못해 따르지 않고, 자신의 의지로 온 것이다. 그는 나와 내 유능성을 소중하게 여겼고, 적어도 그는 그렇다고 말했다. Hannah는 나와 나의 부류를 의심했다. 하지만 그 두 사람이 나를 찾아온 방식의 이 모든 차이에도 불구하고, 나는 Karl에게 도움이 되는 것보다 내가 Hannah를 도울 수 있는 가능성이 훨씬 더 크게 느껴졌다. 내가 그에게 말했듯이, 그의 첫 회기가 끝날 무렵, 나는 그가 점성가에게 했던 것처럼 그가 나를 시험해 보고 있다는 느낌을 받았고, 그가 다시 돌아오지 않을 수도 있다고 생각했다. Hannah의 경우, 나는 나를 향해 가진 어려움과 싸우고 싶어 하는 Hannah의 마음을 느꼈다: 그녀는 내가 기여한 것들에 대해 알고 있었고, 비록 이 단계에서 그것이 미묘한 균형을 이루더라도, 우리 사이에 약간의 신뢰감이 있었다.

상담 세팅

이 두 명의 대조적인 내담자들을 소개한 후, 그들이 상담을 받는 환경에 대한 개요를 제공하는 것이 도움이 될 수 있을 것이다. 다른 상담 방법과 마찬가지로 정신역동 상담은 회기 동안 내담자가 중요한 사고와 감정을 두려움 없이 공유할 수 있도록 충분한 사생활 보호를 필요로 한다. 외부에서의 침해(전화, 심지어 내담자의 휴대전화 같은)는 환영받지 않는다. 회기에 중단이 발생하면 내담자는 원망을 느낄 수 있지만, 그것을 부인할지라도 다른 누군가가 자신보다 더 중요하다고 느낄 수 있다.

고전적 정신분석에서 내담자는 치료자가 보이지 않는 곳에 눕는다. 이러한 배치에 대해 여러 이유가 제시되었는데, 그중에는 Freud 자신이 "나는 남들이 8시간 이상을 지켜보는 것을 참을 수 없다. 듣는 동안 내 자신의 무의식적인 생각에 몰두하고 싶어하는데, 내담자가 내 표정을 해석하려 하지 않기를 원하며, 환자가 나에게 이야기하는 것에 영향을 끼치고 싶지 않다."(1913/2002: 55)고 언급했다. 오늘날에는 특히 상담 및 단기 정신역동심리치료, 그리고 일부 정신분석심리치료에서는 상담자나 치료자와 내담자가 편안한 의자에 앉아 서로를 볼 수 있지만 반드시 직접적으로 대면할 필요는 없다. 눈을 마주치는 것은 내담자의 집중력을 방해할 수 있으며, 내담자는 더 많은 감시 속에 놓이는 것처럼 느낄 수 있다. 그리고 Freud가 위에서 언급한 것처럼, 상담자는 자신의 연상이 내담자의 말에서 비롯되게 해야 하고 그것을 비추고자 할 때 내담자의 말을 해석하는 데 어려움을 겪을 수 있다. 의자는 서로를 볼 수 있도록 최선으로 배치되어야 하며 동시에 너무 자기 의식적으로 느끼지 않고 눈을 돌릴 수 있어야 한다. 상담자는 여전히 눈동자의 움직임을 관찰할 수 있다. 예를 들어, 나는 Hannah와 Karl이 서로 다른 지점으로 시선을 옮기는 것을 본 적이 있었는데, 때로는 나를 향해 보고, 때로는 내 시선을 피했다. 또한 Karl이 처음에 의자를 조금 뒤로 물러나 앉았는데, 마치 너무 가까이 앉기를 원치 않는 것처럼 보였다. 이 물리적인 움직임은 그가 내면 세계에 너무 가까이 다가가는 것에 대한 걱정을 상징적으로 확인할 수 있는 것이었을 것이다.

카우치와 정신분석가를 볼 수 없게 하는 세팅 등 이 둘에 대한 이유 중 하나는 환자가 정신분석가를 상상 속에서 '투사'할 수 있는 일종의 '스크린'으로 사용하는 데 도움을 주기 위한 것이었다. 정신분석가가 덜 보일수록 이러한 투사가 더 확률적으로 발생할 수 있다는 주장이 사실일지라도, 나는 대면으로 좌석을 배치하는 것이 상담자나 치료자의 투사 현상을 방해하는 것인지는 확신이 없다. 정신역동 상담자는 자신에 관한 개인 정보를 드러내는 것을 자제하며, 이것 자체는 내담자가 상담자에 대해 여러 가지 상상을 할 수 있는 기회를 제공한다. 물론 상담자의 얼굴 표정이 내담자에게 쉽게 보일 수 있기 때문에, 상담자는 특히 걱정, 충격, 비난의 표현이 나타나는 것을 방지하기 위해 Freud가 그런 것처럼 매우 조심해야 한다. '포커페이스'를 유지하는 능력은 장점이지만 그렇다고 해서 목석 같거나 혹은 무심한 얼굴 표정을 의미하는 것은 아니다. 미소나 심지어 약간의 미묘한 찡그림은 상담자가 어떻게 듣고 이해하고 있거나 헷갈려하고 있는지 내담자에게 보여 줄 수 있는 자연스러운 표현이다.

자기 노출의 가치는 정신역동적인 분야에서 다른 방법에 비해 더 논쟁의 여지가 있다(예: Lomas, 1973에서 볼 수 있듯이). 자기 노출은 성별, 연령, 외모와 관계없이 내담자가 상담자를 '보는' 투사와 전이를 방해하지 않는다. 상담자를 엄마나 아빠 같은 인물, 형제나 할머니 같은 존재, 연인, 모든 것을 아는 듯한 존재, 비난하거나 화내는 존재로 여길 수 있다. 그러나 자기 노출은 내담자가 상담자에 대해 잘못된 시각으로 돌아가지 않도록 고급 기술로 사용된다. 예를 들어, Lomas는 자신의 취약한 어느 부분을 드러내는 데도 환자 중 한 명에게 이상화되는 경향이 있었는데(1981: 144), 이는 해당 반응을 다른 유형의 투사로 다루는 데 방해가 되지 않았다고 기록하고 있다.

상담실이 마련되는 방식은 중요한데, 상담실 자체의 메시지를 전달하기 때문이다. 편안하고 매력적인 가구와 장식이 필요하지만, 극적인 그림이든 신기한 장식이든 관심을 불러일으킬 만한 어떤 것도 피하는 것이 좋다. 나는 몇몇 상담자들의 방에 사려 깊은 문구가 적힌 포스터가 전시되어 있는 것을 봤는데, 이는 내담자들이 긍정적으로 생각하도록 격려하기 위한 것이고, 삶을 바라보는 방법에 대해 '지침'을 다소 노골적으로 제안하는 것이다. 내 생각에 그러한 포스터들은 따뜻하고 친근하게 보이기 위한 잘못된 시도이며, 심지어 이는 내담자들로 하여금 더 비관적이거나 파괴적인 생각마저도 말해도 되는지 궁금하게 만들 수도 있다. 마찬가지로 파트너나 아이들의 사진은 상담자의 가족생활에 불필요한 관심을 끈다. 내담자가 상담자와 상담자의 가치관이나 가족에 대해 물어보거나 이야기하는 것을 중단시키라는 것이 아니라, 나는 항상 그러한 질문이 주변 환경과 관련 없이 내담자로부터 비롯된 것임을 확신하고 싶다. 그런 질문이나 생각은 그들 나름의 중요성을 가지고 있다. 상담자에 대해 내담자가 한 사람으로서 가질 수 있는 환상은 (그중 일부는 정확할 수도 있다!) 내담자가 생각하고, 느끼고 또는 반응하는 방식을 이해하는 방향으로 정신역동적 작업에서 정당하게 사용될 수 있다. 정신역동적 접근법은 속임수나 장치를 사용하는 것이 아니라 상담자와 내담자의 상호작용 과정에서 자연스럽게 발생하는 것을 사용하려고 노력한다.

정신역동적 접근은 내담자가 환경이나 상담자의 제안에서 유발된 것이 아니라 자신에게 발생하는 아이디어와 이미지에 대해 이야기하도록 장려한다. 특히 초기 회기에서는 상담자가 일부 질문을 하거나 내담자가 사용한 특정 구절을 짚어서 내담자가 암시하거나 추가 정보를 제공할 단서를 확장하도록 촉진하기 위해 어느 정도 자극을 하는 것이 불가피하다. 그러나 가능한 한 정신역동적인 접근은 내담자에게 '자유연상'을 권장한다(1장 참조, p. 38). 이는 아무말이나 말한다는 의미가 아니라 마음에 떠오르는 어떤 것이라도 말할 수 있음을 의미한다. 내담자는 상담자의 영향에서 최대한 자유롭게 말하도록 장려되며, 상담자가 원하는 대답이 아니라 자신이 생각하는 대로 말하도록 권장된다. 상담자와 환경이 더 중립적일수록 내담자의 말이 외부 자극에 의해 왜곡되지 않을 가능성이 더 높아진다. 그러나 '중립적'이라고 해서 지루하거나 '빈 스크린(blank screen)'이 되는 것은 아니다. 정신역동적 전통에서 '빈 스크린'은 비판자들에 의해 과장되었다.

실제로, 상담자의 일련의 안내는 연상이 발생할 수 있도록 도와준다. 지난 장에서 나는 Hannah에게 한 내 질문, "'정신분석가'가 당신에게 어떤 의미인가요?"는 그녀에게는 무거운 의미가 있는 용어를 통해 그녀의 '연상'을 유발하려는 목적이었다고 언급했다. 만약 그때 내가 중립적이지 않았고, "아니, 그렇지 않아."라고 말하고 난 후에 그녀의 연상을 물어보았다면, 나의 대답이 그녀가 말하는 내용에 선입견을 갖게 할 수 있었을 것이다. 비슷하게, 이 장의 시작 부분에서, 어느 순간 나는 그녀의 말을 단순히 반복함으로써 그녀가 자신의 생각이나 감정을 더 자세히 설명할 수 있도록 했다.

Hannah: '이건 예상하지 못했어요.'

상담자: '이걸 예상하지 못하셨군요.'

Hannah: '아니요, 저는 기분이 너무 안 좋아서 담당의를 찾아갔어요, 등'

다음에서 나타내듯이, 이러한 종류의 응답(반복 또는 되뇌임)은 내담자가 특정한 생각이나 표현을 따라 어디로 가야 하는지에 대해 도움을 주는 방법 중 하나이다.

Freud의 내담자 중 한 명은 자신만의 특정한 질문 방식을 추구하는 것보다 내담자들이 생각하는 것에 주의를 기울이는 것의 중요성을 가르쳤다. 이것은 그가 선구적인 실천방식을 처음 도입하던 초기 단계에 있었다. 그가 환자로부터 어떻게 배우는지 주목하라.

> 그녀의 첫 번째 이야기 이후에 내가 그녀의 말을 끊었는데… 나는 이 일로 인해 아무런 소용이 없다는 것과 그녀 이야기의 모든 요점을 끝까지 듣는 것을 피할 수 없다는 것을 깨달았습니다… 어쩌다 보니 나는 우연히 그녀에게 왜 그녀가 복통을 일으켰는지, 어디에서 왔는지 물었습니다… 그녀는 마지못해 대답했습니다… 바로 그때 그녀는 다소 시무룩한 어조로 내가 항상 그녀에게 이런저런 것들이 어디에서 왔는지 물어볼 것이 아니라, 그녀가 할 말이 무엇인지를 말하게 해야 한다고 말했습니다. 나도 이에 동의합니다. (Freud and Breuer, 1895/2004: 62-4 passim)

Freud의 발견과 나중에 karl Rogers가 옹호한 인간중심 접근 방식 사이의 유사성은 명백하다. 하지만 나중에 Freud가 인간 성격의 가능한 역동성과 특정 문제의 가능한 원인을 이해했다고 믿을수록, 내담자에게 무엇이 문제인지 설명하는 것을 중단하는 것이 더 어려웠을 것이다. 이는 정신역동 상담자에게 있어 지속적인 문제이다. 왜냐하면 상담자가 내담자로부터 그리고 내담자에 대해 더 많이 배울수록 각각의 새로운 내담자가 스스로 발견해야 하는 것이 무엇인지 예상하는 것이 더 유혹적이기 때문이다. 정신역동적 접근 방식을 알리는 복잡한 이론은 실제로 상담자가 가정을 하지 않도록 경고해야 한다. 높은 평가를 받는 정신분석가 Wilfred Bion은 환자에게 '기억이나 욕망을 피하면서' 접근해야 한다고 썼다(1970: 31). 그럼에도 불구하고 상담실에서는 답변을 요구하는 압력이 있을 수 있으며, 특히 까다롭거나 괴로운 내담자에게 더욱 그렇다. 그러한 경우에 상담자는 이론적인 지식을 사용하고 호기심을 만족시키거나 내담자의 고통을 완화시키려고 노력하고 싶은 유혹을 받는다. 상담자에게 있어 이럴 때 이론적 지식을 사용하여 내담자의 호기심을 충족시켜 주거나 고통을 완화해 주고자 하는 건 매력적이지만 그렇게 하면 내담자의 주제와 사고와 감정을 따르는 더 열린 (때로는 덜 편안할 수도 있지만) 방식 대신 해결책을 강요하는 위험성을 항상 수반한다. 이런 점에서 정신역동상담은 인간중심 치료자가 뭐라고 말하든 간에 그 자체가 내담자 중심이라는 것은 의심할 여지가 없다.

몇 가지 기본 기술들

내담자의 연상에 진정한 자유를 촉진하는 환경을 제공하는 것 외에도, 상담자는 어떻게 내담자가 자신의 이야기를 전하고 자신만의 연상을 발전시키는 데 도움을 줄 수 있을까? 나는 다른 곳에서(Jacobs, 2000b) 상담자가 사용하는 필수적인 기본 지침에 대해 상세하게 기술했기 때문에 자세히 반복할 필요는 없을 것 같다. 이러한 지침(때로는 마이크로 기술이라고도 함)은 인본주의 및 인간중심적 접근과 같은 다른 상담 접근에서도 동일하게 적용되며 특히 정신역동적이지는 않다. 비록 그중 일부는 명백하게 Freud의 초기 사례 연구에서 나타난 것이지만…. 이러한 기술은 상담자가 사용하는 보다 독특한 정신역동적 개입의 기초를 제공한다. 후속 장에서 더 자세히 설명할 예정인데, 정신역동적 접근은 이러한 중요한 경청과 응답 방법 이상으로 구성되어 있다.

경청과 관찰

상담자가 내담자의 말을 주의 깊게 들어야 한다는 것은 말할 필요도 없는 사실이다. 경청은 다양한 수준에서 이루어지는데, 먼저, 사실적 정보는 표현 선택과 같은 세부 사항을 포함해 실제 단어를 듣는 것까지 포함한다. Freud의 실수(slip)라고 하는 유명한 용어가 있는데, 이처럼 정신역동 상담자들은 내담자의 말에서 단어의 실수에 관심을 기울인다. 또 다른 예는 내담자가 어떤 말을 하기 시작했지만, 마치 처음 떠오른 단어를 검열하는 것처럼 단어를 다른 단어로 바꾸는 경우이다. 그런 다음 하나 이상의 의미로 해석될 수 있는 단어가 있으며, 여기서 대체 의미가 중요할 수 있다. 예를 들어, Karl이 내가 '훌륭하다'는 말을 들었다고 했을 때 나는 처음에는 그가 상담자인 나를 칭찬하려는 의도라고 생각했다. 그러나 나중에 나는 그가 언급한 '과거의 어둠'과 대조하여 나를 높이 평가하게 만든 것이 그가 언급한 도덕적 특성인지 궁금했다.

두 번째 경청 방법은 내담자가 선택한 실제 단어들을 통해 전달되는 분위기, 감정 및 근본적인 메시지에 주의를 기울이는 것이다. 이러한 방식으로 경청하는 것은 음악의 베이스 라인을 듣는 것과 같아서, 상담자로 하여금 내담자가 경험한 것처럼 보이지만 실제로 말로 표현할 수 없는 감정과 생각을 식별하는 데 도움을 준다. 이는 내담자가 어떤 단어를 사용하여 자신의 감정을 표현하는 것을 좋아하지 않을 수 있지만 그럼에도 불구하고 감정의 강도를 표현하는 경우에 발생할 수 있다. 예를 들어, "화가 나지 않았어."라고 말하지만 매우 화가 난 듯한 톤으로 말하는 경우나, "나쁘지 않아."라고 말하지만 슬픈 표정으로 말하는 경우 등이 있다.

주의 깊게 듣고, 내담자가 실제로 말하고 있는 내용에 주의를 기울이는 것은 상담자가 대화에서 평소보다 더 많은 것을 기억하는 데 도움이 된다. 잘 기억하는 것은 꽤나 중요한데, 왜냐하면 내담자가 말하는 모든 것에 대해 논평하는 것이 가능하지도 바람직하지도 않기 때문이다. 때때로 내담자는 완전한 흐름에 빠져 있고 상담자는 방해하기를 원하지 않는다. 따라서 다루어졌을 수도 있는 요점이나 질문을 받았을 수도 있는 질문을 기억해야만 하고 더 적절한 시기를 위해 보류해야 한다. 내담자의 이야기에서 일부 부분이나 문구의 의미를 이해하는 것이 항상 가능하지 않기 때문에 상담자는 내담자가 나중에 불분명한 영역을 밝혀줄 수 있는 말을 할 때까지 이러한 측면을 염두에 두어야 한다. 전개되는 내담자의 이야기와 상담자가 회기에서 경청하는 중에 갖는 생각이나 감정을 유지함으로써 상담자는 내담자가 말하는 내용을 관통하는 흐름이나 주제를 볼 수 있으며, 이를 바탕으로 표현한 내용을 요약하고 가장 중요한 특징을 강조하는 응답을 엮어낼 수 있다.

경청하고 기억하는 것에는 내담자의 비언어적 의사소통과 반응을 주의 깊게 관찰하는 것이 보완되어야 한다. 예를 들어, 나는 Hannah가 처음에는 의자 가장자리에 앉아 있던 방식에 주목했고, Karl은 의자를 좀 더 떨어뜨리고 앉아 있었다. Karl은 나를 향해 시선을 돌리고 의자를 너무 가까이 두는 것에 대한 주저함을 표현하고 있었다. Hannah는 첫 질문을 던지기 전에 나를 화나게 바라보았는데, 그 순간에는 그녀의 목소리가 표정과 일치했다. 그러나 그녀는 사실 물어볼 수 있었던 질문을 사실적인 태도로 매우 다르게 할 수도 있었다. 때로는 비언어적 의사소통인 제스처, 자세 또는 표정을 통해 내담자가 사용하는 말로 분명히 표현되지 않는 다른 감정을 나타낼 수 있다.

Freud가 앞의 인용문에서 암시하는 경청의 세 번째 측면은 다음과 같다. '나는 경청하는 동안 나의 무의식적인 생각들에 나 자신을 넘겨주고 싶다.' 상담자는 자신의 이야기, 내담자에 대해 느끼는 것, 그리고 내담자의 이야기의 측면들에 대해 듣는다. 실제로, 상담자는 심지어 처음에 보기보다 더 관련성이 있다고 증명되는(Freud가 '무의식적인 생각들'이라고 부르는), 겉으로는 관련성이 없어 보이는 생각들에 대해서도 듣는다. 비록 내담자가 표현하는 것과 상담자가 생각하는 것의 많은 세부사항들이 즉시 사용될 수는 없지만, 관련성이 없는 것은 아무것도 없다.

공감

자신의 말을 듣는 것도 내담자와 공감하거나 동일시하는 첫 번째 단계이다. 정신역동이론에서는 다른 사람의 감정을 공감하거나 동일시하는 능력이 반응하는 어머니-유아의 친밀한 관계를 통해 발달하고, 서로가 상대방의 감정을 직관적으로 이해함으로써 발달한다고 제안한다. 공감 또는 동일시란 자신을 다른 사람의 입장에서 생각하고, 그들의 피부 속으로 들어가, 그들이 겪고 있는 일을 이해하는 능력을 의미한다. 그러나 공감과 동정에는 차이가 있다.

공감은 상담자 자신이 그 상황에서 같은 방식으로 느끼는 것과는 관계없이 다른 사람이 느끼는 것을 인식(perceive)하는 능력이다. 이때 상담자가 스스로가 같은 감정을 느낄지 여부에 관계없이 다른 사람과 동일한 감정을 느끼지 않아도 된다. 동정(sympathy)은 다른 사람이 가지고 있는 같은 감정을 '경험'하는 것을 의미한다. 공감의 좋은 시작점이 될 수 있는 능력은 종종 동정의 능력이며, 이때 우리는 자신의 감정을 상대방의 감정과 혼동하지 않는 한 공감을 시도할 수 있다. 그러나 공감을 위해서는 반드시 상대방을 동정할 필요는 없다. 나는 인터뷰 초반에 Karl에게 별로 동정심을 느끼지 않았지만, 그가 경험하고 있는 상황에 공감하려는 노력을 멈추지는 않았다. 반면에 Hannah의 초기 적대감에도 불구하고, 나는 그녀에게 더 동정적이고 공감적으로 느껴졌고, 그녀가 나타낸 일부 슬픔을 나 자신에서 경험했다. 그러나 스스로에게 경청하는 것이 내담자에게 자신의 사고와 감정을 강요하는 것으로 이어지지 않도록 주의해야 한다. 상담자의 감정과 연상은 항상 내담자가 표현한 것들에서 확인되어야 한다.

이러한 다양한 수준의 경청과 관찰에는 상담자의 많은 노력이 필요하다. 만약 상담자가 말하고 하지 않는 것에 주의를 기울이고 내용을 이해하려면, 그가 너무 많은 말을 하는 것을 제지하는 것이 필수적인데, 대화에 빠져들수록 내담자에게 집중하기가 더 어렵기 때문이다. 가능하다면 상담자는 아무 이유 없이 무언가를 말하지 않도록 노력해야 한다. 상담자는 상대방이 말을 마치고 응답을 기다리고 있는 것이 분명해질 때까지 비교적 침묵을 지향하는 것이 좋다. 대부분의 응답은 상당히 최소한으로, 내담자에게 더 많은 이야기를 하도록 살짝 격려하는 몇 마디 말로 이루어져야 한다. 상담자의 침묵은 일반적으로 내담자가 떠오르는 것에 대해 계속 이야기하도록 돕는 역할을 한다. 이는 내담자가 의제를 설정하고 길을 이끄는 데 대한 존중의 표시이다. 그러나 상담자의 자제는 내담자를 좌절시키거나 화나게 만들어서는 안 되며, 불편하게 만들어서도 안 된다. 그렇게 되면 오히려 역기능적이다. Karl과 Hannah와의 첫 만남의 사례에서, 나는 그들이 처음 방으로 들어올 때 아무 말도 하지 않았다. 심지어 나를 소개하지도 않았다(내담자가 의뢰된 경우에는 때로 도움이 될 수 있음). 나는 그들이 먼저 이야기를 시작하도록 기다렸다. 내담자에게 중요한 것이 내가 알고 싶어하는 내용보다 더 중요했기 때문이다. 이 경우 종종 비언어적 제스처만으로도 충분하다는 것을 알고 있으며 이는 곧 그들에게 발언권이 있다는 것을 의미한다.

Karl의 회기 시작에 대한 코멘트 이후에 실제로 1분 내지 2분 정도의 침묵이 있었는데, 이는 꽤 길었다. 새로운 내담자에게는 그러한 침묵이 매우 길게 느껴질 수 있으며, 나는 그 긴장을 깨뜨릴지 아니면 그가 원하는 대로 말하도록 내버려 둘지 판단해야 했다. 이 경우에서는 침묵이 필수적이라 느껴졌고, Karl은 어쨌든 자신의 내면에 깊이 빠져 있었다. 그러나 초기 회기에서는 내담자의 감정에 민감한 방식으로 침묵을 깨야 하는 경우가 많다. 내담자가 눈물을 많이 흘리는 경우, 자신이 느끼는 감정을 떨쳐버릴 시간을 갖는 것이 중요할 수 있다. 내담자가 매우 불안해한다면 개입하여 그들을 편안하게 만드는 것이 필요할 수도 있다. 나중에 내담자가 침묵을 허용하는 상담자의 방식에 더 익숙해지면 상담자는 침묵의 시간 동안 어떤 기분이 수반되는지 감지할 수 있다. 상담자의 비언어적 의사소통과 공감적 경청은 모두 침묵 속에서 표현될 수 있는 내용을 제안할 수 있다. Karl의 첫 회기에서 발생한 침묵 동안 나는 그가 다음에 무슨 말을 해야 할지에 대한 그 자신의 내면의 싸움을 관찰할 수 있었다. 침묵은 또한 필요할 경우 가능한 개입을 개발할 수 있는 공간을 제공했다. 그 사건에서는 Karl이 강도를 당했다는 극적인 진술로 침묵을 깨뜨렸기 때문에 내가 침묵을 방해할 필요가 없었다. Hannah와의 회기에서는 다른 상황이 발생했는데, 그 침묵은 매우 짧았고 나는 그녀가 의사를 계속 만나고 싶다는 소망에 대해 잠정적인 설명을 추가했는데, 이는 그녀가 자신을 어떻게 인식하는지에 대해 말하는 데 도움이 되는 것처럼 보였다. 각각의 상황은 다르며, 각각의 내담자와 각각의 상황에 대한 민감성이 관건이다.

수동적으로 보이는 경청의 역할은 사실상 아주 능동적인 것이다. 상담자의 마음에는 백 가지 이상의 단어, 신호, 단서 및 힌트가 있으며, 이 모든 것을 해석하려고 노력한다. 좋은 청취 및 내담자의 말, 표현, 비언어적 신호 및 감정에 대해 내부적으로 숙고하는 능력은 이것이 적절하다고 느껴질 때 관련성 있고 신중한 응답을 할 수 있도록 돕는다.

성찰적 반응

내담자의 이야기를 진전시키는 데 특히 유용한 하나의 응답 유형이 있으며, 이는 추가 혜택으로 내담자가 표현하고자 하는 것에 대해 생각할 공간을 더 찾도록 도와준다. 이 응답은 내담자가 말한 내용을 간단하게 혹은 다르게 표현하거나 대략적으로 요약하는 것인데, 이는 상담자가 청취하고 있음을 나타내는 효과가 있다. 또한 상담자가 들은 내용이 정확한지 확인하는 데 도움이 되며, 종종 내담자가 표현하려고 했던 것을 발전시키는 데 도움이 된다.

이러한 성찰적 응답은 간단히 마지막 몇 마디를 반복하는 형태로 나타날 수 있다. "당신은 이걸 예상하지 않았군요." 나는 Hannah에게 사실상 그녀 자신이 말한 구절을 반복해서 말했다. 성찰은 대략적으로 다시 말하는 형태를 취할 수도 있다. 예를 들어, "당신은 여성과 대화하는 것을 희망하셨군요."와 같이 말하는 것이 있다. 성찰은 또한 수사적인 질문을 통해 이루어질 수 있는데, 이는 내담자와의 마지막 몇 마디를 반복하고 "예" 또는 "아니요"로 대답을 유도하는 효과가 있다. 예를 들어, 나는 Hannah에게 "당신은 이걸 예상하지 못했나요?" 라고 말할 수 있는데, 이때 내 목소리의 강세는 질문이 아닌 진술을 의미한다. 나는 "아니요"라는 답을 기대했지만, 또한 더 자세한 설명을 기대했다. 성찰적 응답은 가능한 한 정확하게 내담자의 목소리 톤과 분위기를 적절하게 포착해야 한다. 이러한 간결한 응답은 아마도 대화를 진전시키면서 내담자에게 그들이 말한 것을 다시 성찰하게 하는 가장 흔한 방법일 것이다.

탐색적 반응

탐색적 반응은 가능한 한 정확해야 하지만, 불가피하게 잠정적인 특성이 있기 때문에 성찰적 응답만큼 정확할 수는 없다. 탐색적 반응은 내담자가 말로 명확하게 표현하지 않더라도 목소리 톤이나 비언어적 표현으로 암시되는 추가적인 부분들을 외부로 이끌어 내고자 한다. 따라서 이 장 서두의 Hannah와의 회기 일부를 다시 활용하면, 그녀의 얼굴 표정에서 명확한 감정을 관찰했다: "당신은 좀 슬프게 보입니다." "의사를 계속 찾아가고 싶었나요?"와 같은 성찰은 그녀가 의뢰를 받은 것에 대해 어떻게 느끼는지에 대한 탐색 방법이었다.

공감적 반응

공감적 반응은 상담자가 현재 내담자가 어떤 감정을 느끼거나 경험했을지에 대한 생각을 말로 표현하려고 노력하는 것인데, 예를 들면 "그건 당신에게 혼란스러운 것 같군요."와 같은 말이 있다. 이와 같은 반응에는 상담자의 인식이 옳지 않을 수도 있거나 내담자가 자신이 명확하게 표현하지 않은 것을 받아들일 준비가 되지 않았다는 위험성이 존재한다. 때로는 상담자가 공감적 반응에서 옳을 수 있지만, 이를 이른 시기에 말하는 것은 내담자가 그렇게 느끼거나 느꼈음을 부인하게 만들 수 있다. 이것은 그들이 그러한 감정을 인식할 준비가 되어 있지 않거나, 상담자 앞에서 그것을 소화할 수 없기 때문일 수도 있다. 아니면 상담자가 틀렸을 수도 있다! 이러한 이유로, 그리고 감정이입적인 반응의 잠정적인 특성 때문에, 어떤 면에서는 '만약에…' '혹시…' '추측컨대 제 생각에는…' '아마도…' 등의 말을 하는 것이 가장 적합하다. 예를 들어, 나는 Hannah에게 "아마 제가 남자이기 때문에 당신은 말하기가 어렵겠군요." 라고 말했다.

정보찾기 반응

또 다른 유형의 반응은 이미 말했거나 불분명하지만 상담자가 이를 이해하거나 알아보는 것이 유용할 수도 있다고 생각하는 무언가에 대해 명확히 하는 것을 목표로 한다. 정보를 찾는 반응은 일반적으로 질문의 형태로 표현된다. 상담자가 내담자의 배경과 역사에 대한 그림을 구축하려고 할 때 첫 번째 또는 초기 회기에서 더 자주 사용된다. 회기가 진행됨에 따라 그러한 질문은 다른 유형의 반응으로 바뀌기 시작하지만 상담자가 관련성이 있다고 생각하는 추가 정보에 필요한 경우가 항상 있다. 아주 가끔, 특히 상담자가 내담자의 적합성을 확신할 수 없을 때, 예를 들어 불안한 감정의 심각성을 명확히 하거나 내담자나 다른 사람에게 위험이 있을 수 있는지 평가하기 위해 매우 구체적인 답변을 구하는 질문이 제기된다.

사실을 알아내기 위한 질문은 특정 정보를 찾는 데 중점을 두어 일반적으로 폐쇄적인 형태가 된다. 대안적인 답변이나 특정 주제를 열어둘 여지가 더 많은 것은 개방형 질문이다. 내가 Karl에게 "당신에게서 무엇을 강탈해 갔나요?"라고 폐쇄형 질문을 한 것은 그가 외부 사건에 대해 말하고 있는지를 명확히 하려는 시도였으며, 만약 그게 맞다면, 이는 그가 편집증적인 감정을 가지고 있는 것에 대한 우려를 덜 수 있었을 것이다. 내가 그의 정신 상태에 대해 덜 혼란스럽거나 걱정되는 상황에서는 그냥 아무 말도 하지 않고 그의 발언에 대해 확장하길 기다리거나, 정보 수집이 아닌 반영 응답에 가깝게 "강탈당했다고요?"라고 답할 수도 있었을 것이다.

의사, 변호사 그리고 사회복지사와 같은 많은 전문가들의 표준적인 대답은 전체적으로 일련의 질문을 하는 것이다. 물론, 그들이 도움을 제공하기 위해서는 거의 항상 구체적인 정보가 필요하며, 이를 위해서는 정확한 질문이 필요하긴 하다. 대조적으로 상담자는 내담자에게 제공할 시간이 더 많고, 사실적인 정보 이상의 것에 관심이 있기 때문에 너무 많은 질문을 할 필요가 없거나, 질문을 하더라도 상호작용이 공식적인 인터뷰처럼 되는 것을 피하기 위해 노력해야 한다.

그러나 정신역동 상담자에게는 다음과 같은 특정한 문제가 있다. 한편으로 그들은 질문에 지나치게 열성적으로 보이기를 원하지 않는다. 반면에 그들은 내담자의 생애사에 대한 지식이 해석을 공식화하는 데 유용하다고 생각한다. 나는 일부 치료자와 상담자(일부 정신과 의사 및 심리학자와 같은)가 '적절한' 치료를 시작하기 전에 공식적인 병력 조사를 좋아한다는 사실을 이미 언급하였다. (물론 그러한 공식적인 평가조차도 세심하게 수행되어야 한다.) 이는 병력 수집이 완료되면 치료자의 스타일을 바꾸어서 치료자가 덜 활동적이고 더 이상 주도권을 갖지 않도록 해야 한다는 의미이다. 나를 포함한 다른 치료자들은, 비록 인간중심 상담자가 할 수 있는 것보다 처음 두 세 번의 회기에서 특정한 정보에 대해 다소 더 많은 방해를 받지만, 내담자가 자신만의 속도로 자신의 역사를 이해하도록 돕는 것을 선호한다. 보통 첫 회기에서 상당한 양의 정보를 일련의 질문을 하지 않고도 알아낼 수 있다. 만약 내가 특정한 정보를 얻기 위해 내담자를 방해해야 한다면, 나는 내담자에게 질문을 하기 전에 그들이 했던 말을 다시 꺼내려고 노력한다. Hannah의 첫 회기 상담의 다음 부분은 이것이 어떻게 이루어질 수 있는지 보여 준다.

Hannah가 상담에 온 계기

Hannah는 오랫동안 울지 않았다. 정말로 나에 대한 조급함 때문이었을지도 모르지만, 그녀는 스스로에게 조급한 기색을 보이기 시작했다고 생각했다. 그녀는 의자에 다시 앉아 한숨을 푹 쉬며 자신에 대해 이야기하기 시작했고, 무엇 때문에 그녀가 병원에 갔는지에 대해 이야기하기 시작했다.

"지금 나이가 어떻게 되세요?"

"저는 스물세 살이에요. 그보다 훨씬 오래 산 것 같아요."

내가 그녀가 원했던 방향을 바꾸거나 말하려고 했던 내용에서 벗어나 새로운 주제를 꺼내게 될 수도 있었다는 점이 내 질문의 위험성이었다. Hannah는 중요한 감정에 손을 대었고 나는 유용할 것으로 생각되는 정보를 얻기 위해 그녀의 발언을 중단했다. 현재 나이를 알았으므로 그녀의 삶의 다른 날짜나 연도에 대한 암시는 추가 질문이 필요하지 않을 수 있다. 따라서 나는 그녀가 말하던 내용으로 돌아가도록 도와주고 싶었다.

"더 어렸을 적에는 본인이 사람들을 그렇게 많이 살핀다는 걸 몰랐다고 말을 했죠."

"아니요. 저는 할아버지를 사랑했어요. 할아버지는 내가 가진 전부였어요. 아무래도 그 분이 나를 돌봐준다고 생각했던 것 같아요."

"그 사람이 당신이 가진 전부였나요?"

"그래요, 음, 제 어머니는 제가 아주 어렸을 때 돌아가셨어요…. 아버지는 본 적도 없고요. 할아버지는 아버지에 대해 좋게 얘기할 만한 게 없다고 하셨어요. 저한테는 다 똑같아 보여요… 제 형제자매는 아마 아버지를 닮았겠죠." 그녀는 잠시 멈췄다 말했다. "할아버지는 제가 어머니를 닮았다고 말했어요." 마지막 말은 매우 애절한 어조로 들렸다.

그녀가 어머니에 대해 이야기하기 전에 Hannah는 꽤 감정이 고조되고 있었다. 이미 많은 질문이 내 마음에 떠올랐지만 이미 많은 정보를 얻었다: 그녀는 부모를 알지 못했고 어릴 때 어머니를 잃었다(그러나 얼마나 어린지는?); 아버지는 별로 좋은 사람이 아니었다(어떤 측면에서?); 형제도 마찬가지였다(그녀보다 나이가 많았는지, 아니면 어렸는지?); 할아버지는 아직 살아 있었다. 그녀는 할아버지에 대한 감정을 표현하면서 '사랑했다.'라고 말했지만, 그것은 과거를 지칭하는 것일 수도 있으며 현재 그에 대한 다른 감정이 있을 수 있다. 내가 형식적이거나 '폐쇄된' 질문을 너무 많이 하지 않아도 이미 그녀의 역사가 꽤 빠르게 쌓였음을 볼 수 있다.

그녀는 어머니에 대한 간략한 언급을 한 채 이야기를 이어갔다. "Kit는 좀 다를 줄 알았어요. 그는 정말 친절해 보였고, 말이 많지도 않았어요. 제가 우울할 때 항상 제 얘기를 들어주었는데, 그가 우리를 곤경에 빠뜨릴 거라 생각하지 않았어요."

"Kit요?"

"그는 친구인데요… 뭐, 저는 그가 친구였다고 생각해요. 남자친구는 아니었고요. 저는 그걸 원하지 않아요. 할아버지한테 쓰는 시간이 너무 많아요. 할아버지는 런던을 떠나는 것에 적응하려고 노력하고 있어요."

"런던을 떠난다고요?"

"음, 이건 긴 이야기인데요. 시간이 있을지 모르겠네요…."

Hannah는 중단했다. 그녀가 더 말하고 싶어하는지, 아니면 내가 Kit에 대한 언급을 반복함으로써 그녀가 나에게 신뢰할 수 있는 순간을 방해한 것 같아서였는지 확신할 수 없었다. 그 순간 동안 그녀는 잠재적으로 감정적으로 매우 중요한 여러 정보를 나누어 주었다. 현재로서는 그녀의 과거사를 더 쫓아가는 것이 옳지 않았고, 대신 그녀가 나에게 이런 식으로 이야기하는 것에 대한 불안을 이야기하고 지금까지 내가 들은 것을 확인하고 싶었다.

"우리에게는 40분이 남아 있지만, 제 생각에는 다시 만나는 것이 도움이 될 것 같아요. 이미 많은 얘기를 해 주셨어요. 과거에 많은 것을 잃은 것 같아요. 어머니, 런던의 집, Kit의 우정, 또한 할아버지에 대해 잃은 어떤 것이 있었던 것 같아요. 그리고 의사를 만나러 갔을 때 당신은 담당의가 시간이 없다고 느꼈고, 그녀가 저를 만나 보라고 제안했을 때 당신도 그녀를 잃었다는 느낌을 받았을 것 같아요. 하지만 지금은 제가 Kit처럼 말을 적게 하고, 당신의 이야기를 듣는 사람이지만, 때로는 당신을 곤란하게 하고 실망하게 만드는 사람으로 생각하는지 궁금해요."

"네, 저는 당신을 어떻게 평가해야 할지 모르겠어요. 이제까지 많은 나쁜 남자들이 있었어요, 심지어 괜찮다고 생각했던 사람들도요. 저는 당신이 그들과 다를지 모르겠어요."

반응 연결하기: 해석을 향해

나의 마지막이자, 더 긴 개입은 또 다른 유형의 반응이었다. 여기에는 Hannah가 말한 여러 단어나 문구가 연결되어 있으며, Hannah가 나와 대화하면서 느꼈을 수 있는 불안감을 이해하도록 돕기 위한 잠정적인 해석도 포함되어 있다. 이러한 유형의 개입은 기본 기술 이상의 반응 유형을 보여 주며 정신역동상담의 기본이다. 이는 보다 고급 기술로, 훈련생 상담자가 기본 기술에 대해 어느 정도 경험을 갖고 충분한 자신감을 얻은 후에는 더 쉽게 배울 수 있다. 이러한 연결 및 해석적 개입은 어느 정도 공감적 반응의 발전이다. 이는 반쯤 표현되었거나 암시된 감정과 생각을 강조하려고 시도한다. 그러나 공감적 반응은 내담자가 알고 있지만 아직 표현하지 않았거나 말로 표현할 수 없는 의식적이거나 반의식적인 감정을 가리킨다는 점에서 차이가 있다. 해석적 반응은 내담자가 인식하지 못하거나 희미하게만 알고 있는 무의식적인 감정이나 생각을 밝히는 데 더 많은 목표를 두고 있다. 능숙한 해석은 표면에 충분히 가까운 감정과 생각을 관찰하고 내담자가 그것을 더 의식하도록 격려한다. 때에 맞지 않은 해석은 아무리 정확해 보이더라도 내담자가 들을 준비가 되어 있지 않기 때문에 거부되는 경우가 많다.

내담자의 이야기에 연결고리를 만드는 것도 일종의 해석이다. 내가 Hannah에게 "한편으로는 나에게 말할 수 있을지 확신하지 못하지만, 당신의 일부는 누군가가 당신이 느끼는 것에 관심을 갖기를 원합니다. 그리고 또 당신은 다른 사람들에 비해 자신이 어떤 가치가 있는지 확신하지 못합니다….” 각각의 문장을 놓고 보면, 이 내용은 Hannah의 말을 단순히 반영한 것으로 보인다. 그러나 나란히 놓고 보면, 이는 그녀가 무의식적으로 겪고 있는 갈등을 표현한 것을 알 수 있다.

한 사람의 이야기에서 겉보기에 서로 다른 문장을 연결하는 것이 잘 이루어지면 내담자가 인정할 수 없었던 분리되거나 분리된 감정을 하나로 모을 수 있다. 상충되는 감정(정신역동 용어로 '양가감정')은 쉽게 불안한 감정을 유발할 수 있는 긴장을 유발한다. 자신에게 무슨 일이 일어났는지에 대한 Hannah의 더 자세한 이야기에는 무엇이 그녀가 얼마나 보살핌을 받고 싶어하는지를 깨닫는 것을 어렵게 만들 수 있는지에 대한 몇 가지 힌트가 있었다. 그녀는 이러한 필요성을 누구에게나 표현하는 것이 Kit와 아마도 그녀의 할아버지가 그녀에게 한 것같이 실망으로 이어질까 봐 두려워하는 것 같았다. 그러므로 그녀는 다른 사람들을 돌보는 사람이라는 입장을 취했다. 이는 다른 사람들에게 보살핌을 기대하는 것보다 더 안전한 관계를 맺는 방법이었다. 그러나 나는 Hannah가 Kit와 그녀의 할아버지에 대해 서로 상충되는 감정을 갖고 있다는 것을 느꼈다. 비록 그 감정들이 무엇인지, 어떻게 생겨났는지는 전혀 확신할 수 없었지만 말이다.

정신역동적 접근법을 잘 활용하기 위해 내담자는 자기 성찰 능력, 자신을 이해하고 싶은 징후, 상담자의 개입과 해석에 (순응하지는 않더라도) 반응할 수 있는 능력을 보여야 한다. 나는 첫 회기에서 내담자가 상담자의 사고방식에 반응하는지 여부를 평가하기 위해 비록 잠정적이긴 하지만 적어도 하나의 '시험적(trial)' 해석을 하는 것이 중요하다고 생각한다. 그러한 해석에는 종종 나 자신에 대한 언급이 포함되어 내담자가 다른 사람이나 다른 사람에 대해 말한 것과 나를 연결한다. Hannah에 대한 나의 '시험적' 해석은 다음과 같다. “저는 당신이 느끼기에 제가 Kit 같은, 말수가 적고 당신의 말을 들어주지만 당신을 곤경에 처하게 하고 실망시킬 수 있는 사람이 될 수 있다고 생각하는지 궁금하네요.” Hannah의 대답은 그녀가 내 말을 듣고 스스로 발전시킬 수 있음을 보여 주었다. 그녀의 적대감과 의심은 회기가 시작되는 순간만큼 뚜렷하지 않았다. 하지만 그녀는 아직 나에 대해 확신이 없다는 것이 분명했다.

나는 이후 장에서 다양한 종류의 해석에 대한 예를 제시할 것이다. 4장에서는 상담 관계를 명시적으로 언급하지 않고 내담자가 말하는 내용을 연결하는 예를 보여 줄 것이다. 5장에서 나는 치료 효과를 방해할 수 있는 방어적 태도를 민감하게 처리하는 것이 얼마나 중요한지 보여 줄 것이다. 그리고 6장에서는 정신역동적 접근이 어떻게 그러한 해석을 상담자와의 관계에 연결할 수 있는지 보여 줄 것이다. 사실 나는 이미 Hannah가 자신과 나 사이의 관계에 대해 두려워하는 것에 대해 초기에 잠정적으로 해석하였다("제가 성에만 관심이 있을까 두렵군요."). Hannah가 일반 남성과 Freud에 대해 언급한 내용과 연결된다. 특히, 나 자신을 Kit에 연결시키는 것은 유사한 해석이었다. 비록 나는 이것을 일부 정신분석가가 말하는 것처럼 순수한 전이 해석이라고 부르지는 않을 것이다. 왜냐하면 그것은 Hannah가 나에 대해 실제로 말한 것에 기초한 것이 아니라 내 입장에서의 직감이었기 때문이다. 마찬가지로 나는 Karl과 나 사이의 관계에 초점을 맞추려고 시도했는데, 그에게 내가 그의 마음을 읽을까 봐 두려운지 물었을 때, 반은 공감적이고 반은 해석적인 질문이라고 부를 수 있을 것 같다. 이에 대한 그의 반응은 확고하지 않았다. 내 발언이 너무 모호해서 한 번의 개입만으로는 적절한 평가를 할 수 없었지만, 그에게 정신역동적 접근 방식을 사용할 수 있을지 궁금하였다.

정보를 주는 반응

듣기, 공감, 반영, 관찰, 질문, 연결 외에도 내담자에게 정보를 제공하는 응답이나 개입이 있다. 명료화는 때로 중요하면서도 도움이 되는 경우가 있다. "아니요, 저는 상담자입니다."라는 발언은 Hannah가 '정신분석가'라는 표현의 의미를 탐구한 후 필요한 발언으로 보였다. 앞에서 설명한 회기의 후반부에서는 회기에 남은 시간에 대한 명확한 정보를 전달하여 Hannah가 알아야 하는 사항을 전달했다. 상담자가 가끔 공유하는 다른 유형의 정보는 감정이나 행동에 대한 다소 일반적이거나 이론적인 설명일 수 있다. 이것은 Freud가 자신의 실천에서 자주 했던 일로 보인다. 그는 합리적인 설명이 내담자가 신경증적 특성을 포기하도록 도울 것이라고 (나중에 너무 낙관적이었다고 인정했지만) 기대했다. 그러나 합리적인 설명이 통찰을 대체하지 않는다. 즉,

개인적인 자각이 지적인 지식보다 더 중요하다.

마지막으로, 상담자가 조언이나 명확한 지시를 하는 것이 적절하다고 느끼는 경우가 있다. 나는 "제 입장에서는 다시 만나는 것이 도움이 될 것 같습니다."라고 말할 때, 의사의 의뢰를 받아들이지 않아 그녀를 실망시켰다면 Hannah가 가졌을 불안감에 대해 예상해 보았다. Karl과 함께 한 말은 다음과 같다: "저는 당신이 어떤 게 진행되고 있는지 알 수 있게끔 의사를 만나 저를 만나고 있다고 말했으면 해요." 다른 정보 제공 응답과 마찬가지로 조언과 지침은 자주 사용되지 않는다. 그러나 때로는 내담자가 자신의 삶의 일부 측면을 관리하도록 돕거나 상담을 계속할 수 있도록 외부 요인에 합리적인 수준으로 대처하는 데 도움이 된다는 점에서 필수적일 수 있다.

접촉과 절제

상담에 대한 정신역동적 접근 방식은 언어적 접근 방식이지만 때로는 생각만큼 두뇌 활동을 활발하게 하거나 지적이지는 않다. 반응과 해석은 생각뿐만 아니라 감정, 의식적인 것과 현재 무의식적인 것을 목표로 한다. Freud의 작업에서 가끔 나타나는 것처럼 '이성을 통한 열정'을 정복하는 것은 정신역동적 작업의 목표가 아니다 (Fromm, 1959: 93). 그러나 합리화가 일종의 방어로 인식되더라도 이성은 경시되지 않는다(5장 참조). 치료자의 합리화는 때때로 방어가 될 수도 있다.

정신역동상담은 생각, 환상, 감정의 완전한 표현을 장려한다. 예술이나 드라마와 같은 일부 활동은 이 작업에 도움이 될 수 있으며, 각 활동은 정신역동적 위치에서 실행될 수 있다. 감정은 때로 내담자에 의해 신체적으로 표현되기도 한다(상담자가 제안한 게슈탈트의 경우는 아니지만). 내담자는 매우 화가 나면 의자 팔걸이를 칠 수도 있고, 나는 가능하다면 막고 싶지만 심지어 일어나서 떠날 수도 있다. 이것들은 모두 신체적 표현의 형태이다. 그러나 다른 면에서는 신체적 표현이 권장되지 않는다. 내담자가 물건을 던지거나, 방을 부수거나, 신체적 공격을 하거나 상담자에게 달라붙어서는 안 된다. 정신역동적 용어로 이러한 행동은 '행동화(acting-in)'로 알려져 있으며, 이는

'비행동화(acting-out)'와 구별된다. 행동화는 내담자가 회기 중에 불러일으킨 감정을 자신이나 다른 사람 또는 상담 외부의 대상에게 표출하는 것을 의미한다.

정신역동상담은 본질적으로 대화치료이다. 상담자로서 우리는 내담자가 자신이 좋아하는 것, 느끼는 것을 행동이 아닌 말로 표현할 수 있기를 바란다. "제 얼굴을 박살내고 싶다고 말할 수는 있지만 실제로는 그렇게 하지 않는 것이 좋겠습니다."; "당신이 저를 안아주고 싶다고 말하는 것은 물론 이해하지만 저는 그렇게 할 수 없는데, 당신의 기분은 어떻습니까?"; "당신이 말한 대로 방에서 나가고 싶은 기분이 들 수도 있지만, 그렇게 하기보다는 자신의 느낌을 유지하고 저에게 더 많은 말을 해 주세요." 마찬가지로 "상사에게 화가 났을 수도 있으니 그것에 대해 이야기합시다. 무슨 일인지, 당신도 저에게 분노하고 있는지 알아봅시다." 또는 "우리가 여기서 이야기하는 동안 나오는 내용 때문에 평소보다 술을 더 많이 마셨을 것이라고 생각합니까?"

정신역동적 접근 방식은 상담자를 향한 부정적인 감정과 긍정적인 감정의 표현을 장려한다. 정신역동상담과 심리치료는 영화 세트장이 아닌 연극 무대에 비유될 수 있다. 극장에서는 감정이 말로 표현되며 행동으로 표현되는 경우는 거의 없다. 행동은 무대 밖에서 이루어지는 경향이 있다. 영화 세트장에서는 말뿐 아니라 행동으로도 감정이 전달된다. 무대 위에서, 상담실에서는 어휘가 매우 풍부하고 똑같이 표현될 수 있다. 분위기는 분노로 인해 차가워질 수도 있고 열정으로 인해 뜨거워질 수도 있지만 그럼에도 불구하고 감정의 표현은 말로만 국한된다.

상담자가 실제로 그러한 경계를 명확하게 하거나 심지어 이를 시행해야 하는 경우는 거의 없다. 대부분의 내담자는 치료자나 상담자를 향해 다양한 방식으로 행동하는 것을 꿈꾼다. 감정이 말로 표현될 수 있다는 기대감은 상담자의 답변을 통해서도 전달된다. 그래서 나는 Hannah가 슬픔에 잠겨 있을 때, 그녀가 내 가족이나 친한 친구였다면 할 수 있었던 것처럼 그녀를 위로하려고 노력하지 않았다. 이것이 바로 앞 장에서 언급한 '절제의 원칙'의 한 측면이다.

다른 상황이라면 편안함을 제공하기 위해서 행하는 신체접촉을 내담자에게는 삼가는 이유는 다음과 같다. 첫째, 상담자는 다른 사람이 고통받는 것을 보는 것을 좋아하지 않지만, 감정의 힘이 완전히 표현되기 전에 그들의 고통을 조기에 완화시키는 것이 항상 도움이 되는 것은 아니다. 상담자는 그러한 감정을 표현할 기회를 억누르거나 거부하기보다는 울음이 괴로움을 완화하는 데 도움이 될 수 있기 때문에 그러한 감정이 어느 정도 해소될 수 있기를 바란다. 또한 그러한 상처를 일으키는 원인이 무엇인지 더 잘 이해하게 될 수도 있다. 그러므로 내가 Hannah의 슬픈 표정을 접촉을 통해 위로했다면 나는 그녀가 눈물과 말로 표현한 내용이 합쳐지는 것을 쉽게 막았을 것이다. 때때로 이는 상담자가 비활동적으로, 동정심을 가지고, 그러나 침묵으로 고통에 공감해야 한다는 것을 의미한다. 이는 불편할 수 있지만, 더 큰 고통을 겪고 있는 것은 내담자이며, 내담자에게 민감한 상담자는 이를 인식할 필요가 있다. 이러한 상황에서는 내담자의 고통에 함께 머물면서 내담자가 겪고 있는 일을 상담자가 얼마나 이해하는지를 말과 목소리의 어조를 통한 공감적인 반응이 중요하다.

신체접촉을 하지 말아야 하는 두 번째 이유는 내담자를 향한 그러한 움직임이 비록 좋은 의도라 할지라도 쉽게 위협적인 것으로 받아들여질 수 있기 때문이다. 예를 들어, Hannah는 성적인 부분에만 관심을 갖는 남성에 대한 적대감을 분명히 표현했으며, 나는 그녀를 향한 움직임, 심지어 말로 위로하는 움직임이라도 나 역시 그녀에게 성적으로 유혹한다는 식의 위협으로 해석할 것이라고 생각할 충분한 이유가 있었다. 그녀를 돕기 위해, 그 시점에서 그녀에 대한 내 자신의 감정이 성적인 감정이라기보다 모성적인 감정이라는 것은 중요하지 않았다. Hannah(그리고 실제로 다른 많은 내담자들)는 부드러운 손길을 달갑지 않은 신체적 침입으로 쉽게 오해할 수 있었다. 이는 얼마나 많은 내담자가 성적 또는 신체적 학대를 겪었는지 염두에 둘 때 특히 중요하다. 비록 그들이 피해자로서 강요받은 순응적 태도로 인해 잘못된 방식으로 편안하게 만들어 주고자 하는 상담자에게 불안을 표현할 수 없더라도 육체적 친밀감은 그들에게 두려울 수 있다. 첫 회기나 마지막 회기의 끝에도 당연히 악수를 하지만 이에 대해서는 약간의 유보적인 입장을 표명하고 싶다. 악수는 성적인 행위이기 때문이 아니라, 서로 화해하는 것을 의미하는 사회적 관습이기 때문이다. 악수를 하면 내담자가 나에게 분노나 좌절감을 표현하는 것을 막을 수 있다.

상담에서 신체접촉을 피하는 세 번째 이유는, 일부 내담자에게는 상담자에 대한 애착을 유도하는 것으로 보일 수 있기 때문이다(어머니–유아와 같은 유형이나 또는 좀 더 성적인 본질로). 그들은 절박하게 그런 애착을 원하지만, 이는 결코 허용되어서는 안 되는 것이다. 이러한 종속적인 애착은 상담자의 별다른 노력 없이도 특정 환자들에 의해 충분히 쉽게 형성된다. 만약 강한 애착(때로는 성애(erotic)라고 부름—6장 참조)이 발생한다면 상담자는 그것을 상담자의 신체적 접근에 의해 그러한 감정이 조장된 것보다 내담자의 필요와 희망 때문이라고 더 확실하게 반박할 수 있다.

첫인상에서부터 초점을 찾기까지

이 장에서 다룬 여러 가지 고려사항을 보면, 첫 회기가 다른 어떤 회기보다 중요하다는 것이 분명하다. 상담자는 내담자가 더 자유롭고 개방적으로 말할 수 있도록 돕기 위해 기본 상담 기술을 연습하는 것 외에도, 내담자에게 정신역동적 해석을 사용할 수 있는지 검증하고 치료적 관계에서의 어려움이 내담자의 과거와 현재 경험의 다른 관계를 어떻게 반영하게 될지를 확인하기 위해 자신에게 의문이 생길 수 있는지를 명확히 해야 한다. 또한 상담자는 가능하면 내담자에 대한 일반적인 이미지를 형성한 후, 어떻게 개입할지에 대한 초점을 설정해야 한다. 정신역동 상담자가 구체적인 작업에 접근하는 방법은 다음 장에서 설명된다. 첫 회기는 어려운 작업일 수 있다.

추가 읽을거리

이번 장과 다음 장에서는 첫 회기에 집중한다. 물론 정신역동상담의 기본 및 발전된 기술, 내담자에 대한 지속적인 반영 및 평가, 치료적 관계 및 상담의 진행 상황에 대한 평가는 이후 회기에서도 계속된다. 첫 회기에 대해서는 Susan Howard의 『Skills in Psychodynamic Counselling and Psychotherapy』(2010: 5장)를 참조하라.

내담자가 상담에 적합한지, 특히 정신역동상담의 맥락에 적합한지에 대한 평가가 매우 중요하기 때문에, 다음 장에서도 이 주제를 계속 다룬다. 평가에 대한 추가적으로 유용한 자료는 Howard의 『Skills in Psychodynamic Counselling and Psychotherapy』(2010: 11장), Christopher Mace가 편집한 『The Art and Science of Assessment in Psychotherapy』(1995)의 여러 장, 그리고 Stephen Palmer와 Gladys McMahon의 『Client Assessment』(1997)에서 Mark Aveline과 Peter Ruddell이 쓴 장에서 찾을 수 있다.

이 장에서 나는 접촉(touch)에 대해 엄격한 입장을 취하였다. 주로 상담을 처음 시작할 때는 안전하게 하는 것이 최선이기 때문이다. 접촉에 대한 좀 더 세밀한 논의는 Susan Howard의 『Skills in Psychodynamic Counselling and Psychotherapy』(2010: 38-39)에서 간략하게 찾아볼 수 있다. 또한 Angela Hetherington의 『Counselling Psychology Quarterly』(2007)에 실린 'The use and abuse of touch in therapy and counselling'라는 제목의 소논문도 참조하라. 접촉에 대한 역사적 태도에 대한 포괄적인 검토, 이론적 고려사항에 대한 논의, 그리고 훌륭한 참고문헌 목록은 Angela King의 「Touch as relational affirmation」이라는 논문에서 찾아볼 수 있다. 이 논문은 『New Directions in Psychotherapy and Relational Psychoanalysis Journal』(2011)에 실려 있다.

연습하기

정신역동적 접근법은 분명해 보이는 것에도 하나 이상의 의미가 있을 수 있음을 시사한다. 우리는 제스처와 행동, 그리고 말을 통해 자신을 표현하며, 이러한 표현 형태는 각각 하나 이상의 의미를 지닐 수 있다. 정신역동 상담자는 분명하지 않은 의미(또는 적어도 다른 의미의 가능성)를 경청하고, 관찰하며, 이를 통해 공감적인 반응, 질문 또는 작은 해석을 할 수 있다.

다음의 행동이나 문구를 고려해 보고, 그것들이 명백하게 드러나는 것보다 어떤 더 많은 의미를 지닐 수 있는지 생각해 보라. 만일 여러 명이라면, 각자의 아이디어를 모아 보라. 다양한 가능성을 생각해 낼 수 있으며, 그것들 중 어느 하나가 특정 내담자에게 맞을 수도 있고, 맞지 않을 수도 있다. '정답'을 제공하고자 하는 것이 아니며, 이 연습의 목적은 보다 객관적으로 생각해 보고, 분명한 것 너머를 보는 연습을 하기 위함이다.

가능한 해석이 있다고 생각되면, 내담자에게 조심스럽게 전달할 수 있는 문구나 문장을 생각해 보라. 여러분이 틀릴 수도 있고, 여러분의 직감이 맞는지 확인하기 위해 기다려야 할 수도 있다는 것을 기억하라.

1. 내담자가 의자를 상담자로부터 더 멀리 옮깁니다.
2. 내담자에게 코트를 놓을 곳을 보여 주었지만, 그는 코트를 계속 입고 싶다고 합니다.
3. 여러분이 무언가를 말할 때마다 내담자가 고개를 가로젓습니다.
4. 내담자가 방을 나가면서 문을 쾅 닫습니다.
5. 내담자가 10분 늦게 도착했지만, 마치 평소 시간에 온 것처럼 말하기 시작합니다.
6. 내담자가 자신의 주에 대해 이야기하면서 끔찍한 일들을 포함하여 이야기하고, 그런 다음 "당신은 어떻게 지내세요?"라고 묻습니다.
7. 첫 회기가 시작될 때, 내담자가 "이 상담이 비밀보장 되나요?"라고 묻습니다.
8. 회기 진행 도중 내담자가 "두통이 오기 시작했어요."라고 말합니다.
9. 내담자의 어린 시절에 대한 충격적인 이야기를 들은 후, 회기가 끝나기 5분 전에 그녀가 "시간을 더 가질 수 있을까요?"라고 묻습니다.
10. 내담자가 "저는 장기간의 관계를 맺을 수 없어요."라고 말합니다.

첫 회기 이후 03

회기 기록

상담 회기를 기록하는 것은 어떤 치료 방법을 사용하든 매우 중요하다. 이 기록은 다양한 형태로 이루어질 수 있지만, 정신역동 상담자로 훈련 중인 사람들은 더욱 자세히 기록을 남길 필요가 있다. 이처럼 포괄적으로 기록해야 하는 이유는 여러 가지가 있다. 정신역동 상담자가 나중에 회기를 돌아볼 때, 자신이 사용하기 시작한 자료의 연결고리가 더욱 분명해지면 주의하여 살펴볼 필요가 종종 생기기 때문이다. 또한 정신역동적 접근에서는 시간이 흐름에 따라 불필요한 정보를 내담자에게 요구하지 않기에, 내담자의 전체 과거 정보를 가능한 한 많이 쌓아나가는 게 중요하다. 이러한 과거 정보는 가족 배경, 유 · 아동 청소년기와 성인기에 발생한 주요 사건, 친구와 주변 인물과의 관계, 직업 등이며, 이는 상담자가 내담자의 삶에서 경험한 다양한 부분을 현재 상황과 연결 짓기 위해 전부 기억하고 수시로 참고해야 할 정보들이다. 가능한 한 많이 기록하고 기억하는 것이 중요한 또 다른 이유는, 내담자들은 몇 주 전에 말했던 이야기를 기억하고 있는 상담자에게 고마워하기 때문이다. 이것은 자신의 이야기를 경청하고 있다는 것을 보여 주는 증거이다.

또한 상담자와 내담자가 말하고 경험한 내용을 가능한 한 자세히 기록해서 슈퍼비전에서 전달하는 것이 중요하다. 이를 통해 상담자는 각 사람이 말한 내용, 이전 대화가 다음 대화로 어떻게 이어졌는지, 회기 진행 중에 내담자와 상담자가 보여 준 비언어적 의사소통이나 자기 생각을 기억할 수 있다. 완전히 정확할 순 없어도, 기록이 자세할수록 슈퍼바이저는 실제 상담 작업이 어떠했을지에 대해서 더 잘 평가할 수 있다. 슈퍼비전에서는 일반적으로 한 회기 이상 선택해서 살펴보는 경향이 있는데, 더 자세한 정보를 준다면 기법적인 이해와 정신역동적 관점에서의 이해 모두 슈퍼비전에서 논의할 수 있다.

슈퍼비전은 보통 상담자가 한두 명의 내담자와 작업했던 것을 살펴볼 수 있을 정도의 시간만 주어진다. 특히 상담자가 경험이 많을수록, 그리고 학습 기회를 극대화하기 위해서 한 명의 내담자에게 집중하고 싶어 할수록, 더욱 그렇다. 기록을 잘하면 내담자가 슈퍼비전에 참여한 다른 내담자에 대한 사실 정보뿐만 아니라 각 내담자와의 정신역동적 그림을 더 넓게 보도록 해 준다. 하지만 모든 회기를 상세하게 기록하는 것은 불가능하기에, 간결하지만 중요한 점에 대해서 기록하는 방법을 개발하는 것이 중요하다.

이렇게 회기를 성찰하는 훈련을 통해서, 상담자는 매 회기 이후에 작성된 조감도에서 실제 회기 과정에서 무슨 일이 일어나고 있는지 살펴보는 단계로 나아갈 수 있다. 상담 자체가 회기 내에서 내담자의 감정과 태도 변화를 '외부 세계'로 확대해서 보다 일반적인 상황으로 적용할 수 있게끔 하는 것처럼, 훌륭한 슈퍼비전 기록은 단일한 작업 사례를 성찰하는 과정을 통해서 내면화된 평가와 내담자를 이해하는 기술과 능력으로 이어지게 한다. 이러한 내용은 Patrick Casement(2014)가 '내부감독자(internal supervisor)'라고 지칭한 용어로 알려져 있다.

기록을 잘해야 하는 또 다른 중요한 이유는 내담자가 상담자에게 불만을 제기할 경우, 메모를 제시할 수 있기 때문이다. 대부분 상담자에게 이러한 일이 일어나지 않길 바라지만, 내담자가 자신의 가해자에 대해 불만을 제기하는 학대 생존자를 상담하는 상담자들은, 치료 과정 중이나 치료가 종결된 후에 법원에 내담자에 대한 기록물을 제출하기도 한다(자세한 내용은 Pool and Jacobs, 2017 참조).

디지털 기록 사용

기록을 잘하기 위해서 정신역동 상담자가 사용하는 방법은 다른 접근법의 상담자가 사용하는 방법과 크게 다르지 않다. 오디오나 비디오 기록은 정확하게 회기 기록을 하도록 도와주는 장점이 있다. 하지만 일부 정신역동 상담자와 치료자는 전자 장비가 치료적 관계에 방해될 수 있다고 주장한다. 내 경험상 꼭 그렇진 않다. 하지만 디지털 기록은 일부 내담자에게 치료에 방해 요인이 되거나, 기록하는 것이 불안의 원인이 될 수 있다는 점을 고려해야 한다. 기술 장비는 상담자뿐만 아니라 내담자에게도 영향을 미칠 수 있다. 정신역동상담의 다른 측면처럼, 녹음 장치 그 자체로도 중요한 의미가 있다는 점을 상담자는 인식해야 한다. 이 자료를 다른 곳에서 사용할 경우, 몇몇 사람들에게 과시하는 경향이나 어려움을 증가시킬 수도 있는가? 기록이 내담자와 상담자의 자발성에 미치는 영향은 무엇인가? 내담자가 상담 녹음에 동의했지만 실제로는 걱정할 수도 있다. 녹음할 때마다 내담자뿐만 아니라 상담자가 근무하는 기관에도 허락을 받아야 하는데, 기관은 이와 관련된 정책을 갖고 있기 때문이다.

예전에는 기록을 침해로 느꼈지만, 지금은 상담자의 작업을 자세히 슈퍼비전하고 평가하는 수단으로서, 그 가치를 인정받고 있다. 오디오(비디오보다는 분명하지 않고 덜 직접적인)는 상담자 훈련에 유용한 보조 수단이다. 또한 녹음을 통해 회기 전체 또는 일부를 자세히 분석할 수 있어서 작업의 질을 향상시켜 준다. 그러므로 기록은 실제로 각 사람이 말한 내용을 확인할 수 있는 좋은 수단이 된다. 상담자의 기억은 선택적이며 때로는 부정확할 수 있고, 상담자가 원하는 것만 기억하거나 때로는 특정 정보를 잊어버릴 때가 많기 때문이다.

그러나 기술 장비를 이용해 회기를 기록하는 것의 단점도 있다. 기록은 전체 회기를 재생하는데 '한 시간' 정도로 너무 자세한 정보를 담고 있다. 훈련 중에 한두 명의 내담자 회기를 돌아보는 것이 유용할 순 있지만, 바쁜 상담실에서는 모든 기록을 다시 듣는 것은 현실적이지 않다. 실제 상담 회기에서 기억하고 성찰하는 것이 중요하기에, 전자 기록을 사용하고 의존하는 것은 상담자의 기억력 발달을 방해할 수도 있다. 실제로 기억하는 데 있어서 중요한 점은, 단일 회기 내에서 회기 시작부터 내담자가 말한 것을 '한 시간'이 지나도 참고할 수 있어야 한다는 것이다. 이러한 점에서, 상담자는 즉시 연결하기 어려운 디지털 녹음에 의존하기보다 기억력을 발달시킬 수 있는 훈련을 한다면, 상담 회기를 구성하는 모든 세부 정보를 더 잘 활용할 수 있다.

축어록

두 번째 기록 방법은, 수련과 지속적인 슈퍼비전에 도움이 되도록 상담 회기의 내용을 최대한 자세히 기록하는 것이다. 여기에는 단순히 말한 내용뿐만 아니라 비언어적 반응, 상담자의 생각이나 감정도 포함되어야 한다. 또한 상담 중에 말했거나 실제로 말하지 않은 내용도 포함해야 한다. 말한 내용을 그대로 옮겨 적는 것은 회기 자체의 시간과 거의 같은 시간이 걸린다는 단점이 있지만, 회기 수가 제한된 수련생에게는 크게 문제 되지 않는다. 말한 내용을 그대로 옮겨 적고 말하고 느낀 것을 최대한 기억하는 것은 상담자의 기억력을 발달시키는 또 다른 방법이다.

이러한 내용은 디지털 기록만큼 정확할 순 없어도, 상담자의 사고와 연상을 포함하고 있기에 매우 다르고 동등한 가치를 지닌다. 상담자의 기억에는 빈틈이 있을 수 있지만, 때로는 기억할 수 없는 회기 부분 자체가 중요할 수 있다. 특히 나중에 기억하려고 할 때, '왜 그것을 잊어버렸을까?'라고 반문할 수 있다. Freud는 망각하는 것에는 항상 의미가 있다고 언급했다(1901/2002: 129-54). 몇 가지 이유로, 상담자가 충분히 내담자의 말을 알아듣지 못했거나, 내담자가 말하는 것을 이해하기 어려웠거나, 상담자의 반응이 도움이 되지 못했기에 틈이 생겼을 수도 있다. 그러므로 슈퍼비전에서는 이처럼 빠진 내용이 있는지 자세히 살펴볼 수 있다.

특히 슈퍼바이저의 의견이나 질문도 상담자가 당시에 기록하지 않은 추가 자료를 기억하는 데 도움이 될 수 있다. 잊어버린 것은 내담자나 회기에 잠재적으로 중요한 것을 나타내기에 중요할 수도 있다. 그러므로 사소한 의미도 중요하게 생각하는 정신역동적 접근에서는 회기 내용을 기록하는 것이 매우 중요하다.

정신역동적 구조를 사용한 기록

회기를 기록하는 세 번째 방법은, 상담자의 성찰을 돕고 향후 회기의 기억 보조 자료로 사용하기 위해 구조화된 짧은 메모를 작성하는 것이다. 정신역동 상담자에게 표준화된 회기 메모의 기록 방식은 존재하지 않는다. 각 상담자는 자기 방식을 개발해야 하지만, 나는 여기에서 Michael Balint의 평가 면담에 대한 설명을 바탕으로 한 (Balint et al., 1972) 특정 기록 구조를 설명하려고 한다. 이 기록 구조는 내가 수년간 적용하고 수정한 것으로서, 정신역동 상담자와 치료자가 자신의 목적에 맞게 수정할 수 있는 모델이다. 또한 정신역동 상담자가 내담자를 이해하고, 정신역동적 접근의 적합성을 평가하며, 회기를 성찰할 때 상담자가 고려해야 할 주요 사항으로 제안하는 것이다.

다음 기록에는 Hannah와의 처음 두 회기에서 나온 자세한 내용이 포함되어 있다. 그리고 Karl의 사례로 돌아가, 나는 이 기록 방식이 내담자에게 정신역동상담의 적합성 평가에 어떤 식으로 도움이 되는지 설명할 것이다. 이 기록 방식이 마음에 드는 점은 상담자가 각 회기 이후에 새로운 자료와 가능한 통찰을 순서대로 추가할 수 있다는 점이다. 첫 회기 자체로는 내담자가 호소하는 문제의 근본적인 이유를 이해할 수 있게 정보를 충분히 제공하는 경우가 드물다. 그러나 내 경험상, 첫 회기에 내담자에게 중요한 내용이 모두 존재했다는 것을 나중에 깨닫곤 한다. 물론 이후 회기에서도 문제를 분명히 하고 확장할 수 있겠지만, 보통 첫 회기 메모를 다시 보면 내담자가 첫 만남에서 어떤 의미로, '모든 것을 말했음'을 알 수 있다. 그러나 물론, 당시에는 그렇게 보이지 않는다.

정신역동 상담자가 기록에 접근하는 방식은 상담자를 위한 잠정적인 성찰, 즉 '보조 기억물(aide-mémoire)'을 제공하는 것이지 내담자의 확실한 그림을 제공하는 것은 아니라는 점을 강조하고 싶다. 어떤 기록은 사실에 근거하지만, 또 다른 기록은 직감에 근거한 아이디어, 대략적인 스케치, 가능성을 암시하는 직감이다. 이 모든 것은 검증이 필요하며 실제로 정확한지 확인하려면 어느 시점에서 내담자의 확인이 필요하다. 특히 단기상담에서는 내담자가 자신의 삶에서 특정한 기능에 집중할 뿐, 깊거나 다른 문제를 살펴볼 필요가 없다고 여기기 때문에, 일부 직감은 그 자체로 남겨둔다. 심지어 상담자가 내담자에 대해 가지는 아이디어 중에서 내담자의 특정한 의제에 더 명백하게 관련된 것은 신중하게 사용해야 한다. 단순히 슈퍼바이저의 제안이나 지난 회기의 가능성 있는 아이디어를 발견했다고 해서 내담자에게 강요하는 것은 현명하지 않다. 먼저, 후속 회기에서 기록된 아이디어가 관련이 있는지 확인하기 위해 내담자의 확인을 기다려야 한다. 그리고 확인하고 나면, 정신역동이론으로 보이는 부분을 어떻게 하면 실제로 도움이 되도록 전달할지에 대해 개념화할 기회를 기다려야 한다. 메모와 슈퍼비전에서 나온 아이디어는 기억 속에 저장해 두었다가, 내담자가 유사한 아이디어를 제안하거나 임시 개입의 가능성을 제공할 때에는 그것을 사용할 수 있을 때까지 기다려야 한다.

다음에 나오는 Hannah에 관한 '메모'는 실제 회기 중에 기록한 것이 아닌데, 그 경우 그녀에게 불안을 유발하고 주의를 산만하게 할 수도 있다. 메모는 첫 두 회기가 지난 후에 떠오른 아이디어를 나타낸다. 단순한 직감에 불과하지만, Hannah와의 관계와 그녀의 몇 가지 말로 떠오른 직감이라는 점을 강조하고 싶다. 메모에는 검증해야 할 일련의 가설들이 포함되어 있으며, 그녀에게 배운 내용으로 가설을 계속 바꾸고 발전시켜야 했다. 메모의 각 항목의 제목은 일괄적으로 작성했고, 메모 내용은 사실과 내 생각에 바탕을 두었다.

Hannah: 처음 두 회기에 대한 메모

각 내담자에 대한 기록은 사실 정보, 가계도, 정신역동적 사례개념화, 회기 주제 등 4개의 항목으로 이뤄져 있으며, 각각 서로 다른 시트에 구성되어 있다. 첫 번째 부분은 '생애사'로, 내담자에게 얻은 사실 정보를 나타낸다. 내담자의 기억 중 일부는 왜곡되거나 시간상으로 잘못 배치될 수 있음을 염두에 두길 바란다. 그리고 회기가 진행됨에 따라 기록을 추가할 수 있다.

1. 사실 정보

회기 1: 1월에 런던에서 이사 왔음—집과 가게에서 쫓겨남—할아버지는 골동품 사업을 운영하셨지만 최근 몇 년간 심하게 도박에 빠져 있다가 모든 돈을 잃었음. 숙소 임대료에 대한 빚이 있어서 집에서 쫓겨남과 동시에 집을 잃게 되었으며 현재는 할아버지와 함께 작은 임대 아파트에서 생활 중. 사무실 직원으로 일하고 있지만, 그들을 먹여 살릴 정도의 수입이 거의 없음.

가족: 오빠는 집에서 살지 않고 지난 몇 년간 오래 떨어져 살면서 별다른 기여가 없었음. 내담자가 태어난 지 얼마 되지 않아 어머니가 사망함. 아버지도 같은 해에 사망함. 할아버지가 내담자와 오빠를 키웠음. 외할머니도 출산 중에 사망했고, 어머니는 할아버지 손에서 자랐음. 할아버지는 양쪽 모두의 사망으로 절망적인 상태에서 처음에는 내담자에게 관심을 기울였고, 그녀가 십 대가 되자 더욱 요구적으로 변하였음.

회기 2: 런던에서 살았지만 쫓겨남. 오랜 시간 동안 집주인이 위협을 가하며 내담자와 성관계를 맺는 대신 그들이 머물 수 있도록 협상을 시도함. 오빠도 자신과 가장 친한 친구와 그녀를 '연결'하려고 시도함. 내담자는 남자 친구인 Kit에게 매우 애착(아직 성적 관계는 없었음)을 가졌으나, 그에게 실망함. Kit가 먼저 할아버지의 도박 습관에 대해 소식을 전함. 그녀는 Kit가 집주인에게 '이간질'했다고 생각함. 그 후, 'Coventry'라는 도시로 이사 왔음. 최근에는 밤에 뒷골목에서 희미한 누군가의 모습을 보고, 그 모습이 전 집주인과 같은 체구라는 생각이 들었음. 꿈에서 그녀는 그가 여전히 빚에 대한 대가로 그녀를 '가지려'는 결심을 하고 이곳까지 따라온 것이 틀림없다고 생각함.

가족에 관한 추가 정보: 할아버지에게는 수년 전에 해외로 떠난 남동생이 있으며 그는 살아있는 유일한 친척임.

일반적으로 회기가 진행됨에 따라 생생한 역사적 자료의 양이 감소하므로 기록하는 데 걸리는 시간이 줄어든다. 일반적으로 현재 사건(예: 그녀가 거리에서 집주인을 보았다고 생각하는 것)은 '회기 주제' 항목에 포함할 수 있지만, 회기의 전체적인 그림을 위해서 여기에 넣었다. 특히 나이와 같은 사실 정보 중 일부는 '가계도'로 표시할 수 있으며, 이는 두 번째 시트에 포함한다.

2. 가계도

가계도([그림 3-1])는 가족치료에서 특히 많이 사용하는 것을 변형한 것으로서, 상담이 진행되는 동안 내담자로부터 가족력에 대해 들은 것을 도표로 표현한 것이다. 이 정보를 활용해 내담자에 대한 이해를 더 확장할 수 있으며 가족력의 특징이 강조되어 정신역동적으로 내담자를 더욱 잘 이해할 수 있다. 앞에 나오는 첫 회기의 사실 정보를 먼저 '읽어본' 뒤 가계도의 시작 부분을 읽어보면서 무엇이 중요할지 살펴보는 것이 중요하다.

이 경우, 가족 여성 구성원들의 사망 횟수가 중요해 보인다. Hannah 이전 두 세대에서 그녀의 어머니는 출산한 지 얼마 지나지 않아 어린 나이에 사망했다. Hannah는 지금 할머니가 돌아가셨을 때의 나이와 같은 23세이다. 할아버지에게는 Hannah의 나이가 자신의 아내가 사망한 나이와 같은 나이라는 점이 중요할 것이다. 이로 인해 할아버지는 그녀에게 더 집착하고 그녀를 잃어선 안 된다는 결심을 했을지도 모른다. Hannah 역시 자신의 나이에 불안감을 느낄 수 있으며, 자신이 어머니와 할머니처럼

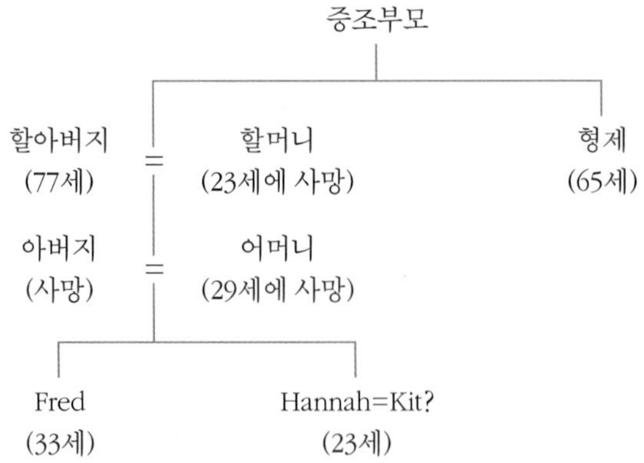

그림 3-1 Hannah의 가계도

일찍 죽을 운명일지 궁금해할 수 있다. 또 다른 차원에서는 가족의 임신이 치명적인 결과를 초래했다는 점에서, 그녀가 친밀한 관계를 맺는 것을 염려할 수 있다.

3. 정신역동적 사례개념화

사례개념화는 첫 번째 회기가 끝난 후에 노트에 두 장 정도로 작성한다. 처음에는 가능한 한 많은 정보를 포함하지만 이후 회기부터는 필요한 내용을 간단히 추가하는 방식으로 작성한다.

호소 문제 및 기간

a. 우울증(4주).
b. 남성과의 관계 어려움(? 년).

'호소 문제'란 첫 회기에 내담자가 표현한 문제뿐만 아니라 상담자가 보기에도 중요해 보이는 문제를 의미한다. Hannah는 실제로 우울증을 호소했지만, 남성과의 어려움에 대해서도 언급했고, 나는 이것이 또 다른 문제라고 여겼다(여기서는 내가 틀렸을 수도 있지만, 2장 '첫 회기', pp. 70-72를 읽어보면 내가 왜 이것을 기록했는지 알 수 있다). 이후 회기에서 나타날 수 있는 다른 어려움은 이번 항목이나 다음에 나오는 '추가 문제' 항목에 포함할 수 있다. 호소하는 문제들과 그 기간은 상담이 적합한 방법인지 평가하는 기회를 제공한다. 이것이 진료 상담, 일부 기관 상담, 교육 상담 또는 직장 지원 프로그램처럼 단기 작업이라면, 호소 문제 중 어떤 것이 작업의 주요 초점이 될 수 있는지 파악해야 한다. 나도 Hannah와 6회만 상담했다면, 아마도 최근에 우울증이 발생했기에 우울증에 초점을 맞추어야 했을 것이고, 남성과의 문제는 (남성 상담자를 만나야 드러나는 문제라서) 그다지 문제 되지 않았을지도 모른다. 정신역동적 접근에서 두 문제 모두 적합하더라도, 두 번째 문제는 훨씬 더 오랜 기간 문제를 지속해 온 것처럼 보이므로 단기상담보다 장기 심리치료가 더 적합할 것이다. 나중에 설명하겠지만, 문제의 지속 기간은 단기상담과 장기 심리치료 둘 중에서 어떤 것을 제공할지 결정하는 주요 요소 중 하나이다.

촉발 요인

> 10주 전에 런던에서 이사했고, 퇴거 후 6주 후에 우울해졌다고 한다. 지연된 반응인가? 아니면 다른 요인이 있는 건가? 두 번째 회기에서는 밤에 누군가의 실루엣을 보았다고 말했는데, 이것은 전 집주인을 떠올리게 한다고 말했다.

내담자가 상담자에게, 또는 의뢰된 내담자가 상담자에게 오는 것은 이 시점에서 어떤 관련이 있는 것일까? 왜 이전이 아니라 지금인가? 이것은 정신역동 상담자에게 중요한 질문이다. 내담자의 반응을 유발한 것이 때로는 과거의 미해결된 어려움을 반복하는 것일 수 있어서이다. 예를 들어, Hannah는 우울증에 빠지기 전까지 6주 동안 퇴거를 견디는 것처럼 보였다. 그녀는 왜 할아버지와 함께 새 아파트에 정착한 후에 우울해졌을까? 때때로 외부의 현실적인 문제는 심리적인 문제를 피할 수 있게 해 주며, 외부 상황이 완화되면 그제야 감정적 요인이 동반되며 드러날 수 있다. 첫 회기 이후 나는 그녀의 우울증을 유발하는 요인이 무엇인지에 대해 확신이 없었다. 이처럼 내 메모에서 나 스스로 추론한 것이라는 점을 나타내기 위해 물음표를 자주 사용한다. 두 번째 회기에서는 그녀를 놀라게 했던 인물의 실루엣을 들려주었다. 이것이 정말 촉발 요인인지에 대해 확신이 없었지만, 이것은 집주인의 성적 위협과 연결되는 것처럼 보였으며, 실제로 런던에서 이사한 이유가 다른 원인일 것으로 보였다. 그 특별한 사건이 그녀에게 어떤 의미인지는 이후 회기에서 드러났다(5장 참조).

현재 갈등(및 추가 문제)

> a. 할아버지에 대한 감정–어릴 적 그의 돌봄에 감사하지만, 현재는 그의 집착에 분노함.

b. 할아버지로부터 독립을 원하지만, 그녀는 여전히 의존 욕구를 충족시키고 싶어 하는가?

c. 할아버지를 떠나기 어려운 이유는, 분노 감정에 대한 죄책감 때문인가?

현재(또는 과거) 사건으로 인한 대부분 스트레스는 갈등으로 인한 감정과 사고에서 비롯된다. 여기서 나는 현재 갈등으로 인한 감정과 사고를 개념화하려고 노력한다. 내담자는 이러한 감정을 명확하게 설명할 수 있다. 또한 상담자는 내담자가 사용하는 다양한 표현에서 이를 추론해 낼 수 있다. 첫 번째 갈등은 Hannah가 스스로 표현한 것이고, 두 번째와 세 번째 갈등은 내가 가진 아이디어인데, 초기 단계에서는 아직 '직감(hunches)'이라서 물음표로 기록했다.

내담자가 첫 회기에서 상담자에게 언급한 것 외의 문제를 나중에 이야기하는 것은 흔한 일이다. 정신역동상담은 문제 중심이 아니라서, 문제에만 집중하지 않아도 내담자가 제시하는 문제와 어려움에 반응하는 방식을 살펴보면 내담자 전체를 이해하는 데 지침이 된다. 따라서 첫 회기에 표현한 문제 외에도 다른 문제를 제시하는 것은 '현재 갈등' 항목에 포함할 수 있으며, 특히 현재 갈등을 제시하고 있다면 더욱 그렇다.

근원적인 갈등(및 과거 문제)

a. 일부 남성(할아버지와 Kit)에 대한 애정, 다른 남성은 '썩은' 것으로, 양가감정, 분열(splitting)? 어릴 적 할아버지가 아버지를 두고 '기생충(a sponger)'이라고 묘사한 말이, 그녀의 분열에 원인이 되었을까?

b. 할아버지의 보살핌으로 그녀는 남성을 양육하는 존재(어머니의 대리인)로 보았음. 이로 인해 남성을 성적 대상으로 전환하는 것이 어려운가?

c. 할아버지의 관점에서 그녀가 할머니와 어머니를 대신했기에, 자신의 발달이 허용되지 못했을까?

정신역동적 접근에서는 일반적으로 과거 경험의 영향에 비중을 크게 둔다. 실제 사건 및 관계, 그리고 그로부터 유발된 감정, 사고, 환상뿐만 아니라 무의식적 과정을 통해 왜곡하여 상상한 역사에 상당한 비중을 둔다. 단기 정신역동치료에서는 과거 경험에 대해 몇 가지 언급하는 것 그 이상을 할 수 없는 경우가 종종 있다. 그런데도 서양 사회에서는 Freud의 영향력이 강하며, 과거가 현재에 영향을 미친다는 아이디어는 이제 상당히 많이 받아들여지고 있는 것으로 볼 수 있다. 내담자는 종종 과거에 대한 언급으로 상담을 시작한다. 때로는 비교적 근래에 있었던 과거 사건뿐만 아니라 어린 시절에 대해서도 언급을 하며, 자신이 왜 그렇게 느끼고, 왜 인간관계가 그렇게 되었는지 이해하길 원한다. 정신역동상담에서는 내담자가 과거와 현재를 연결하려는 내담자의 바람을 언제든지 환영한다. 왜냐하면, 이는 더 깊은 이해를 원하고 현재 상황을 바꾸기 위한 의지의 표현이기 때문이다. 그것이 전부가 아닐지라도 정신역동적 작업에서 중요한 측면이다. Hannah의 첫 회기는 그녀의 과거 경험 일부를 포함하고 있으며, 우울증과 남성에 대한 반감을 이해하는 데 도움이 될 수 있는 아이디어를 제공했다. 기록한 내용을 설명하면, 각 항목 뒤에 나오는 물음표는 현재 단계에서 순수한 직감을 나타낸다.

Hannah는 할아버지와 Kit에 대해 긍정적인 말을 했지만, 그 안에는 적대감이 뒤섞여 있었다. 그녀는 아버지, 오빠 그리고 최근 집주인에 대한 감정을 부정적인 말로 표현했다. 첫 회기에서 그녀의 역사를 조금씩 알게 된 나는, 과거와 현재에 영향을 미치는 분명치 않은 다른 갈등이 있다는 것을 느꼈다. 할아버지는 어머니가 죽은 후 Hannah를 돌보는 일을 맡아왔고 잃어버린 어머니의 역할을 대신했다. 할아버지가 그녀의 양부모 역할을 동시에 한 것은 Hannah가 성적인 감정과 여성에 대한 인식이 발달하는 과정에서 다른 남성들뿐만 아니라 그와 관계를 맺는 방법에 대해 약간의 혼란을 가져왔을 수 있다. 상담 당시 Hannah는 남성이 아니라 여성 상담자를 원했는데, 남성이 성적인 관계에 대한 불안을 유발하는 것처럼 보였기 때문이다. 그래서 그녀는 처음에 정신분석에 대해 질문했다. 첫 회기가 진행되면서 내가 보다 양육적이고 위협적이지 않은 역할을 했기에 그녀가 나와 관계를 맺을 수 있었다. 만일 내가 그녀에게 성적인 위협을 가했다면 그녀는 절대 돌아오지 않았을 것이다. Hannah가 갈등 중 일부를 해결하기 위해 나는 당분간 남성성을 연기하는 것이 필요했다.

Hannah도 할아버지에게 대리인 역할을 했다. 아마도 어머니가 일찍 죽은 후 그녀는 그 자리를 대신해 대리모가 되었을 것이다. 그러나 할아버지의 눈에는 Hannah의 어머니가 자신의 어머니를 대신했을 가능성이 있어서, Hannah는 할아버지에게 손녀일 뿐만 아니라 대리 딸이자 아내이기도 했을 가능성이 크다. 이러한 다중 역할은 매우 복잡한데, Hannah는 분명 할아버지를 돌봐야 했고, 이 일을 몇 년 동안 계속해 왔기에 완전히 해방되어서 다른 사람들과 자신만의 관계를 형성할 수 없었다.

상담에서는 이 모든 아이디어를 탐색하고 구체화하며, 활용하기가 어렵다. 그러나 이 아이디어들은 상담에서 배경 자료를 형성하며, 상담실 안팎에서 발생하는 상황을 명확히 이해할 수 있도록 적합한 시점에 활용할 수 있다. 과거의 갈등에 관한 이 잠정적인 가설은 상담을 배우는 사람에게는 어려울 수 있다. 이는 내가 다양한 내담자들과 일한 경험과 정신역동 학파가 이해하는 성격 발달 패턴의 지식을 기반으로 한다. 물론, 초급 과정을 수련 중인 상담자는 이러한 개념화를 세우는 것보다 내담자에게 집중하고 응답하는 것에 더 집중하는 것이 필요하다. 슈퍼비전이 가진 장점 중의 하나는 경험이 풍부한 슈퍼바이저가 정신역동적 가설을 개발하도록 상담자를 이끌 수 있다는 점이다. 따라서 정신역동적 접근에서 슈퍼비전은 필수요건이라고 할 수 있다.

변화 기준

a. 우울증 해소.

b. 할아버지와 더 평등한 수준에서 관계를 맺고, 자신만의 정체성을 찾아 적어도 심리적으로는 그를 떠날 수 있음.

c. 그녀의 분노와 좌절을 할아버지와 다른 사람들에게 적절히 표현할 수 있음.

d. 어머니의 상실과 관련한 유아기와 어린 시절의 경험을 슬퍼하며 견디기.

e. 남성들과 더 긍정적이고 완전한 관계에서 보살핌을 주고 받으며(이 시점에서 그녀의 이성애적 성향을 가정할 경우) 적절한 파트너와 성적 친밀감을 즐길 수 있음.

이 목록에 적혀 있는 목표는 적어도 희망적이라 할 수 있다! 이것은 상담의 의제(다음의 '상담의 초점' 참조)라기보다 상담이 잘 진행될 경우 달성할 수 있는 목표를 포괄해서 모아둔 집합이다. 물론 이 목표는 내 개인적인 의견일 뿐이며, 이는 나의 문화 그리고 사고와 감정에 가장 부합하는 정신역동이론적 가치관에 근거해 결정한 것이다. 상담에서는 한 영역에서 변화가 거의 없을지라도 다른 영역에서 중요한 변화가 일어나도록 도울 수 있고, 여러 목표를 향해 약간의 진전이 이루어지게 할 수 있다. 이 기준은 나만의 것일 수도 있지만, 상담 계약이 종결될 때 변화에 도움이 되었는지를 평가하는 데 사용될 수 있다. 이것은 나중에 '결과'란에 기록할 수 있다. 이 목표들은 내가 작업을 초점화하도록 도움을 주지만, 그렇다고 해서 나의 작업 모두 목표와 관련된 것은 아니다.

목표를 평가하는 것과 관련해서, 자체 범주를 사용해 평가(www.psyc.leeds.ac.uk/ptrc/pdfs/core_assessment.pdf)하고 성과를 판단하는 데 도움을 주는(Mellor-Clark et al., 1999) CORE(Clinical Outcomes in Routine Evaluation)라는 측정도구가 있다. 이 CORE를 사용한 연구를 통해 정신역동적 접근의 가치를 입증하였다(예: Paley et al., 2008).

여기서 제안하는 다섯 가지 변화 기준은 상담에서 Hannah의 경과와 진전과 관련되며, 상담의 기간에 따라 달라질 수 있다. 그리고 이 기준들은 부분적으로 우울증에서 벗어나고자 하는 Hannah의 목표와 처음 몇 회기 동안 만나 본 Hannah의 인상에 근거한 것이다(시간이 지남에 따라 기준을 추가할 수 있음). Hannah가 상담을 받기로 한 동기와 의사의 제안을 수락한 이유는 분명 변화에 가장 중요한 요소이다. 그러나 내 생각에 그녀의 우울증은 다른 요인과 관련 있어 보였고, 무엇보다 우울증에서 벗어나기 위한 전제 조건으로 변화가 필요해 보였다. 나는 개방형 계약을 제안했음에도 불구하고 마지막 요소만 다루게 될 줄은 예상치 못했다. 내 나름대로 의도를 가지고, 메모에 긍정적인 결과를 가져올 수 있는 요소들을 포괄적으로 스케치하려 했지만 말이다. 여기서 기억할 점은, 작성한 목표대로 성공적으로 우울증을 해결했다고 해서 모든 문제가 해결된 것은 아니며, 치료 기간을 내담자와 검토할 때 미처 다루지 못한 부분을 내담자가 언급할 때가 종종 있다는 것이다.

상담의 초점

> 할아버지의 요구와 그녀를 실망하게 한 점 때문에 느끼는 적대적인 감정. 그와의 관계, 그리고 가능한 경우 다른 남성들과의 관계. 남성들이 얻으려고 하는 것, 특히 성관계를 요구한다는 의심을 나와의 관계를 활용해 그녀가 드러낼 수 있도록 기회를 주시할 것.

흥미로운 점은 내가 생각하는 상담의 초점이 '우울증 해소'가 아니라는 점이다. 그것은 증상에 불과하며, 나는 우울증이 발생한 이유를 살펴보았다. 분노는 종종 우울증의 기저에 있다. 나는 할아버지와의 관계가 그 원인이 될 수 있을 것 같다고 생각했지만, 첫 회기 초반에 힌트가 되었던 그녀의 오빠, 그녀의 친구 Kit, 집주인 그리고 나와 같은 다른 남성들과의 분노도 관련이 있는지 살펴보는 것이 중요할 것 같았다. 상담에서 초점이 중요한 이유는 시간이 제한적일 때가 많고, 그러한 경우 일부 목표가 다른 것보다 현실적인 경우가 많기 때문이다. 초점에 대한 중요성은 단기 정신역동 치료에서 잘 알려져 있다(Malan, 1976; Coren, 2009).

초점은 상담자에게 특정 영역을 계속 상담하도록 하는 지침을 제공하고 다른 영역은 한쪽으로 제쳐두는 역할을 제공한다. 정신역동상담은 지시적이진 않지만 그렇다고 비지시적인 것도 아니다. 내담자 자신이 원하는 것을 이야기하도록 함으로써 의제를 결정한다. 동시에 상담자는 내담자의 이야기에서 성찰, 의견 또는 해석을 위해 내담자의 이야기 속 특성을 선택할 수 있으며, 당분간은 무시해도 되거나 직접적인 관련성이 떨어지거나 단기 작업에서 변화할 가능성이 부족해 보이는 특성을 한쪽으로 제쳐둘 수 있다. 하지만 상담이 진행될수록 초점이 변경되거나 구체화될 수 있다는 것을 인식하는 것이 중요하다. 예를 들어, 내담자가 새롭게 어려운 문제를 제기하거나 상담자가 이전에 제쳐둔 문제를 강조하기 시작하면 상담자는 문제의 우선순위를 재평가하고 상담의 초점을 조정해야 할 수도 있다. 특히 상담자가 자료에 압도당할 때, 상담자가 기록한 메모는 핵심문제로 보였던 내용을 한 번쯤 상기시켜 주는 역할을 한다.

외모

체구는 가벼워 보임, 얼굴이 창백하고 긴장되어 보임, 깔끔하지만 과하지 않은 어두운 색상의 옷차림, 슬퍼보이는 큰 눈, 작은 이목구비, 매력적이지만 얼굴은 '도자기 인형'처럼 보임.

이 내용은 첫 회기를 마치고 난 뒤 기록하였다. 내용을 다시 보며 첫 만남을 떠올려 보면, 외모가 변화됨에 따라 내담자가 어떻게 변화되어 가는지 알 수 있다. 내용은 첫 회기 후에 기록되었다. 내용을 다시 보면, 처음의 일이 생각나면서 내담자의 변화에 따라 외모가 어떻게 바뀌는지 그 자체로 알 수 있다.

의뢰인

Hannah가 처방전을 받기 위해 방문한 Jones 박사는 약을 처방하는 대신 상담을 의뢰하였다. 그러고 나서 Hannah는 나를 만나기로 스스로 약속을 잡았다. 하지만 그녀는 Jones 박사를 기쁘게 하려고 나를 만나러 온 것일까?

나중에 Hannah를 통해 Jones 박사와 연락한 내용을 여기에 기록할 수도 있었다. 하지만 내담자가 심각한 상태가 아닐 경우, 이러한 연락은 최소화하는 게 좋다.

가능한 접근 방식

여성 상담자나 다른 치료자에게 의뢰할 수도 있었지만, 의사가 내게 의뢰한 것을 이미 자신에 대한 거부로 받아들였기 때문에, 다시 다른 사람에게 의뢰하는 것은 현명하지 못하다. 또한 Hannah는 나와 상담 모두 만족스럽게 응한 것으로 보인다.

처음에 나는 Hannah가 적대적이라고 생각했지만, 그녀는 내 개입에 잘 반응했다.

그녀는 남성에 대한 적개심이나 처음에 의문을 가졌던 '프로이트식' 아이디어에 여전히 거부감을 느꼈지만 나와 작업할 준비를 받아들인 것으로 보였다. 긍정적인 감정과 부정적인 감정이 서로 균형을 이루는 것같이 보였고 첫 회기에 다른 곳으로 의뢰하는 것을 또 다른 거부로 느낄 만큼 충분한 교감이 형성되어 보였다. 나는 남성과 작업하는 것이 여성보다 Hannah에게 훨씬 더 유익할 거라는 Jones 박사의 의견에 동의했다. 다른 상황이었다면, 나는 내담자에게 어떤 내용으로 계약하고 싶은지, 그리고 정신역동적 접근을 사용할 수 없다고 판단할 경우, 다른 전문가를 의뢰할 가능성과 그 이유에 대해 설명했을 것이다.

제안과 반응

> 여름 중반까지 3개월간 만나고 검토해 보기로 했다. Hannah는 내가 제안한 기간에 놀라며 "내가 미쳤다는(mad) 건가요?"라고 물었다. 나는 "화(angry)가 났을 수도 있지만, 미쳤다(crazy)는 뜻은 아닙니다."라고 말했다. 그녀는 내 제안을 수락했지만 약간 주저하는 듯한 표정을 지었다.

실제로 내가 무슨 말을 했고, Hannah가 어떻게 응답했는지에 대해서는 이어지는 부분에서 다시 살펴볼 것이다. 다음 장에서 나는 상담 '계약'에 대해 살펴볼 예정인데, 내 제안에 대한 Karl의 반응은 Hannah와 매우 달랐다. 상담 제안을 수락한 내담자가 실제로 두 번째 회기에 나타나지 않을 수도 있다. 내담자의 반응을 관찰하면 상담자는 내담자가 불참한 이유에 대한 단서를 찾을 수 있다. 그녀는 주저하는 모습을 보였고 내가 지속적인 상담을 제안하자, 자신을 정신질환을 앓고 있는 사람으로 보는 것에 불안한 기색이 역력했다. 이러한 모습을 주목하는 것이 내게 중요했다. 하지만 실제로 그녀는 꾸준히 상담에 참석했다.

성과

[우울 증상이 훨씬 감소됨; 할아버지에게 일부 부정적인 감정을 표현할 수 있게 됨. 나와의 관계는 좋았으며 긍정적인 감정과 부정적인 감정을 모두 표현할 수 있는 관계를 유지함. 그리고 남성과의 관계에서 지배와 권력이 표현될 필요가 없다는 것을 어느 정도 알게 됨. 어머니를 잃은 근본적인 상실과 죽음에 대한 두려움은 대부분 그대로 남아 있었지만, 그녀가 추후 특정한 상황이나 경험으로 인해 심리치료를 다시 받을 때 도움을 받을 수 있는 기초를 쌓음. 상담이 일찍 종결될지도 모른다는 불안감은 아마도 어머니를 더 깊이 찾고 할아버지에게서 벗어날 수 없다는 증상으로도 볼 수 있음.]

마지막에 쓴 글에 괄호를 친 까닭은 상담의 종결과 함께 나의 메모도 완결했다는 것을 나타내기 위해서이다(7장 참조). '변화 기준'에 대한 내용을 살펴보면서, 나는 10회기 동안 함께 한 상담으로 Hannah가 어느 정도 성장했는지 평가할 수 있었다.

4. 회기 주제

사실 정보와 가계도를 한 페이지 이상에, 정신역동적 사례개념화는 여러 제목으로 별도의 페이지에 기록하고, 메모의 네 번째 항목인 회기 주제는 사실 정보에 입각한 내용보다 내담자가 회기에서 제시한 주요 주제와 그에 따른 상담자의 개입에 중점을 두고 주제별로 기록한 것이다. Hannah의 첫 회기는 〈표 3-1〉에 표시한 대로 요약할 수 있다. 메모에는 A4용지 한 장에 두 회기씩 기록했는데, 상담 회기 사이, 10분 동안의 휴식 시간에 작성할 수 있을 정도로 상당히 짧게 기록했음을 알 수 있다. 첫 회기 내용을 기록하는 데는 시간이 오래 걸린 앞의 다른 항목과는 달리, 이 항목은 일과가 끝날 때 작성을 끝마쳐야 한다. 이후 회기는 주로 '주제' 형태로 기록되며, 필요할 경우 사실 정보란이나 가계도란에 간단히 추가할 수 있다.

회기 기록의 맨 윗부분은, 회기에서 내담자가 보고하거나 상담자가 관찰한 모

표 3-1 **Hannah의 첫 회기 요약**

회기: 1 날짜: 10.4.10	불참: -
내담자 변화/태도 처음에 적대적이었다가 나중에는 화를 냈다. 자유롭게 이야기하고, 방을 떠날 때 약간의 망설임이 있었다.	**상담자 태도/상담자의 역전이** 처음에는 공격당한 느낌이었다. 그 후에는 걱정과 부드러운 위로의 감정이 들었다. 조심스러움
주제	**개입**
정신분석에 대해 질문함 의사(여성)를 계속 만나고 싶다는 뜻을 암시함 다른 사람을 보살핌(할아버지)—관련 사실 확인 런던을 떠남—사실 정보 참조	내가 성에 관심을 가질까 봐 두려워하나? 자신의 가치를 느끼지 못하나? (경청, 격려) (몇 가지 질문을 함) 큰 상실감. 그 누구든 신뢰하기 어렵고, 신뢰하는 사람들이 자신을 실망하게 할 뿐이라고 느끼는 것 같음
내 말에 그녀는 가족의 다른 상실에 관해서도 이야기함(사실 정보 참조) 내 말에 동의함	미리 만날 약속을 계획함
추가적인 생각 그녀가 나를 만나는 것에 대해 주저하는 이유는 다른 사람들처럼 내가 그녀를 실망하게 만들 거라고 생각하기 때문일까?	

든 변화 내용을 기록한다. 여기에는 감정과 외모 모두를 포함할 수 있다. 예를 들어, Hannah는 두 번째 회기에 다소 밝은 색상의 옷을 입고 왔는데, 이는 그녀의 우울증이 어느 정도 해소되었음을 나타낸다. 또한 여기에 내가 느낀 감정은 '상담자의 역전이(Counter-transference)'에 기록했다(이 개념은 6장에서 설명). '불참'이라는 제목은 내담자가 취소하거나 빠진 날짜 또는 예정된 휴식 날짜를 기록한다. 그리고 약속을 지키지 못했을 때 내담자에게 메일을 작성해야 하는 일이 생기거나 특별한 사유가 발생하면 기록한다. 기록의 맨 아래 칸에는 '추가적인 생각'이라는 칸이 있는데, 이는 회기 기록 작성 중에 떠오른 생각이나 슈퍼비전을 통해 얻은 아이디어, 회기 중에 떠오른 생각이 있어도 당시에는 말로 꺼내기가 적절치 못해서 표현하지 못한 내용을 기록한

공간이다.

평가하기

평가에 대한 기록은 정신역동 상담자가 특정 접근법에 대해 내담자의 적합성을 평가할 때, 필요한 관련 정보를 제공해 준다. 첫 회기에서(상담자가 의심이 갈 경우, 추가적인 만남이 필요할 수도 있음) 상담자는 시간과 전문성 측면에서 자신이 제공할 수 있는 것이 내담자에게 도움이 될지, 내담자가 그 기회를 잘 활용할 수 있을지를 결정해야 한다. 실제로 모든 초기 회기마다 상호평가가 이뤄지며, 내담자도 정신역동상담이 자신에게 적합한지, 조기에 종결되진 않을지를 결정한다. 한편, 추가 회기 제안을 수락할지 말지에 대한 최종 결정은 내담자가 하더라도, 성공 가능성이 없어 보이는 내담자에게 도움을 주겠다는 약속을 거짓으로 하지 않는 게 책임 있는 상담자가 가질 태도이다.

실제로 초기 회기에서 상담자는 내담자의 현재 상태를 보는 게 아니라 정신역동치료를 적용할 수 있는지 잠재력을 살펴본다. Karl과의 첫 만남에서 그가 나에게 가졌던 것처럼 내담자는 첫 회기에서 상담자에 대해 비현실적인 기대를 할 수 있다. 다만, 내담자가 그 기대치를 후속 회기에 점점 완화할 수 있는 징후를 보이는지가 중요하다. 내담자가 상담 과정에 적극적으로 참여하는가? 일부 내담자는 말하는 걸 주저하거나 마법의 치료법을 찾고 있어서 상담을 제안하기가 다소 조심스러울 수 있다. 이들에게는 더욱 지시적인 치료나 약물치료가 더 적합해 보일 수 있기 때문이다. 그러나 첫 회기가 진행되는 동안 자신의 목소리를 찾기 시작하는 내담자도 있을 수 있다. 이러한 미세한 차이는 모든 평가에 존재하며 내담자에게 더 많은 시간을 제공하거나 다른 곳으로 의뢰할 경우, 큰 차이를 만들 수 있다.

평가 문제는 상담과 심리치료 간의 명확한 구분이 없다는 점으로 인해 복잡해진다. 스펙트럼의 양쪽 끝은 명확할 수 있다. 한 가지 현재 문제에 중점을 둔 단기 계약의 경우, 상담자의 개입이 주로 성찰적이고 지지적으로 내담자 자신의 감정과 해결책을 작업하는 것이 도움이 되면 '상담'이란 용어를 선호할 수 있다. 과거가 현재에 미치는 영향과 방어나 전이에 대한 해석(5장과 6장에서 자세히 설명되어 있음)을 바탕으로 주 2회 이상, 2년 이상 지속하는 상담을 한다면, 이는 '정신역동 또는 정신분석치료'라고 표현한다. 그러나 상담과 심리치료 사이의 경계가 전혀 명확하지 않은 상황도 있다. 일부 실무자는 상담과 심리치료를 모두 제공하며 일부는 자신을 '정신역동 상담자'와 '정신역동 치료자'로 부른다. 또 어떤 이들은 종종 그들이 일하는 환경과 관련된 여러 가지 이유로 한 가지 직함을 선호하기도 한다. 이 문제는 간단한 상담으로 시작해 장기상담이나 심리치료가 필요한 일부 내담자로 인해 이를 구분하는 것이 복잡해진다.

상담과 심리치료, 단기치료와 장기치료, 지지치료와 통찰치료(후자는 내담자가 제시한 문제를 깊숙이 들여다보려는 치료)를 구분하듯이, 단기 또는 중기 정신역동상담 및 치료에 적합한 내담자와 장기치료가 필요한 내담자도 다양하게 구분할 수 있다. 그러므로 상담자나 신규 치료자에게 사례를 배정할 때 어떤 유형이 적합할지 평가하는 일은 필수적이며, 이는 숙련 상담자에게 필수 요소이다. 좋은 슈퍼비전은 잠재력을 보이는 상담자나 치료자가 문제를 가진 내담자와 발전해 나가도록 돕는 중요한 역할을 한다.

상담자가 내담자의 이야기를 들으며 내담자와 얼마나 협력할 수 있을지에 대해 평가하기 위해, 정신역동 상담자는 〈표 3-2〉에 나열된 요소를 염두에 둔다. 표에서 나는 일반적으로 정신역동적 접근에 적합한 내담자를 구분하는 요소와 숙련된 상담자나 치료자가 더 적합할 수 있음을 나타내는 몇 가지 지표를 제시하였다. 만일 표에서 두 번째 항목에 해당하는 내용을 많이 볼 수 있는 내담자를 만난다면, 숙련된 상담자나 치료자가 더욱 필요하다는 의미이며, 이 항목에는 대안적인 도움을 고려해야 함을 시사하는 지표도 포함되어 있다. 물론 최근 몇 년간, 한때 정신역동 치료자에게만 적합하다고 여겼던 작업을 상담자들이 수행하고 있다는 사실을 우리는 잘 알고 있다. 게다가 그들의 작업은 매우 효과적이기까지 했다.

다음 요약을 통해서 특정 핵심 요소를 파악할 수 있다.

1. 호소하는 어려움이나 문제의 지속 기간의 적합성 여부이다. 문제가 최근에 발생했고 어려움의 원인에 대해 명확한 근거가 있는 경우, 이것이 내담자가 호소하

는 문제의 전부라면 단기 작업이 내담자에게 적합하다는 것을 나타낸다. 그러나 문제가 수년간 지속되어 왔다면 숙련된 실무자가 장기적으로 문제를 처리할 수 있는 장기상담이나 심리치료를 권한다. 하지만 오래 지속적인 문제를 가진 사람이라도 일부는 다른 시급한 문제로 상담을 받으러 오거나, 장기적인 고통을 견딜 수 없게 만드는 단기 상황에 있을 수 있다. 이때에는 일정 기간 단기상담이 도움이 될 수 있으며 해석을 최소화하고 내담자가 긍정적인 움직임을 보일 때마다 격려하는 등의 지지상담이 이루어질 수 있다. 나는 단기상담이 장기상담보다 쉽다고 생각하지 않는다. 실제로 단기 작업을 할 때마다 상담자는 문제의 핵심을 빠르게 파악할 수 있는 충분한 경험이 필요하다. 그러나 때때로, 돌발적인 위기 상황에서 배려심과 열정을 가진 '초심' 상담자들의 지지가 훨씬 효과를 발휘하기도 한다. 그러므로 어려움이 여러 해에 걸쳐 지속하였거나 내담자가 지금보다 더 심각한 문제를 가지고 있다고 판단할 경우, 상담자는 더 경험이 많은 상담자나 치료자에게 내담자를 의뢰할 수 있다. 상담이나 심리치료 어느 것이든 문제의 지속 기간만 고려할 문제는 아니다. 예를 들어, 명백한 원인이 있는 단기간의 어려움을 가진 내담자라도 이에 관해 이야기할 의향이 없다면 상담에 반응하지 않을 것이다.

2. 상담에서 중요한 부분은 감정과 생각을 표현할 기회이다. 이는 내담자가 자신이 생각하거나 느낀 것을 전달하기 위해 자신의 말을 사용하고, 더욱 분명한 감정과 사고를 접할 수 있어야 한다. 물론 질문을 받기 전까지 '예' 또는 '아니요'로만 답하거나, 질문을 받지 않으면 침묵하는 사람에게는, 내담자가 주도권을 잡고 떠오르는 대로 자유롭게 말하는 접근방식을 활용하지 못할 가능성이 크다.

   그러나 사회기술이 부족하고 너무 소극적이어서 말을 걸기 전까지 말하지 못하는 사람과 외상이나 심각한 우울증으로 일시적으로 위축되고 침묵하지만, 최근까지 다른 사람과의 의사소통에 적극적이었던 내담자를 구분하는 것이 중요하다. 이처럼 말하지 않는 내담자에 대해 현재 문제가 발생하기 전까지 어떤 기분이었는지에 대해 질문함으로써, 상담자는 내담자가 영구적인지 아니면 일시적인지 평가할 수 있다.

표 3-2 **적합한 내담자의 특징 분류**

정신역동상담 및 치료에 적합한 내담자	숙련된 정신역동 상담자나 치료자에게 더 적합한 내담자	정신역동상담 및 치료가 적합하지 않은 내담자*
최근에 문제 발생(또는 새로운 문제 발생)	오래된 문제	짧은 시간, 어쩌면 수년에 걸쳐 많은 조력자를 만났거나(그리고 현재 다른 조력자를 만나고 있음)
문제의 원인이 상당히 명확함	명확한 어려움이 있지만, 그 이유가 명확하지 않음	매우 좁게 정의된 문제(단일 증상)
사고와 감정을 언어화함	언어화할 순 있지만, 감정을 주지화하는 경향이 있음. 다소 수동적일 수 있지만, 반응적임	생각이나 감정을 언어화하지 못하거나 대화를 주도하지 못함. 수동적이고 반응이 없음
적어도 한 명 이상의 다른 사람과 좋든 나쁘든 관계를 맺고 있음	친밀한 관계를 형성할 수 없음	상담자 또는 치료자와 작업 관계를 형성하고 싶어 하지 않음
상담자를 신뢰함. 어느 정도 의존을 허용할 수 있음. 주 1회 상담을 견딜 수 있음	지나치게 의존이거나, 신뢰하지 못하거나, 가끔 또는 장기간 매주 1회 이상 진료를 받아야 할 수도 있음	다른 사람에게 의존할 수 없음. 가끔 상담을 원함
어려움에 대해 자신이 기여한 부분을 볼 수 있음	자기애적 성격, 자기 자신에 대한 지나친 관심	타인에 대해 비난만 함
자신을 이해하고 싶어 함	단기 계약으로 가능한 한 더 깊은 통찰을 얻길 원함	'마법'으로 증상을 없애길 바람
행동화하지 않음	일부는 행동화하지만, 그 이유에 대해 통찰이 가능함	이유에 대한 통찰력이 없으므로 문제에 대해 심각한 행동화가 나타남
자아 이질적으로 문제를 제시하면서 변화를 원함	어떤 문제는 자아 동질적일 수 있지만, 변화를 원함	변화를 원치 않음
중심 자아가 정상적으로 잘 기능함	중심 자아는 약하지만 자아 강도를 높여줄 치료자를 활용할 수 있음	의학적으로 처방되었더라도 고용량 약물에 의존함
불안한 감정과 생각을 견딜 수 있고, 중심 자아가 충분히 통제할 수 있다고 느낌	기괴하고 불안한 사고와 행동을 보이지만, 이를 인식하고, 매일의 생활을 관리할 수 있음	기괴하고 불안한 사고와 행동으로 정상적인 기능이 어려움

* 다른 치료 방법을 동반하지 않거나, 매우 경험이 많은 치료자가 증상이 발현되는 행동을 직접 다루거나 작업하지 않는 경우

자유롭게 말하지만, 자신에 대해 성찰할 능력이 거의 없는 일부 내담자의 경우, 경험에 대해 실제 감정을 표현하거나 통찰하는 대신 이를 주지화하는 경향이 있다. 고통스러운 통찰이나 감정을 회피하기 위해 방어적인 태도로 말을 할 수도 있다. 만일 생각하는 것만으로 해결될 수 있는 문제가 아니라면 경험이 많은 상담자가 더 많은 도움을 줄 수 있으며, 이 경우 인지행동적 접근이 정신역동적 접근보다 더 효과적일 수 있다. 방해되는 저항이나 방어가 분명히 있는 경우(5장 참조), 특히 이러한 방어가 다른 사람들과 거리를 두는 역할을 할 경우, 경험이 많은 전문가가 더 바람직하다.

3. 경험이 풍부하고 숙련된 상담자나 치료자에게 더 적합한 내담자를 구분하는 세 번째 특징이 있다. 이는 다른 사람들과 깊은 관계를 맺지 않은 것처럼 보이지만 도움을 구하고 원하는 사람이다. 감정적으로 단절되거나 위축된 사람을 기술적으로, '분열성(schizoid)'이라 한다. 이는 일반적으로 더 기이한 상태를 보이는 '조현증(schizophrenic)'이란 용어와 혼동하면 안 된다. 분열성은 여러 측면에서 꽤 평범해 보일 수 있으며 직장에서도 만족스럽게 기능할 수 있다. 정신역동심리치료는 분열성 성격에 크게 주목해 왔다(예: Guntrip, 1968). 단기상담은 때때로 분열성 성격 특성을 보이고 다른 문제로 도움을 구하는 사람에게 장기상담이나 심리치료로 전환하도록 하는 데 도움이 될 수 있다.

   정신역동상담에서는 내담자가 인생의 어느 시점에서 적어도 한번은 친밀한 관계를 맺었거나 가져야 한다는 점이 중요하다. 예를 들어, 누군가가 어린 시절에 부모와 좋은 관계를 맺은 경험이 있는 경우, 그 징후는 더욱 희망적이다. 정신역동 상담자는 내담자가 다른 사람과 관계 맺을 수 있는 능력을 보여 주는 징후를 찾기에 친밀한 관계가 긍정적인 감정뿐만 아니라 부정적인 감정을 불러일으켰는지는 중요하지 않다. 중요한 것은 상담자와의 관계이다. 그러므로 상대방과 다투기만 한 사람은 관계를 맺을 수 없는 사람보다 상담에 더 적합하며, 후자의 경우 경험이 풍부한 심리치료자와 상담자가 필요하다.

4. 상담자와 내담자 관계에서는 합의가 포함된다. 이러한 '작업 동맹'이(자세한 내용은 6장 참조) 원활하게 작동하기 위해선, 내담자가 상담자의 기술과 전문성을 신

뢰할 수 있는 능력이 어느 정도 있는지 평가해 구분해야 한다. 물론 평가는 양방향으로 이뤄지며 상담자는 내담자가 실제로 계속하길 원하는지 확인해야 한다. 신뢰할 수 없고 독립심이 강하지 않은 사람은 상담을 오래 지속하지 못할 것이다. 동시에 상담은 내담자가 상담자의 도움 없이 회기 사이의 시간에 대처할 수 있도록 해야 한다. 상담에 적합한 내담자는 다른 지지적인 관계나 매주 추가 회기 없이도 고통스러운 감정을 견딜 수 있다. 내담자가 상담자에게 더 의존할 가능성이 있는 경우, 상담자나 심리치료자에게 더 많은 경험이 필요하다. 한 주에 한 번 이상 만나야 할 수도 있다. 이는 일반적으로 심리치료자에게만 제공되며 상담자가 한 주에 한 번 이상의 회기를 제안하기 전에 먼저 슈퍼바이저와 논의해야 한다.

마찬가지로, 정신역동상담과 심리치료는 일반적으로 상담자나 다른 사람에게 마법의 해결책을 계속해서 찾는 내담자에게는 적합하지 않다. 상담과 심리치료에서 내담자는 가져온 문제가 신속하게 해결되지 못하고 해결책에 대한 도움을 즉시 받지 못할 때 생길 수 있는 좌절감을 견딜 수 있어야 한다. 상담에 적합한 내담자는 파트너로서 상담자와 협력하며 자신을 이해하려는 노력과 능력을 보여 준다. 심리치료와 상담에서는 특히 통찰력, 자신에 대한 깊은 이해 능력이 변화를 촉진하는 데 있어서 중요하다.

물론 상담에 적합한 내담자가 첫 회기에서 여기에 언급된 특성을 반드시 보여주는 것은 아니다. 그들은 상담에 대한 지식이 전혀 없을 수도 있고, 자신을 위해 뭔가 해 줄 것을 기대하며 올 수도 있다. 그러나 중요한 것은, 적합한 내담자는 기대에 대한 변화를 받아들이고, 상담자나 심리치료자가 자신과 공유하려는 책임을 받아들일 수 있는 능력을 보인다는 점이다.

5. 더 나아가, 정신역동상담과 심리치료에 적합한 내담자들은 자신의 어려움에 스스로 기여한 바가 있다는 것을 파악할 능력이 있어야 한다. 이렇게 함으로써 그들은 자신의 문제를 완전히 다른 사람들이나 외부 상황에 책임을 묻지 않게 된다. 외부 상황이나 다른 사람들을 변화시킬 수 없기에 평가할 때, 상담자는 그렇게 인식하는 근거가 무엇인지를 찾는다. 상담과 심리치료는 내담자의 변화만 지

원할 수 있을 뿐이지, 외부 상황을 바꾸거나 다른 관계를 개선하기 위해 나서는 사람은 내담자이다. 그러므로 적합한 내담자에게 필요한 것은 다른 사람들의 감정을 공감하며, 다른 사람들에게 어떻게 영향을 주고받는지 파악할 수 있는 능력이다. 이는 장기상담이나 심리치료보다 시간이 제한된 단기상담에서 더 필요하다. 장기적인 상담에서는 자기애적인 사람(자신의 감정과 관심에만 주의를 기울이는 사람)도 마음속 깊은 곳에 있는 욕구를 작업할 기회가 더 많아서 다른 사람들에게 관심을 느끼고 배려할 수 있는 자아감을 충분히 형성할 수 있다.

6. 변화를 원하는 것은 처음에는 내담자에게 매우 당연한 요구사항으로 보일 수 있으나, 상담과 심리치료 모두 내담자가 문제와 기타 어려움에서 벗어나고 싶을 정도로 매우 불안하고 불편함을 느끼는 상태가 되는 것이 중요하다. 기술적으로, 이 증상은 '자아 이질적(ego-dystonic)'(불편하고 고통스러운) 또는 '자아 동질적(ego-syntonic)'(편안하고 즐거우나 장기적으로는 도움이 되지 않는)이란 용어로 설명할 수 있다. 증상이 내담자에게 너무 많은 보상이나 만족을 제공한다면, 그것을 포기하고 싶지 않을 것이다. 예를 들어, 특정 행동이 자신이나 다른 사람에게 약간의 고통을 주더라도, 그 행동이 자신에게 고통을 일으키거나 관계를 손상시키거나 다른 어려움을 일으키지 않는 한 포기하기가 어려울 수 있다.

어떤 태도와 행동은 쉽게 포기하기 어려워서, 좋은 동기가 생겨도 변화에 대한 저항을 막지 못한다. 이러한 패턴은 종종 '목소리(voice)'를 내야 하지만 억압하는 자아의 일부를 나타낸다. 다시 말해, 상담과 심리치료는 감정과 경험의 성찰을 돕고, 자아의 다양한 측면을 이해하고, 억압된 자아의 '목소리'를 내도록 해야 한다는 뜻이다. 만약, 내담자의 자아(관찰하는 자아)가 강한 욕망과 감정의 압력에 굴복하거나, 초자아나 양심의 목소리에 억눌리는 경향이 있다면, 상담자와 심리치료자는 담아내기(containment)와 도전, 지지와 통찰 작업 모두 제공한다.

내담자의 변화에 대한 욕구는 상담을 받으러 온 경로와 관련이 있을 수 있다. 내담자가 다른 사람의 권유로 왔거나(예: 파트너 또는 권위자) 다른 사람의 협박이나 압박으로 온 경우, 정신역동 상담자나 치료자는 이러한 내담자의 동기를 평가해, 내담자가 계속 진행할지를 스스로 선택하도록 한다.

부적합한 내담자

앞서 설명한 부정적인 특징 외에도 정신역동상담에도 적용되는 일반적인 상담을 할 수 없는 내담자의 명백한 징후가 있다. 이러한 징후가 나타날 경우, 상담자는 내담자에게 도움을 줄 수 있는 적절한 대안을 마련해 안내해 주는 편이 낫다.

1. 이전에 많은 상담자를 짧은 시간 번갈아 가며 만났던 내담자는 정신역동상담에서도 이와 유사한 행동을 보일 가능성이 크다.
2. 내담자가 현재 다른 상담자나 치료자를 만나고 있거나 같은 문제에 대해 유사한 형태로 도움을 제공하는 사람과 현재에도 만나고 있다면, 정신역동 상담자는 현재 받고 있는 도움에서 효과가 없는 것 같은 부분을 탐색 후, 그 치료자와 다시 논의하도록 권유하는 정도까지만 진행할 수 있다.
3. 이전부터 현재까지 특정한 형태로 '행동화(acting-out)'하는 내담자는 상담에 적합하지 않다. '행동화'는 정신분석적 용어로, 행동화를 보이는 사람은 상담 외부에서 자신의 감정을 말로 표현할 수 없을 때 자신이나 다른 사람들에게 해로운 행동을 할 수 있으며, 상담에서 유발된 감정을 타인이나 자신에게 화풀이할 수 있다. 이러한 행동화는 중독과 약물 남용, 자해, 자신이나 타인에 대한 폭력, 부적합하고 무절제한 성관계, 통제할 수 없는 행동이나 심지어 강박적인 의식 행동 등 잠재적이고 위험한 행동과 같은 형태로 나타날 수 있다. 경험 많은 치료자와 상담자는 이러한 행동을 관리하고 해석하는 작업을 통해 수정해 나가도록 도울 순 있지만, 극단적일 경우, 더욱 지시적인 치료적 방법이 필요할 수 있다. 이러한 문제에 관한 결정은 반드시 슈퍼비전에서 논의해야 한다.
4. 또 다른 특징은 내담자의 삶에서 어떤 다른 문제도 보이지 않고 좁게 정의한 하나의 문제만 나타낼 경우이다. 예를 들어, 특정공포증(single phobia)이나 정신신체증상(psychosomatic symptom)을 갖고 있지만 다른 어떤 문제와도 관련성이 없어 보일 경우이다. 한 가지 문제를 제시한 내담자 중 일부는 자기 생각을 다른

측면으로 확장하려는 의지를 보이기도 한다. 이 경우 정신역동상담에서는 내담자가 초기에 제시한 어려움이 아니라, 예를 들어 내담자의 관계 등에 관심을 돌릴 수 있다. 그러나 최초에 제시한 하나의 문제에만 집착하는 내담자는 정신역동적 접근의 도움을 받기 어려울 수도 있다.

5. 고용량 약물을 복용 중인 내담자는 일반적으로 정신역동상담이나 치료에 적합하지 않다. 상담자가 내담자와 함께 처방 의사 혹은 정신과 의사와 협력해 약물을 줄일 수도 있는데, 이는 상담 관계가 내담자에게 중요해질수록 생길 수 있는 일이다. 그러나 약물 사용과 마찬가지로 내담자의 어려움이 수년에 걸쳐 지속된다면, 경험이 풍부한 전문가와의 상담이나 심리치료가 더 적합할 것으로 예측된다.
6. 의료 전문가와 연락하는 일은 상담자의 중요한 업무 중 하나이지만, 비밀유지의 문제로 상담자는 합법적으로 이를 위반할 상황이 아니라면, 의사나 내담자의 삶에 중요한 누군가와 정보를 공유해야 할 때라도 내담자의 허락을 얻어야 한다. 내담자가 신체적, 정서적 증상을 복합적으로 보이는 경우, 상담자는 내담자가 의료기관에서 치료를 받고 있는지 확인하고 의사가 상담받는 것을 아는지 확인해야 한다. 정서적인 문제가 신체적 또는 기질적인 질환(예: 두통이나 발기부전)과 관련이 있는 경우, 상담을 제공하는 것은 무책임한 행동이다. 이러한 문제는 내담자가 먼저 의료 전문가와 상의하도록 해야 한다.
7. 마지막으로, 상담에 적합하지 않은 사람들의 목록에는 사고 패턴이 매우 불안정한 사람, 기괴한 행동을 하는 사람, 현실을 인식하지 못한 채 완전히 비이성적인 사고를 가진 사람, 통제력 상실을 심각하게 두려워하는 사람, 주제 간에 명백한 연결 없이 한 주제에서 다른 주제로 산만하게 대화를 하는 사람(나비형 사고, a butterfly-mind), 그리고 상담자가 볼 때 정말로 정신건강에 대해 염려를 불러일으키는 사람 등이 포함된다. 이 경우 상담자의 역할은 이 내담자의 말을 주의 깊게 듣고 의학적, 정신과적, 심리적인 도움을 받을 수 있도록 돕는 것이다. 특히, 내담자가 의사와 병원에 대해 안 좋은 경험이 있어서 믿지 못할 경우, 매우 섬세하게 다가가 의뢰하는 기술이 필요하다.

Karl 평가하기

Karl은 정신역동적 접근은 물론이고 그 어떤 상담에서도 상태가 호전될 것 같진 않았다. 그는 나를 만나러 오기 전까지 점성가를 포함해 내가 얽히고 싶지 않은 사람들을 만나러 다녔다는 언급을 하며 첫 회기를 불길하게 시작했다. 그는 또한 나를 이상화하는 식으로 시작했고 편집증적인 사고의 조짐을 보였다. 그는 주제를 빠르게 바꾸어 가며 한 가지 사고에 집중하지 못하는 듯 보였는데, 이는 상담자가 개입할 때 주의하라고 경고하는 '나비형 사고(butterfly-type thinking)' 유형을 나타내는 신호이다. 상담에 대해, 그는 자신의 마음을 읽고 생각을 정리해 줄 마법과 같은 것으로 생각하고 있었다. 초기에 그가 아부하는 말을 시도했지만, 우리 사이에 별다른 교감을 가지진 못했다. 나는 그의 존재가 편치 않았고, 그도 내가 한 말에 별로 반응하지 않는 것처럼 보였다.

하지만 첫 회기를 진행하며 그가 원하는 대로 말하게 내버려두자, 처음보다 그를 더 잘 이해하게 되었다. 그가 강탈당한(robbed) 느낌에 대한 이야기를 했을 때 나는 편집적인 환상을 보았다. 그가 직접 연결 짓진 않았지만, 지금은 영국시민이지만 이전에 동유럽 국가의 공산주의 정권 아래 살았던 그의 이야기를 통해, 나는 1980년대 후반 사건 이전의 그를 만났고, 그가 강탈당했다는 느낌을 확실하게 이해할 수 있었다. 그는 정치적 견해로 구금되었고, 감옥에 있는 동안 그의 아내가 다른 남자와 떠난 사실을 알게 되었다. 나는 그가 자유뿐 아니라 아내도 강탈당했다는 것을 알 수 있었다. 그리고 그의 딸은 친척이 데려갔고 국가의 강경한 태도가 완화된 후에야 그는 석방되어 곧바로 딸을 데리고 그 나라를 떠날 수 있었다. 그리고 지금, 그는 몇 주 후 결혼을 앞둔 딸에게 실망감을 안겨줄까 봐 염려하고 있었다.

Karl의 이야기를 듣고 나는 그가 지난 10년간 어떻게 지냈는지 훨씬 더 풍부한 그림을 그릴 수 있었고, 그에게 많은 (공감뿐 아니라) 연민을 느꼈다. 그가 처음에 편집적으로 보였던 것이 이제 그가 겪은 현실을 알게 되면서 이해할 수 있게 되었다. 감옥에서 보낸 시간은 그에게 외상을 남겼고, 그 경험으로 받은 피해의 정도는 그에게 불행을 가져다주었다고 생각했다. 상담이 그에게 희망하는 만큼의 도움을 줄 수 있을지에 대한 여부는 아직까진 확실치 않았다. 첫 회기에서는 그가 왜 이 시점에 나를 찾아왔는지, 또한 점성가(astrologer)를 만나러 갔을 때 특별히 그를 괴롭힌 게 무엇이었는지 여전히 명확히 알 수 없었다.

그는 고국에서 전문직을 갖고 있었으며 그가 선택한 이민국에서는 동종 직업으로 진출하기가 어려웠다. 알고 지내던 영국인 친구가 그에게 나를 찾아가 보라고 권유했지만, 그가 왜 나를 만나러 왔는지 이유를 말하지 않았다. 다른 문화에 적응하고 일자리를 찾는 현실적인 문제 외에 현재 문제가 무엇인지 알 길이 없었다. 이에 반해, 과거 정치범으로 인한 영향은 훨씬 선명해 보였다.

부정적으로 볼 때, Karl은 현재 문제가 너무 포괄적이고 명확하지 않아서 상담에 적합하지 않은 것처럼 보였다. 그에게 질문했을 때 그는 이전에도 다른 도움을 받아봤지만, 각각 짧은 시간만 만났을 뿐이라고 말했다. 그는 내가 자신의 상황을 개선해 줄 거라고 기대하는 것으로 보였다. 그는 늘 산만해 보였고 나와 소통되지 않는 것 같았다. 긍정적으로 보면, 그는 나에게 어떠한 지시도 받지 않고 상당히 자유롭게 말하는 것으로 보였다. 그는 자신의 의지로 오는 것처럼 보였고, 자신이 겪었던 모든 이상한 경험을 정당화하듯이 나에게 설명했다.

나는 그가 적응할 게 많다고 생각했고, 이후 몇 달간은 그에게 상담을 제공할 수 있다고 생각했다. 그러나 여전히 나의 초기 불안감은 완전히 사라지지 않았기에 개입할 때 그에게 너무 도전적으로 들리는 말은 삼가야겠다고 생각했다. 나의 주된 역할은 그가 이곳에 정착해 긍정적인 변화를 시도할 수 있도록 지원하는 거라고 생각했다. 그리고 투옥 생활로 인한 박탈감을 이야기하도록 돕는 것이 그에게 도움이 될 거라고 생각했다. 하지만 이 일은 다음 장에 나오는 것처럼 절대 쉬운 일은 아니었다.

알고 보면, 내가 초기에 불안했던 이유가 있었다. 그에게 다시 만나자는 내 첫 번째 제안은 거절당했다. Karl의 경험은 내가 생각한 것보다 훨씬 더 자신을 괴롭혔기 때문이다. 그의 과거 상황에 대해 충분히 공감하지 못했기에, 나의 직감(hunches)은 그동안 그가 얼마나 황폐했는지를 간과하였다. 나는 그에게 상담을 '잘한다'는 지인의 말을 전해듣고, 그의 말에 현혹되어 내 제안을 가치 있게 여길 거라고 착각했다. 내 제안에 대한 Karl의 반응은 다음 장에서 다시 언급할 것이다.

슈퍼비전

Karl과의 첫 상담 후, 내가 바로 슈퍼비전을 받았다면 과연 그를 내담자로 받아들이는 것이 올바른 선택인지 고민했을 것이다. 그와 상담하면서 발생한 몇 가지 어려움은 이번 장과 다음 장에서 설명하는 정신역동적 개념의 예시 역할을 한다.

정신역동상담은 다른 많은 접근법과 마찬가지로 상담자와 치료자를 위해 슈퍼비전의 가치와 필요성을 인정한다. 경험이 쌓일 때까지 정신역동적 접근방식에서는 슈퍼바이저가 상담자와 같은 작업 방식과 이해에 익숙하고 경험이 풍부해야 하며, 정기적으로 만나서 사례에 대해 논의할 수 있어야 한다.

슈퍼비전은 상담과 유사한 방식으로 진행되며, 상담자가 논의할 내담자를 선택한다. 상담자는 한 명의 내담자와 연속적으로 상담한 내용이나 여러 내담자의 특정 문제 영역에 대해 슈퍼비전 할 수 있다. 슈퍼비전한 내용을 상담에서 사용할 기회가 올 때까지 보류하는 것이 좋은데, 그 이유는 새로운 아이디어와 직감을 상담에서 표현할 자유가 더 커질 수 있기 때문이다. 슈퍼바이저는 이 책에서 설명한 다양한 기술과 개념을 활용해 상담자와 내담자의 상호작용을 이해하려고 노력한다. 예를 들어, 내담자에 대해 연상법을 활용하거나, 내담자에 대해 상담자의 감정을 자각하는 방법 등이다. 슈퍼바이저는 상담자의 이해 수준에 민감하게 반응하면서도 다른 차원을 볼 수 있도록 상담이나 치료에서 충분히 거리를 유지하는 것을 중요하게 여긴다(Searles, 1955). 좋은 슈퍼바이저는 상담자가 내담자에 대해 가설을 세우는 작업에 참여하도록 격려한다. 이것은 치료 자체와 마찬가지로 공동의 작업이어야 한다.

슈퍼바이저는 상담자와의 관계에서 상담자와 내담자 간의 관계가 어떤 측면을 반영하는지에 대해 특별히 관심을 가질 수 있다. 이를 '병렬 과정'이라고 하며, 이는 다른 유형의 치료에서 상당히 호응을 얻은 정신역동적 개념이다. 나는 이 개념이 어느 정도까지 적용되는지에 대해 약간의 의구심이 드는데, 그 이유는 슈퍼비전과 치료 회기 모두 유사한 상황을 보일 때, 이를 다른 식으로 설명할 수 있는지 의문이 들기 때문이다(Jacobs, 1996b, 2009b: 91-103).

상담자 의뢰하기

Hannah와 Karl은 둘 다 나에게 의뢰되었다. Hannah는 의사에게, 그리고 Karl은 그와 같은 직업 분야의 지인에게 비공식적으로 의뢰되었다. 상담자의 의뢰에 관해서는 2장에서 설명하였다. 내담자에 대한 평가를 통해 상담자가 정신역동상담이나 다른 형태의 상담이 적합하지 않다고 판단할 경우, 다른 사람에게 의뢰를 결정할 수 있다.

상담자가 의뢰할 때 고려해야 할 두 가지가 있다. 첫 번째는, 다른 자원을 이용할 수 있을지 파악하는 것이고, 두 번째는, 그러한 자원이 어떤 도움을 제공할 수 있을지 아는 것이다. 정신역동적 접근법은 많은 접근법 중 하나이며, 상담자는 다른 기관이나 상담자가 무엇을 제공할 수 있는지, 그리고 다른 치료적 접근법이 무엇을 달성할 수 있을지에 대해 대략적으로 아는 것이 유용하다. 의료 및 정신과적 자원, 다양한 접근법의 상담자, 다양한 치료법을 가진 치료자, 법정 및 자원봉사단체 등은 모두 내담자에게 대안적인 도움을 제공할 수 있다. 분명히 상담자는 현실적인 도움을 제공할 수 있고 효과를 가져올 수 있도록 현명하게 의뢰해야 한다. 그렇지 않으면 내담자를 아무 사람이나 기관으로 쉽게 보낼 수 있다.

내담자들은 처음에 상담자가 도움을 줄 거라 믿고 찾아오지만, 다른 대안을 알지 못해 찾아왔을 수도 있다. 그들은 전체 과정을 처음부터 시작하는 것을 꺼릴 수 있다. 실제로, 가장 불안을 느끼는 일부 내담자들은 정신과적인 또는 정신질환자로 꼬리표를 달 수 있는 어떤 도움의 손길도 거부할 수 있다. 그러므로 대안적인 도움을 제안할 때 상담자와 내담자 간에 충분한 신뢰가 구축되어, 이것이 위협이나 거부로 경험되지 않도록 하는 것이 필요하다. 나는 Hannah의 의사와 함께 그녀를 도울 수 있다고 생각했기에 다른 곳으로 의뢰할 필요가 없었다. 그러나 나는 그녀가 당시에 장기 정신분석치료를 받아들일 수 있을지 의문이 들었다. Karl에게도 그의 정신적 안정을 나보다 더 정확하게 평가할 수 있는 사람에게 의뢰하는 편이 나을 수도 있겠다는 생각이 스쳐 지나갔다. 하지만 정신병원이 그의 나라에서 남용되는 방식(실제로 다른 서구사회에서와 마찬가지로)으로 인식되고 있어서 그렇게 하지 않았다. 또한 나는 그가 이전의 수감 경험에서 느꼈던 공포감을 불러일으키고 싶지 않았고, 점성가의 말에 대하여 '덫에 걸린 기분'이었다고 말했을 때 그를 스쳐 지나간 표정을 알고 있었다. 그에게 정신의학의 도움을 받는 것이 중요하다고 말했다면, 그는 나와의 모든 연락을 중단했을 것이다.

앞에서 논의한 것처럼, 많은 심각한 내담자들이 정신역동상담에 적합하지 않을 수도 있다. 내담자에게 대안적 치료나 도움을 제안할 때, 그들은 실망하고 거절감을 느낄 수 있다. 그러므로 초반에 도움을 구하는 내담자를 지지하고 타당화하며, 그들이 의지하게 될 사람이나 서비스에 대해 긍정적으로 평가하는 것이 중요하다. 평가를 위한 면담에서 실망이나 좌절감을 탐색하고 표현할 수 있도록 돕는다면, 내담자는 이후에 도움받게 될 상황에서 그 감정을 가지고 갈 가능성이 줄어든다. 정신역동 상담자는 내담자가 상담을 수락하건 수락하지 않건 간에 모두 똑같은 주의를 기울여서 의뢰해야 한다. 경계와 종결에 관한 문제가 이와 관련될 수 있다. 7장에서 종결의 중요성에 관해 설명한다. 시간과 명확한 경계의 중요성은 다음 장의 주요 주제이다.

추가 읽을거리

이 책은 독자들이 정신역동상담 및 심리치료에 대해 학습하는 과정 일부분에 불과하다. 여기서 나의 주요 관심사는 정신역동적 접근이 실제로 어떻게 작동하는지를 보여 주는 것이다. 그러나 여기서 다루지 않은 정신역동 작업에서의 다른 측면이 있다. 이것은 정신역동 치료자가 개인의 성격 역동, 본성과 양육의 중요성, 유·아동기, 청소년기 그리고 성인기 삶의 주제, 그리고 '정신병리'(불행하게도)라고 부르는 것을 이해하는 방법이다. 나는 정신과적 분류에 대해 의문을 품고 있으며, 상담자와 치료자들이 개인에게 적용할 때 그 정확성을 지나치게 확신하지 않도록 주의를 촉구한다(『Our Desire of Unrest』, 2009c: 33-51). 그런데도, 우울증, 불안, 섭식 문제, 중독, 자살 및 자해, 경계선 성격 장애, 성격 장애, 편집증, 조현병 등과 같이 무분별하게 자주 사용하는 정신의학적 용어나 정의 등을 포함해 다양한 현상의 징후나 가능한 기여 요인을 아는 것이 중요하다. 여기서 참고할 도서는 Alessandra Lemma의 『Introduction to Psychopathology』(1996)이다.

개인 발달에 대한 정신분석이론이 이후에 어떤 식으로 영향을 미치며 상담과 치료에서 나타날 수 있는지 논의하는 책들이 많이 있다. 그중에서, 내가 쓴 책 『The Presenting Past』(Jacobs, 2012)가 있다. 이 책은 신뢰와 애착, 권위와 자율성, 협력과 경쟁이라는 세 가지 주제와 관련해서 현재의 문제를 어떻게 이해할 수 있는지 설명하고, 이러한 주제가 치료에서 어떻게 나타나는지 설명하는 많은 사례를 담고 있다. 이 외에도, Eric Rayner의 『Human Development』(2005)도 도움을 줄 수 있는 서적 중 하나이며, 현재는 다른 공헌자들이 추가되어 4판이 출간되었다. 이 두 서적은 평생 지속할 수 있는 독서의 길로 안내한다!

주로 가족치료와 체계 이론에서 개발된 가계도(genogram)는 정신역동상담에서도 유용한 도구이다. 비록 가족치료만큼 강도 있게 사용되지 않더라도 정신역동상담에서도 유용하게 활용할 수 있다. J.B. Burnham의 『Family Therapy』(1986, 2장)와 Monica McGoldrick 등의 『Genograms: Assessment and Intervention』(2008)을 참고하길 바란다. 나의 내담자 중 한 명과 가계도를 사용한 좋은 예는, 「In Search of Supervision」(1996: 120-34)에 수록된 Susan Walrond-Skinner에서 찾아볼 수 있다.

현재 슈퍼비전에 관한 많은 문헌이 있다. 슈퍼비전을 어떻게 활용할지 이해하고자 하는 수련생을 위해 M. Walker와 M. Jacobs의 『Supervision: Questions and Answers for

Counselors and Therapists』(2004)를 참조해 보라. Peter Hawkins와 Robin Shohet의 『Supervision in the Helping Professions』(2012), W. Bramley의 『The Supervisory Couple in Broad-Spectrum Psychotherapy』(1996), Liz Omand의 『Supervision in Counselling and Psychotherapy: An Introduction』(2009)도 유용할 것이다. 같은 내담자를 대상으로 다양한 접근방식으로 슈퍼비전한 내용은, 『In Search of Supervision』(Jacobs, 1996a)을 참조해 보라.

연습하기

a)

1. 간단히 누가 누구인지에 관심을 가지듯이 조사하되, 친척이 결혼하거나 사망한 나이, 신체 및 정신 건강, 직업 등과 같은 특징을 기록하면서 자신의 가계도를 조사해 보아라. 가계도를 작성하고 세대 간 혹은 가족 간에 유사한 특징이 있는지 살펴보라.
2. 가계도를 통해 여러분의 원가족의 심리적 태도에 대해 알 수 있는가? 자신의 태도와 관계에 대해 더 많이 이해하는 데 도움이 되는가? 여러분이 왜 상담자나 심리치료자가 되고 싶어 하는지에 대해 통찰을 얻었는가?
3. 가능하다면 다른 상담 학생과 자신의 가계도를 공유하면서, 자신의 가족과 개인사에 대해 편하게 설명하라. 이런 식으로 이야기하는 것이 어떤 느낌인지 마무리하기 전에 생각해 보라.

b)

1. 이 장에서 설명한 메모기록 방식을 사용해 Karl과의 첫 회기에 대한 두 가지 기록(pp. 55-57, 109-111)을 읽은 다음, 가능한 한 많은 정보를 사용해 해당 회기의 메모를 작성하라. 사실 정보는 간략하게, 가계도는 최대한 길게, 그리고 첫 회기 내용 등 메모에 나열한 다른 특징을 포함하라.
2. 가능하다면 같은 작업을 수행한 다른 사람의 메모와 비교해 보라.
3. 이후 장에서 Karl과의 작업에 대해 더 자세히 읽으면서 메모를 추가할 수 있다.

시간과 경계의 중요성 04

Hannah

"음, 이건 긴 이야기인데요. 시간이 있을지 모르겠네요…."

"우리에게는 40분이 남아 있지만, 제 생각에는 다시 만나는 것이 도움이 될 것 같아요…."

나는 이 대목에서 나눈 대화를 Hannah의 첫 회기 축어록(pp. 70-72)에 그대로 기록해 두었다. 앞 장에서 첫 회기 이후 작성한 메모에 그녀의 이야기를 조금 더 이어나갔다. 나는 메모에 그녀가 들려준 이야기와 가능한 의미에 대한 내 생각을 요약해서 적었다. 회기 요약은 간단한 주요 자료와 몇 가지 내 생각, 첫 회기 내용을 순서대로 간략히 적은 내용으로 이루어져 있다(p. 99의 〈표 3-1〉). 여기에는 다른 측면으로 기록한 내용이 있는데, 이것은 특별히 참고해야 할 시간과 상담 준비에 관한 것이다.

내담자가 상담에서 활용할 수 있는 시간은 회기 빈도, 각 회기의 시작부터 끝까지, 내담자와 만나기로 합의한 기간 내 회기 수(예: 몇 회기를 만날 것인지)이다. 이 모든 시간은 정신역동적 접근에서 특별히 중요하다. 정신역동이론은 과거의 사건이 현재의 행동, 태도, 감정에 부분적으로 영향을 미치는 방식을 중요시한다. 이론에 따르면, 성인이 된 우리는 유아기와 어린 시절에 배우고 경험했던 시간과 공간의 경계에 영향을 받는다. 이것은 힘들 때 엄마가 우리에게 반응해 주길 기다리던 시간과 관련된다. 첫 회기 상담 초반에, Hannah는 담당 의사가 그녀를 만나줄 시간이 없다는 말을 전하며 시간에 대해 언급했다. 회기 후반부에서도 그녀는 이야기할 시간이 충분한지 궁금해 하며 시간에 관해 이야기했다. 첫 회기에서 나는 그녀를 안심시키기 위해 남은 시간을 정확히 알려주며 이번 회기가 만날 수 있는 유일한 시간이 아니란 걸 확인시켜 주었다. 나는 그녀가 유아기에 경험했던 양쪽 부모님의 죽음을 버림당한 것으로 받아들이고 최근까지도 이렇게 느꼈을 가능성이 있다고 생각했다. 하지만 고통을 당하는 일이 있어도 주변 사람들로부터 충분한 위로를 받지 못했을 거라고 함께 생각했다. 그래서 나는 그녀가 앞으로 긴 이야기를 시작할 시간이 있다는 것을 일부 안심시켜주기 위해서, 회기 시간이 얼마나 남았는지 알려 주기 위해서, 하지만 여기서 끝낼 필요가 있다는 것을 정중하게 상기시키기 위해서, 남은 상담 시간과 앞으로 우리가 만날 수 있는 시간을 알려주었다.

상담에서 시간의 한계를 아는 내담자들은 다양하고 중요한 방식으로 반응한다. 일부 내담자들은 회기를 마칠 시간이 가까워지면 기분을 상하게 하는 이야기는 되도록 하지 않으려 한다. 몇몇 사람들은 치료자가 시간을 연장해 주길 바라며 매주 새로운 에피소드로 이야기를 시작하기 때문에 상담을 마무리하는 데 기술적인 어려움이 따른다. 이로 인해, 일부 치료자들은 상담 시간을 제한하는 일에 어려움을 느낀다. 하지만 정신역동 치료자에게 상담 시간을 제한하는 일은 상담을 연장하려는 시도보다 더 중요하다. 시간을 제한하는 것은 내담자들에게 한계로 인해 겪을 수 있는 다른 어려움에 대한 통찰을 제공해 줄 수 있기 때문이다. 어린 시절 원하는 욕구를 제한 없이 충족시켰거나, 반대로 한때 결핍을 경험한 사람은 이를 지금 충족시키려는 것일 수 있다.

상담 회기의 패턴

모든 상담 회기에는 분명한 구조가 있으며(Hannah의 첫 회기가 이를 잘 보여 준다), 정신역동 상담자는 이것을 늘 의식한다. 이러한 구조는 초반부, 중심부, 후반부로 이루어진다. 상담을 시작하자마자 Hannah는 나를 만나는 걸 망설이는 듯한 표정을 지었다. 그래서 그녀에게 내가 함께 작업할 정도로 충분히 신뢰할 수 있는 사람이란 걸 보여 주려고 하였다.

10분가량 지나자, 상담은 거의 알아차리지 못할 정도로 다른 주제와 분위기로 바뀌었고 좀 더 개방적인 분위기가 되었다. Hannah는 현재 상황을 주제로 이야기했고, 자신의 가족 배경에 대해 몇 가지 정보를 알려주었다. 이 부분을 회기의 중심부로 명명할 수 있다. 시간상으로 중간에 위치하며 내담자를 만나는 50분 가운데 대부분을 차지한다. 회기의 시작과 끝부분도 중요하기에 명칭상 중심부일 뿐이다. Hannah는 자신에 대해 꽤 많은 이야기를 들려주었고 상담에 오게 된 계기를 공유했다. 이 시간 동안 나는 주로 내담자의 이야기를 경청하고 가끔 적절한 방식으로 반응하며 이야기를 확장할 수 있도록 격려해 주었다. 2장에서 설명한 대로, Hannah가 정신역동적 접근방식에 어떻게 반응하는지 살펴보기 위해서, 한두 차례 해석적 발언을 하기도 하였다.

나는 Hannah가 원하는 만큼 자유롭게 말하길 바랐다. 그렇게 함으로써, 그녀가 자신이 생각하는 모든 것이 중요하다는 것을 이해할 수 있고, 치료자인 내 역할에서도 잠정적으로 중요하기 때문이다. 하지만 가끔, 그녀가 정신역동적 접근을 특징짓는 방식인 이야기 속 연결고리를 파악할 수 있는 사고를 하는지 확인하고 싶었다. 그래서 그녀와 달성하길 원하는 일종의 의제(agenda)를 머릿속에 갖고 있다가 적절한 순간에 그녀가 준 기회를 이용해 이미 형성하기 시작한 아이디어를 시험해 보았다. 나 자신을 압박하지 않으면서 그녀에게도 강요하고 싶지 않은 일종의 의제였다. 이를 위해 스스로 Hannah가 이야기한 것에 어떠한 이론도 강요하지 않으면서 아이디어가 형성되도록 내버려 두었다.

내가 일하는 방식의 또 다른 예시를 들면, 지난 장에서 설명했던 Karl의 첫 회기에서 나는 그가 내가 제공할 수 있는 상담 유형에 적합한 사람인지, 그리고 비교적 짧은 시간 동안 내가 제공하는 상담이 그에게 도움이 될지 고민하였다. 내가 먼저 결정을 내려야 Karl이 나를 계속 만날지 말지 선택할 기회를 줄 수 있기 때문에, 결정을 내리는 데 필요한 정보를 얻기 위해서 몇 가지 질문과 개입을 고안했다.

실제로 차이가 있는지 모르지만, 적어도 이론상으로, 인간중심 접근과 정신역동적 접근 사이에 유의한 차이가 있다. 정신역동 상담자는 정신분석이론에서 얻은 지식과 슈퍼비전, 그리고 많은 내담자를 만나며 얻은 경험을 바탕으로 자신만의 아이디어를 가지고 있다. 아이디어는 모호할 수 있으나, 정신역동 상담자는 아이디어에 주의를 기울이면서 동시에 내담자의 말과 감정에 세심하게 주의를 기울이며 아이디어와 관련된 신호를 찾으려 한다. 정신역동 상담자는 각 개인의 개별성과 고유성을 인지하며(이것은 인간중심 접근과 같은 관점을 공유함), 동시에 각 내담자의 고유한 환경에 맞는 보다 일반적인 경험과 지식을 제공한다. 물론 이것은 내담자가 원하는 방식대로 받아들이거나 수정하거나 거부할 수 있다. 적절한 시점에 상담자는 아이디어를 제시해서 말이 되는지 확인하고 검증해본다. 개입하는 타이밍 자체가 기술이다. 상담자에게 아이디어가 떠오르자마자 섣불리 제안하는 것은 완전히 틀리거나 내담자가 아무 생각 없이 받아들이거나 거부할 위험이 따른다. 이것은 극도로 침입적인 행동방식일 수 있다. 그러므로 적절한 타이밍 감각을 가지기 위해서 상담자는 내담자가 하는 말을 기다리며 확인하고 아이디어를 뒷받침할만 증거를 찾고, 아이디어가 적절한지 제시할 때에는 내담자가 말한 내용을 활용해야 한다.

개입은 내담자가 발전시키고 있는 통찰을 표현하고 이미 의식 가까이 이해하고 있는 것을 강조해야 하지만, 무엇보다 가장 좋은 개입방식은 치료자가 말을 하기 직전에 내담자가 말한 내용이 같은지 확인하는 것이다. 여기에 상호 발견의 감각(mutual sense of discovery)이 존재한다. 이와 관련해 Samuels(1985)는 독일의 융 분석심리학자들의 역전이 연구에 대해 언급하며 연구 결과에 대해서, '내담자는 내가 생각하고 느끼는 것을 계속해서 말한다.'라는 문장으로 요약했다.

요점을 강조하기 위해 상담자가 해야 할 첫 번째 임무는, 내담자의 말을 주의 깊게 듣는 일이다. 회기가 발전해 감에 따라, 상담자는 내담자의 이야기나 특정 문구를 마음속에 입력하고 있다가 이전 회기에서 말한 내용과 연결을 촉진해야 한다. 일부 회기에서(전체가 아니더라도) 단어와 문구 그리고 아이디어들이 패턴을 형성하기 시작하면, 상담자는 내담자와 아이디어를 공유할 수 있게 된다. 가끔(특히 처음 상담을 시작하는) 상담자는 회기를 마친 뒤, 혹은 슈퍼비전을 받고 난 뒤에야 패턴이나 연결고리를 발견할 수 있다. 이 경우 상담자는 내담자에게 아이디어를 전달하기 위해서 다음 회기에 적절한 시기가 올 때까지 기다려야 한다.

회기 중심부에도 고유한 구조가 있다. 일반적으로 상담자는 내담자가 주도권을 가지도록 격려하며 처음에는 단순하게 촉진하면서 반영하고 공감한다. 이와 함께 정신역동 상담자는 내담자의 말이 자신의 사고 위로 떠돌아다니도록 둔다. 내담자의 '자유연상'이 상담자에게 '자유부동주의(free-floating attention)'에 해당한다. 만일 내담자의 말을 충분히 확인했다는 생각이 들면, 상담자는 합리적이고 간결한 형태로 해석을 제시한다. 이때 내담자가 적절한 반응을 할 수 있는 충분한 시간(10~20분)을 확보해야 하는데, 그 이유는 내담자가 아이디어를 거부하거나 수용하거나 발전시킬 시간이 필요하기 때문이다. 회기 중심부의 나머지 부분에서는 상담자와 내담자가 해석한 내용을 다듬고, 관련성을 끌어내며 그 결과로 유발된 감정을 표현하도록 돕는다. 그러고 난 뒤 내담자와 후반부로 이동해 간다. 개입이 강한 정서 반응을 끌어낼수록 더욱 그러하다.

이러한 방법은 상담자가 회기를 주도적으로 마무리해야 한다는 것을 의미한다. 내담자가 괴로워하거나 자기반성(self-reflection)에 깊이 빠져 있는 경우, 특히 그렇게 하는 것이 중요하다. 상담자는 내담자가 언제든 비교적 차분한 상태로 상담실 밖을 나가도록 하기 위해서 일부러 혼란스러운 생각이나 감정에서 벗어나도록 유도해야 할 수 있다. 내담자는 몇 분 안에 직장으로 복귀하거나 다른 사람을 만날 수 있기 때문이다. 또한 회기 후반부에는 상담을 중단하기 어려워하는 내담자의 마음과 중요한 시점에 회기를 마쳐야 하는 감정에 대해 살펴볼 수 있다. 내담자는 시간을 연장해 주지 않는 상담자에게 무관심하다고 느낄 수 있기 때문이다. 그러므로 상담자는 중요한 시점에 상담을 중단해야 하는 내담자의 실망, 불안, 분노를 상담 중에 조금이나마 표현할 수 있도록 시도해야 한다. Hannah의 두 번째 회기에 이러한 예가 잘 나타나 있다.

회기의 모든 구조에는 고유한 의미가 담겨 있다. 예를 들어, 초반부에는 다음에 이어질 주요 주제나 감정의 단서를 나타낸다. 이것은 내담자가 먼저 말하도록 기다려야 하는 중요한 이유이다. 사소하고 일상적인 말로 보일 수 있는 내용이 후반부에 가서 명확한 생각이나 느낌으로 바뀌곤 한다. 내담자가 말한 모든 내용 중에 특정 단어로 먼저 말문을 연 데에는 항상 이유가 있다고 생각한다. 지난 7일 동안 내담자에게 일어난 모든 일 중에, 내담자가 겉으로 보기에 상대적으로 사소해 보이는 것을 말했다면, 왜 어떤 것은 말하길 선택하면서 다른 것은 말하지 않는 것일까? 내담자가 한 말의 중요성과 관련성을 전혀 알지 못할지라도 정신역동적 관점으로 보면 사소한 것도, 중요하지 않은 것도 없다.

정신역동 상담자는 상담을 시작하고 난 후 몇 분간 내담자가 전하려는 이야기에 특별히 관심을 기울이며, 상담자와 내담자 사이에 일어나고 있는 지금-여기(here-and-now)에서 어떤 말을 할지 살펴본다. 예를 들어, Hannah는 두 번째 회기를 시작하면서, "제시간에 도착할 수 없을 것 같아요."라고 하며, "버스를 기다리는 게 너무 짜증나요."라고 했다. 항상 그렇듯이 나는 그 말의 의미가 무엇일지 궁금해하며 메모해 두었다. 그리고 회기를 마칠 때까지 기다렸다가, "우리 이제 곧 마쳐야 해요."라고 말했다. 그녀는 한숨을 쉬며 "그럼 다음 주까지 기다려야겠네요."라고 답했다. 그 말에 나는 "버스를 기다리는 것과 비슷할 거 같네요, 정말 짜증 나죠."라고 말했다. 나중에 회기 내용을 정리하면서, 회기의 시작과 끝, 모두에서 그녀가 평소 남성들에게 '만만한 사람으로 취급당하며(pushed around)' 살아온 좌절 경험이 포함되어 있다는 생각이 들었다. 좀 더 세부적으로는, Hannah가 자신을 위한 시간을 갖는 것이 중요하다는 사실을 인지했다. 회기를 끝내야 하는 사람이 나였기에, Hannah는 만만한 사람으로 취급당한다는 느낌과 함께 자신의 이야기를 이어가기 위해 일주일을 기다려야 한다는 좌절감을 경험했을 수 있다.

계약서 작성하기

정신역동상담 및 심리치료에서 회기 시간, 회기 빈도, 상담 전체 기간과 같은 시간은 어떤 면에서 중요하다. 대부분의 정신역동상담은 매주 1회기로 구성되며, 각 회기는 45분에서 1시간 사이의 일정한 시간 간격을 두고 진행된다. '50분'은 정신분석 기준으로 표준시간이며, 많은 정신역동 상담자가 이 방식을 취하고 있다. 이 시간은 회기 사이에 10분간의 여유시간을 제공하며, 메모에 몇 가지 기억해야 할 내용을 남길 수 있다.

상담의 전체 회기 수는 일반적으로 정신분석심리치료보다 훨씬 적다. 상담 기관에서 상담의 회기 수나 전체 기간을 제한하는 일이 점점 더 필요해지고 있다. 하지만 독립적으로 운영하는 경우, 기관의 압력보다 내담자의 요구와 기대에 맞춰 유연하게 시간을 활용할 수 있다. 그렇게 해도 정신역동적 접근의 가치는 무효화되지 않는다. 이 책에서 설명하는 기술은 단기 계약, 심지어 단회기 상담에서도 장기 심리치료와 마찬가지로 적용할 수 있다. 장기 작업을 통해 습득한 기술과 지식은 단기 작업에서도 미세하게 조정할 수 있다.

단기 계약을 한 내담자와 상담자는 특정 문제에 집중할 수 있다. 시간의 한계에 대해, 일부 내담자들은 회기 사이에 상당한 시간을 할애해 자기 경험을 이해하려고 열중하며 자기 생각을 명확하고 선명하게 하려고 노력한다. 상담의 필요성에 대해 불안해하거나 상담에 의존할까 봐 걱정하는 사람들에게 단기 계약은 개방형 종결 합의(open-ended arrangement)보다 덜 위협적이다. 단기든 장기든 간에, 매주 정기적으로 상담을 받는다는 사실은 일부 내담자들에게 중요한 순간에 자신을 붙들어주는 동아줄 같은 역할을 한다.

계약서 작성을 강조하는 것은 현대 상담 현장에서 볼 수 있는 특징이며, 불만 절차를 처리해 본 유경험자로서 계약서 작성을 요구하는 것은 필요하다. 비록 그것이 나의 자유주의 사상을 위배하는 행위일지라도, 계약서 작성의 중요성은 아무리 강조해도 부족할 것이다. 하지만 정신역동상담 및 심리치료에서는 원칙보다 인간적으로 지켜야 할 명확한 계약의 가치를 강조한다. 그러므로 내담자가 계획한 시간보다 일찍 상담을 끝내거나 상담 취소에 대해 사전 통보를 적절히 하지 않는 등 계약을 준수하지 않을 경우, 치료자는 민감하게 반응한다. 계약서상에는 미리 정해 둔 상담 횟수나 향후 종결 날짜를 포함할 수 있고, 상담자와 내담자가 개방형 종결(open-ended) 형태로 기간을 정하지 않을 수도 있다. 만일 내담자나 상담자 중 누군가가 상담이 도움이 될지 의문을 가진다면, 몇 번의 초기 회기를 마련하고 두 번째 사전 예약 회기를 시작할 때 계약 내용을 검토할 수 있다. 종결 시기를 정해두지 않은 개방형 계약의 경우 전체 기간을 1년 내지 2년으로 볼 수 있으며, 종결 시기는 이 기간 안에 합의할 수 있다. 7장에서 설명할 종결과 종결을 향한 작업은 정신역동적 접근의 핵심 부분이라 할 수 있다. 처음부터 종결 날짜를 미리 합의하지 않았다면, 최소 몇 주 전, 심지어 몇 달 전에 논의하고 계획해야 한다.

계약시상의 상담 횟수를 정확히 지켜야 하는 이유 중 하나는, 갑작스러운 상담 종결로 인해 내담자가 혼란에 빠지지 않도록 안심시키기 위함이며, 다른 하나는 내담자가 화를 내거나 좌절하는 순간이 와도 고민을 계속 가지고 와서 문제를 해결하도록 하기 위해서이다. 정신역동 상담자는 한편으로, 상담이 갑작스럽게 종결될지도 모른다는 불안감을 유발하지 않도록 노력하며(내담자는 상담자가 하거나 하지 않은 행동에 대해 자신을 거부하는 의사로 받아들일 수 있음), 다른 한편으론, 내담자가 화를 내는 바람에 종결작업을 하지 못하고 갑자기 마치는 사태를 피하도록 한다(7장 참조).

Peter Jenkins(2007, p. 28)는 치료자들이 '계약서'라는 용어를 많이 사용하지만 '치료 동의서(therapeutic agreement)'나 '작업 헌장(working charter)'과 같은 용어를 사용하는 게 더 정확하다고 말한다. 계약서에는 당사자 모두 서명할 수도 있고 그렇게 하지 않을 수도 있지만, 제공하는 상담이나 치료가 제공되는 조건, 취소 및 휴식 일정, 비용 부과 문제와 관련해 취소 회기에 대한 비용 부과 여부를 포함해야 한다. 내담자에게 어려운 상황이 발생하면 직접 논의하는 편이 낫다고 생각하기 때문에 회기 사이에 상담자에게 문서로 연락하는 것을 선호하지 않는다. 인쇄된 계약서는 첫 회기에 내담자에게 준 뒤 집에서 읽어오도록 하고, 필요할 경우 다음 회기에 논의할 수 있다는 장점이 있다.

계약은 상담 자체를 위한 일이지만, 상담자의 일정을 위해서도 필요하다. 상담자는 시간을 효율적으로 배분해 회기 시간을 최대한 활용할 수 있도록 계획하는 것이 중요하다. 개별 내담자와의 회기는 매주 같은 시간, 같은 날에 진행하는 것이 가장 이상적이다. 대기자 명단이 빈번하게 발생하는 상담 기관의 경우, 시간을 지키고 시간 간격을 충분히 활용해서 개별 내담자뿐만 아니라 전체 행정을 원활히 돌아가도록 하는 것이 중요하다.

시간과 정보를 관리하는 문제는 바쁜 상담 업무에서 고려해야 할 현실적인 부분이며 다른 상담 접근에서도 동일하게 적용되는 부분이기에 더는 거론하지 않을 것이다. 다만 다른 상담 접근의 경우, 명확한 계약서 작성에 대한 중요성에 비해 휴식이나 질병 등 일정을 변경해야 하는 상황에 대해선 상대적으로 주의를 기울이지 않는다. 정신역동적 접근에서는 내담자가 상담을 빠지면 상담에서 중요한 문제가 있었는지 상담자 스스로 되묻는다. 지난번 회기에 내담자가 어려움을 느낄 만한 일이 있었는가? 혹은 평소에 제시간에 왔지만 이번에 뚜렷한 이유 없이 늦게 온 이유는 무엇인가? 혹은 내담자가 제시한 이유 외에도 회기 중에 전화를 끊은 이유가 있었는가? 내담자가 계약을 조기 종결할 만한 일이 상담 중에 있었는가?

실질적인 준비사항에 대해 명확히 설명하는 것도 필요하지만 그에 못지않게 중요한 것은, 내담자가 시간의 한계를 정서적으로 경험하는 방식이다. 두 번째 회기를 마칠 때 Hannah가 50분 후에 회기를 마쳐야 하는 좌절감을 표현하도록 했다면, 많은 내담자가 상담을 완전히 종결할 때 느끼는 감정을 상상하는 것은 결코 어려운 일이 아닐 것이다. 상담의 지속시간과 한 회기에 활용할 수 있는 시간의 경계를 명확히 한다면, 정신역동 상담자와 내담자는 상실감과 한계에 수반되는 모든 감정을 다룰 수 있다. 상담자는 내담자에게 일시적으로 지금까지 경험했던 사람들과는 다른 존재(예를 들어, 신뢰할 수 있고 보살펴주는 존재)가 될 수 있겠지만, 한계상 지속해서 대리 부모, 파트너 혹은 친구가 될 순 없다. 장기 계약이라 할지라도 내담자에게 제공되는 시간이 상대적으로 짧다는 사실을 강조하고 싶다. 상담자는 내담자에게 무한한 관심을 기울일 수 없고, 일반적으로 내담자도 추가 회기를 활용할 수 없으며, 어느 시점이 되면 상담을 마쳐야 한다. 그러므로 내담자는 자기 삶에서 중요한 사람들에게 실망했던 시점을 불러일으키는 감정이 되살아난다. 정신역동상담에서도 어느 정도의 의존성은 다른 사람들과 더욱 신뢰할 수 있는 상호의존적인 관계 형성을 돕는 수단으로 받아들인다. 하지만 정신역동상담에서 확립한 것과 같이, 그러한 관계를 형성하기 위해 먼저, 사람들 사이에서 경계를 인정하는 일이 중요하다.

계약하기

Hannah의 첫 회기 내용에서 계약이 이루어지는 방식과 몇 가지 계약에 대한 반응을 살펴볼 수 있다. Hannah가 말을 이어가는 도중에, 나는 멈춰야 한다는 것을 안 지 약 5분이 지나고 나서야 끼어들었다.

"그리고 그는 저를 혼자 아파트에 남겨둔 채 나가곤 했어요, 가끔은 어스름한 새벽녘이 되어서야 그가 돌아오곤 했죠."

그녀가 멈추자, 나는 "몇 분 내로 마쳐야 하기 때문에 지금 당장은 내가 당신을 혼자 내버려두고 떠나는 것으로 보일 수 있어요."라고 말하며 끼어들었다. 나중에 생각해 보니, 그 시점에서 멈춘 것에 대해 그녀가 어떻게 느끼는지 물어봤어야 했다는 생각이 들었다. 하지만 시간이 흘러가고 있어서 빨리 개입하지 못한 것 같다. 그녀의 말을 사용해 회기를 마무리할 순간을 기다렸는데, 너무 오래 기다렸던 것 같다. 대신에 나는 "아까 다시 만나는 것이 도움이 될 것 같다고 말씀드렸는데요, 어떻게 생각하세요?"라고 반문했다.

Hannah는 내 제안에 동의하는 듯한 표정을 지어 보였고, 나는 "7월까지 매주 만나기로 약속을 잡는다면 총 12주 정도 만날 수 있을 것 같습니다."라고 말했다. 그녀가 자신의 깊은 감정을 표현하기 위해 최소 이 정도의 시간이 필요하다고 생각했고, 그녀가 그토록 원했던 시간을 가질 수 있다는 확신을 주고 싶었다.

나에겐 상당히 짧은 기간일지 모르지만, Hannah에게는 두 번째 만남과 먼 미래 약속 사이에 상당한 시간적 차이가 있었기 때문에 분명 혼란스러웠을지 모른다. 그녀는 놀라더니 이내 걱정스러운 표정으로 아무 말도 하지 않았다.

그래서 다시 "확실치 않으세요?"라고 물어보았다.

"선생님은 정신분석가가 아니라고 하셨잖아요…. 7월? 그 말은 뭔가 제가 잘못됐다는 뜻인가요? 제가 미쳤다고 생각하세요?"

"아니요, 저는 당신이 말한 것처럼 미쳤다고 생각하지 않아요, 지금 저한테 화를 내시는 것 같은데…."

“제가 왜 선생님께 화를 내야 하죠?”

나의 착각이었을 수도 있고, 시간이 얼마 남지 않았기도 했고, 아직 합의가 이루어지지 않은 상태라 질문에 끌려다니고 싶지 않아 이렇게 말했다.

“어쨌든 여름 중반까지 계속 만나는 것이 도움이 될 것 같아요. 저는 6월에 휴가가 있는데, 우리가 휴가 전까지 약 8주 동안 만나고 휴가를 다녀온 뒤에 몇 차례 더 만날 수 있습니다.”(상담에서 휴식도 중요하지만, 지금은 일정을 조정하기 쉽게 하려고 일정을 나누어서 제안했다).

Hannah는 망설임 없이 동의했고 이내 “지금 갈까요?”라고 질문했다. 그래서 나는 “여기서 마쳐야 해요.”라고 답했다. 그녀의 질문에 직접 답하지 않은 이유는, 자칫 문제가 복잡해질 수 있어서다. 바로 “네.”라고 대답했다면 매우 거부감 있게 들렸을 것이고, “아니요, 하지만 이제 마쳐야 해요.”라고 말했다면 남성에 대해 불신하는 그녀에게 머물러주길 바라는 유혹하는 남성의 인상을 주었을지도 모른다. 이처럼 나는 매우 신중하게 단어와 문장을 선택해 답변했다. 모든 상담에는 어느 정도 인위적인 면이 존재하지만, 정신역동 상담자는 신중하고 조심성 있게 자기 말이 쉽게 왜곡될 수 있고 잘못된 인상을 줄 수 있다는 점을 인식한다. 상담의 타이밍과 빈도와 마찬가지로, 상담자는 자신이 하는 말에 신중을 기하는 일이 중요하기 때문이다. 첫 회기에서 Hannah에게 마지막으로 했던 말, “여기서 마쳐야 해요.”는 상담을 시작하고 마치는 최종 결정 권한이 나에게 있다는 현실을 강조하고 있다. 하지만 동시에, 이것이 Hannah에게 중요한 문제일 수 있다는 것을 깨달았다.

경계 유지하기

경계를 유지하는 일은 일부 내담자들에게는 도움이 되지만, 또 다른 내담자들에겐 좌절감을 안겨줄 수 있다. 6장에서 설명한 대로, 상담 관계는 협력적인 동반자 관계와 같다. 이 말은, 내담자가 생각하고 말하는 것은 상담자가 생각하고 말하는 것만큼 중요하다는 뜻이다. 그러나 상담자도 자신만의 아이디어가 있으며, 적절한 순간에 이를 공유해야 한다. 작업 동맹은 상호 간에 주고받기(mutual give-and-take)를 포함하기 때문이다.

마찬가지로, 상담자와 내담자 모두 어느 정도 협상을 보류(withholding)할 수 있다. 어떤 상담자도 내담자 한 사람을 위해 무조건 헌신할 수 없다. 그러므로 상담자는 만남의 빈도와 기간을 내담자에게 제안해야 하고, 내담자도 당연히 제안을 협상하거나 거부할 수 있다. 하지만 대부분 상담자는 한 내담자에게 제안할 수 있는 시간이 제한되어 있어서 내담자가 협상할 수 있는 자유가 제한된다. 나중에 재협상을 하더라도, 일반적으로 상담자의 경험이 더 풍부하므로 상담자가 초기 계약을 먼저 제안하는 편이 훨씬 자연스럽다. 궁극적으로 상담자는 얼마나 자주, 얼마나 오래 만날지에 대해 내담자보다 현실적인 발언권이 더 많다는 점을 인식하는 것이 중요하다. 현실적으로 상담자는 다른 내담자도 만나야 하고 다른 일정도 고려해야 하기 때문이다. 그러므로 내담자가 시간 연장이나 추가 회기 제공 여부를 요청할 경우, 최종적으로 결정할 권리가 상담자에게 있다는 것을 명심해야 한다.

정신역동 상담자는 주는 것과 보류하는 것(giving and withholding) 모두 인지한다. 상담자는 내담자와의 약속을 지키기 위해 최선을 다해야 한다. 또한 상담자는 질병, 휴일 또는 심각한 사유로 불가피하게 결석하지 않는 한, 매주 정시에 상담을 진행해야 한다. Winnicott(1965: p. 166)은 정신분석가인 자신의 목표를 '살아있고, 잘 지내고, 깨어있는 상태를 유지하는 것'이라고 겸손하게 말했다. 신뢰는 모든 상담자의 덕목이며, 정신역동 상담자는 상담을 늦게 시작하거나 실제 정해진 시간보다 일찍 시작하지 않으려고 한다. Hannah는 5분 일찍 상담을 시작하자 상당히 짜증을 냈다. 그 이유는 상담이 시작되기 전 대기실에 앉아 '긴장을 푸는' 시간을 놓쳤기 때문이었다. 따라서 정기적으로 일정을 변경해야 한다면, 가능한 한 내담자에게 자주 말해 주는 것이 중요하다. 그리고 상담자가 결석해야 한다는 사실을 미리 알고 있다면, 가능한 한 몇 주 전에 이 사실을 공유해야 한다. 상담자의 휴일(내담자의 휴일을 포함함)이나 기타 휴식 시간도 마찬가지다.

이 모든 일은 상담의 일관성과 신뢰성에서 비롯된다. 상담자는 고의로든 우연으로든 내담자에게 실망감을 주지 않으며, 상담자가 결근할 경우라도, 자신이 한 말이나 행동 때문이 아니란 걸 알도록 해야 한다. 그런데도 일부 내담자들은 상담자를 신뢰하지 못해, 상담자가 질병으로 상담을 취소하거나 다른 이유로 일정을 재조정할 일이 생기면 자책하기도 한다. 만일 상담자가 약속을 잘 지켜서 신뢰할 수 있는 사람이라는 것을 보여 주고, 상담자의 결근이 내담자를 비판하거나 거부하는 의미가 아니란 걸 보여 준다면, 실망하고 거부를 느낄 만한 충분한 이유가 있는 내담자라도, 일부는 다른 사람을 신뢰하기 어려운 자신의 현재 문제를 인식하는 데 도움을 받을 수 있을 것이다.

상담자의 부득이한 병가나 휴식으로 인해, 상담자를 만날 수 없는 경우도 가끔 생긴다. 상담자가 이전에 내담자의 상담 날짜나 시간 조정에 대해 요청을 받아주지 못한 경우 상담자에게 그러한 필요가 생길 때 내담자에게 다양한 감정을 불러일으킬 수 있다. 이때 정신역동 상담자는 분노, 좌절감, 거절감, 심지어 너무 많은 것을 요구했다는 죄책감 등 다양한 감정을 내담자가 표현하도록 촉진한다. 이러한 감정은 상담자가 이미 작업의 초점으로 파악한 내담자의 문제와 연결될 수도 있고, 문제를 알려주는 신호일 수도 있다. Hannah도 다양한 관계에서 유사한 좌절 경험이 있었을 거라 예상해, 나는 다음 회기를 일주일이나 기다려야 하는 데서 오는 감정을 끌어내려고 시도했다.

경계를 설정해야 하는 상황에서 내담자가 특히 강렬한 반응을 보인다면, 현재 상황보다 이전의 좌절 경험과 관련되어 있을 수 있다. 이 같은 반응이 나타날 때, 상담자는 정신역동적 상담으로 내담자가 과거와 현재 사이의 연관성을 이해하도록 작업할 수 있다. Hannah의 반응은 자신을 통제하고 권력을 행사한 위치에 있었거나 지금도 그렇게 하는 사람들과 관련이 있다. 정신역동적 접근에서는 상담에서 타이밍과 경계로 인해 발생하는 문제를 내담자들이 느끼는 감정과 격렬하게 반응하는 이유에 대해 더 깊이 이해할 수 있는 기회로 본다.

추가시간 제공하기

특별한 경우가 아니라면 일반적으로 정신역동 상담자는 상담 시간을 추가하는 것을 조심한다. 이는 상담 시간을 추가하는 것 외에 회기나 계약을 연장할 경우라도 마찬가지이다(계약서상에 갱신 가능성에 관한 조항이 포함되어 있지 않을 경우). 이것은 다음 회기에 다른 내담자가 있어서, 혹은 주중에 시간이 없어서 추가시간 요청을 거절하라는 말이 아니다. 상담자는 상담을 마치고 난 뒤 혼자만의 시간이 있다는 것을 알아야 한다. 상담자는 이 시간을 통해 잠시나마 성찰하고 휴식을 취할 수 있기 때문이다. 바쁜 상담의 경우 50분의 상담이 끝나고 다음 상담이 시작되기 전까지, 상담자는 남은 10분 동안의 시간을 가져야 한다. 상담 일부는 내담자가 고통에 머무르고 다음 회기까지 담아두는 것(contain)을 포함한다. 이것을 위한 방법은 상담 시간에 나눌 수 있다.

내담자는 특정 시간이 자신의 시간이라는 사실을 알게 되면, 더도 말고 덜도 말고 안심할 수 있게 된다. 경계를 유지할 수 있는 상담자는 까다로운 성향의 내담자와 상담할 때 그들이 다른 사람에게 요구하던 방식대로 자신을 지치게 할 수 없다는 걸 알기에, 더욱 효과적으로 상담할 수 있다. 그러나 실제로 추가시간이 필요한 때도 있으며, 이럴 때 경계를 유지하는 상담자라도 내담자에게 언제 더 유연해져야 할지 아는 것이 중요하다. 상담자는 상담 시간을 연장하거나 추가 회기를 제공하는 문제에 신중한 결정을 내린다 해도 반드시 염두에 둬야 할 사항이 있다. 이는 아무리 힘든 내담자라도 스스로 대처함으로써 자신감을 얻을 수 있으며 실제로 내담자들이 다음 회기까지 힘내라는 격려를 받은 후 스스로 힘을 낼 수 있다는 점이다. 의존성이 강한 내담자가 "오늘 상담 오기 전에 선생님께 전화해서 상담을 받을 수 있을지 물어볼 뻔했어요. 하지만 제가 겪고 있는 일을 말씀드렸을 때 선생님이 어떤 반응을 보일지 먼저 생각해 보았어요. 그리고 그렇게 하면 스스로 해결할 수 있다는 것을 알았어요."라는 말을 한다면, 상담자는 보람을 느낄 것이다.

이와 같은 내적 대화를 묘사하는 내담자를 통해서, 그들이 상담자를 자신의 내부에서 어떤 식으로 '내면화'하고 있는지 볼 수 있다(Wallis and Poulton, 2001). 이러한 내담자는 상상 속에서 상담자를 붙들고 있으며(hold on) 자신뿐 아니라 다른 사람의 눈을 통해 현재 자신에게 어떤 일이 일어나고 있는지 성찰할 수 있다. 초기 아동기 발달 과정에서 엄마가 부재하거나 지연되는 시간이 엄마의 이미지를 내면화할 수 있는 유아의 능력에 지대한 영향을 미친다. 처음에는 아기가 잠에서 깨어나 젖을 먹고 싶거나 청결해지길 원하거나 안아주길 바란다. 하지만 엄마의 부재로 인해 불안과 좌절은 곧 울음으로 이어지고, 울음은 시간이 지날수록 점점 더 절망과 분노로 바뀐다. 몇 주가 지난 뒤, 아기는 한동안 엄마에게 혹은 혼자 칭얼거리며 얼마간 엄마의 이미지를 유지하다가 아기의 신체적, 정서적 욕구가 우세해지면서 엄마의 이미지는 점차 멀어진다. 부재중인 엄마를 대신해, 아기들은 Winnicott(1958: 229-42)이 '중간대상(transitional objects)'이라 일컫는 인형, 담요, 곰인형, 결코 떨어뜨릴 수 없는 주먹이나 엄지손가락을 이용해 엄마가 없는 상태를 혼자서 유지한다. 어른이 된 우리도 누군가(사랑하는 사람)나 무언가(오랫동안 기다려온 식사)를 기다려야 하는 상황이 올 때, 내면의 이미지를 통해 극복한다.

매우 괴로운 상태에서 상담을 처음 받으러 올 때, 내담자들은 감정과 사고에 압도되어 자신의 삶을 관리하기 어려워한다. 이 경우, 다시 만날 약속을 명확하게 잡는 것은 상담자를 다시 만날 때까지 붙잡을 수 있는 일종의 중간 대상과 같은 것이며, 예약 카드가 이러한 역할을 한다. 아기를 위한 엄마처럼, 상담자에 대한 내적 표상은 다음 상담 일정까지 괴로워하는 내담자에게 스스로 대처할 초기 힘과 환경을 제공해 준다. 그러나 일부 내담자들에게 일주일이란 시간은 너무 길게 느껴지며, 대처 능력이 부족할 경우, 상담자는 일주일에 두 번씩 상담을 제안할 수 있다. 하지만 이러한 결정은 항상 슈퍼바이저와 상의해야 한다. 주 2회 상담은 항상 내담자의 의존성을 증가시킬 위험이 있어서, 치료자의 특별한 기술이 필요하다. 내담자가 상담자와 '연결'되기 시작하면(즉, 내담자가 상담자를 신뢰하기 시작하고 상상 속에서 일종의 내적 대화를 나눌 대상으로 여기기 시작하면) 회기의 빈도는 점차 줄어든다. 내담자가 확실히 심리치료보다 상담에 적합하다면(3장에 설명한 대로), 주 1회 상담을 바로, 혹은 이른 시일 내에 진행할 수 있다. 내담자와 일주일에 한 번 이상 자주 만나야 할 경우라면, 심리치료나 경험이 풍부한 전문가와의 상담을 치료 대안으로 선택할 수 있다.

상담이 시작되고 매주 만나는 일이 일상화될 정도로 관계가 형성되고 나면, 내담자는 상담자를 만나기 위해 일주일 내내 기다려야 한다는 사실을 유난히 괴로워할 경우도 생긴다. 이는 내담자의 특정 외부 상황이 갑자기 더 힘들어질 때도 그렇지만, 이보다 상담자에 대한 내부 표상이 실패해 상담자와의 관계가 단절되었다고 느낄 때에도 발생할 수 있다. 이는 내 경험상 근본적으로, 내담자가 추가 회기를 요구하거나 상담 시간을 연장해 달라고 종종 요청하는 이유가 되기도 한다. 내담자가 상담 중에 화를 냈다면, 상담을 마친 후에 죄책감으로 인해 관계 손상을 빠르게 회복할 필요성을 느꼈거나, 상담자가 평소보다 신중하지 않은 말로 내담자의 마음을 상하게 했거나 불안하게 만들었을 수 있다. 다시 말해, 내담자는 상담 관계에서 긴장감을 느끼거나 신뢰가 깨졌다는 생각이 들 때, 상담자를 여전히 신뢰할 수 있는지 확인하기 위해 추가 회기를 원한다. 상담자가 휴가 등으로 결근을 하거나 휴식을 언급할 때조차 내담자가 실망하는 모습을 보인다면, 내담자는 상담자에 대해 신뢰가 깨지고 있다는 느낌과 함께 상담자가 없는 동안 혼자서 대처해야 한다는 사실까지 합쳐져 불안이 커졌을 수 있다.

그러므로 내담자가 추가시간을 요구하거나 회기 사이에 상담자와 통화를 원할 경우, 상담자는 내담자와 마지막으로 만났을 때 내담자와의 관계가 일시적으로 손상되었거나, 자신이 손상되는 말과 행동을 했는지 되짚어보는 것이 좋다. 내담자와 전화 통화 자체로 충분할 때도 있지만 정말 필요할 경우, 상담을 추가로 할 수도 있다. 내담자가 외부 상황으로 시간을 달라고 요청했을지라도, 상담자는 가장 최근 회기에 치료적 관계에 부담을 줄 만한 어떤 요인이 있었는지 살펴봐야 한다.

이처럼, 내담자와 충분히 '연결(connected)'되어 있지 않은 상태에서 상담자가 휴가나 휴식을 갖게 되면, 내담자는 몇 주 동안 상담을 받지 못해 스트레스를 받을 수 있다. 이 경우, 상담자는 상담 회기가 아니더라도 내담자가 누군가에게 말할 수 있도록 비상책을 마련해야 할 경우도 생긴다. 또 다른 방법으로, 내담자에게 편지나 일기를 쓰도록 제안할 수도 있다. 이 경우, 상담자에게 작성한 글을 반드시 보낼 필요는 없지만 다시 만날 때 공유할 수 있다. 이러한 글쓰기를 통해 상담자는 상담 관계에서의 내면화를 촉진할 수 있다.

이러한 방법으로 상담 계약이 종결되고 나면, 상담자는 내담자가 상담 과정을 충분히 내면화하여 자기 성찰을 통해 자기 탐색과 이해를 지속하고, 다른 사람들과 더 나은 대인관계를 형성해 가길 원한다. 하지만 이미 상담을 종결한 내담자가 추가 상담을 요청한다면, 상담자가 시간상의 여유가 있으면 비정기적으로 단회기 상담을 진행할 수 있다. 그러나 상담 요청이 정기적이라면, 정신역동 상담자는 다시 한번 그와의 관계가 어떻게 종결되었는지 되돌아보며, 내담자가 이별하지 못한 이유를 찾는다. 때로는 내담자가 종결에 대한 감정(7장 참조)이 충분히 표현되지 않아 상담자를 보내기가 힘들었을 수 있다.

시간에 대한 내담자 반응

내담자는 상담자와 합의한 시간을 마음껏 사용할 권리를 존중받지만, 정신역동적 접근에서는 내담자가 상담에 늦거나, 일찍 마치길 원하거나, 원래 합의한 기간보다 빨리 계약을 해지하는 등 시간을 오용하는 문제를 이해할 필요가 있다고 말한다. 내담자는 때때로 시간에 대한 협조를 보류할 수도 있고(실제로 그렇게 한다!), 말보다 행동으로 시간을 사용하는 방식을 표현할 수도 있다. 앞에서 이것을 '비행동화(acting-in)'라는 용어로 설명했다. 내담자는 상담 제안과 계약 수락 여부를 결정한 다음, 상담에 참석할지 말지, 제시간에 올지 늦게 도착할지, 어떤 말을 할지 말지를 결정하며, 책임감이 있는 상담자라면 절대 하지 않는 행동, 예를 들어 상담이 끝나기 전에 가버린다거나 상담을 갑작스럽게 종결해 버릴 수도 있다. 내담자의 시간 사용은 무엇을 의미하는 걸까? 여기에서 이러한 시간 사용과 관련한 여러 가지 반응의 의미를 살펴보고 나서, Karl에 대해 말해 보려고 한다.

의식적이든 무의식적이든, 의도하든 의도하지 않든, 이 상황은 상담을 진행하는 중에 내담자가 특정 주제를 피하거나 특정 감정을 억누르기 위해 선택한 저항일 수 있다. 다음 장에서 몇 가지 회피의 예를 살펴보겠지만, 여기서는 시간 사용과 관련해 집중적으로 살펴볼 것이다. 내담자가 상담에 늦거나 빠지거나 계약을 조기에 종결하려는 가장 명백한 이유는 내담자가 제시한 이유, 즉 '버스가 늦게 와서' '다음 주에 늦게까지 일해야 해서' 또는 '기분이 훨씬 나아져 더 만날 필요가 없을 것 같아서'이다. 하지만 정신역동 상담자는 다른 가능성에 대해서도 고려한다. 물론, 내담자가 시간이나 약속을 지키지 않는 데에는 합당한 이유가 있지만, 정신역동적 접근에서는 누가 봐도 알 수 있는 변명으로 위장한 '다른' 이유가 있는지 좀 더 깊이 살펴본다.

물론 시간을 지키지 못한 이유가, 내담자의 성격 특성 때문일 수도 있고, 실제로 버스가 늦게 도착했을 수도 있다. 하지만 평소 시간을 잘 지키던 내담자가 그날따라 늦은 까닭은 상담자를 만나길 꺼려 출발이 지연됐을 가능성이 있다. 내담자 마음속에 말하기 힘들지만, 논의를 피할 수 없는 고통스러운 주제가 있어서 상담자에게 짜증이 났을 수도 있다. 만일 상담자가 상담을 늦게 시작했거나 부득이한 일로 상담에 불참했거나, 혹은 바로 해결책을 제시해 주지 않았을 때도 내담자는 화를 내고 실망할 수 있다. 이러한 이유로 내담자가 상담에 늦거나 빠진다면(missing), 이는 상담자를 실망하게 하거나 계속 기다리게 하는 일종의 '맞대응'으로 볼 수 있다. 내담자가 말하려 했던 중요한 내용을 상담자가 '놓친(missing)' 결과일 수도 있고, 상담자가 말실수했거나 비판적인 말을 많이 한 결과일 수도 있다.

그러므로 이런 식으로 상담을 끝내려는 이유는, 상담자가 불러일으킨 감정이 견딜 수 없을 만큼 힘들기 때문일 것이다. 또한 이것은 상담자가 "여기서 끝내야 한다."는 말이 나올 때까지 기다리기보다 독립성을 행사하는 특정한 방식일 수 있다. 이처럼 계약을 조기에 종결하려는 것은, 슬픔으로 인해 마지막 상담을 피하려는 방법일 수도 있고, 아직 논의되지 않은 어려운 의제에 막 도달하려는 시점이 왔기 때문일 수도 있다. 두 번째나 세 번째 회기에, "이제 훨씬 나아졌어요."라고 말하며 상담을 중단하거나 이러한 제안을 하는 것은 '건강으로의 도피(flight into health)'라고 알려진 방어가 분명하다. 정신역동 상담자는 '기적 치료(miracle cures)'를 믿지 않는다.

그렇다 해도 나는 상담에 늦게 온 내담자에게 일부러 그렇게 한다는 식의 말이나 해석으로 내담자를 직면하길 권하고 싶지 않다. 대신에, 정신역동 상담자는 다양한 가능성을 염두에 두고, 관찰한 내용이 저항하는 이유에 합당한지 확인하기 위해 지켜보면서 더 많은 증거가 있는지 살펴본다. 그리고 때때로 상담자가 틀릴 수 있기에, 정신역동적 접근에 대해 배우는 사람들에게 슈퍼비전이 필요한 것이다. 슈퍼비전에서 제시한 가능성이 기정사실로 밝혀질 때 상담자는 놀라움을 금치 못한다. 결국 신중한 타이밍과 잘 구사한 언어적 개입을 했을 때, 상담자는 내담자로부터 "사실 지난주에, 선생님이 다른 날 시간을 내주지 않아서 짜증이 났어요."라는 말을 듣게 될 것이다.

Karl과의 단절과 연결

초기 평가 과정(p. 109-111)에서 어려운 내담자가 될 거라 예상했던 Karl과의 사례를 통하여 계약체결의 어려움과 시간 문제를 다루는 사례를 살펴본 다음, 정신역동적 관점으로 설명하며 마무리하려 한다.

첫 회기가 10분 정도 남았을 때, 나는 다음 만남을 제안했다. "아까 한번 상담해 보겠다고 했는데 다음 주에 오는 게 도움이 되시겠어요?" 이번 단계에서 두 회기 이상 상담을 제안하는 것이 망설여져 그렇게 질문했다.

"그럴 것 같진 않아요."

"원하는 대로 정리해 드리지 못했나요?"

"아니요, 제 말을 들어주셔서 감사해요. 하지만 이 일에 더 얽매이고 싶지 않아서요. 제가 알아서 해결해 볼게요…."

Karl이 혼자서 해 보겠다는 사실이 조금 불안했고, 동시에 그가 무엇 때문에 주저하는지 정확히 알 수 없었다. 그의 망설임에 공감하면서, 한 회기만 제안한 나에게도 의구심이 들었다. 남은 시간을 이용해 Karl이 들려준 이야기를 함께 돌아보며, 나는 일 회 상담을 최대한 깔끔하게 마무리했다고 생각했다.

다음 주가 되자, Karl은 전화로 급히 만나자는 메시지를 남겼다. 다시 전화를 걸자, 그는 "약간 당황했지만 이젠 괜찮아졌어요."라고 말했다. 그래서 나는 "나를 만나길 원하면서 한편으론 만나고 싶지 않군요."라며 그의 양가감정을 읽어주었다. 그러고 나서 곧바로, "당신이 결정할 일이지만 그래도 만나보는 건 어때요?"라고 건넸다.

Karl은 생각해 보겠다고 무심하게 말하며, 대답은 이후에 하겠다고 답했다. 그런 뒤 그는 딸에 관한 이야기를 시작했지만, 나는 경계를 분명히 그으며 그의 말을 가로막았다. "Karl, 만나고 싶으면 딸에 관한 이야기는 그때 하는 게 좋겠어요. 전화통화로는 상담해 드릴 수 없으니 더 자세한 상담을 원하시면 제게 연락해 주세요."라고 말했다. 그러고 나서 서로 짧은 작별인사를 나눈 뒤 전화를 끊었다.

한 달 후, Karl의 이름이 예약 일정표에 표시되었지만, 그는 약속을 지키지 않았다. 일반적으로 계약 중에 내담자가 상담 비용을 지급한 경우에 사전 통보 없이 회기에 불참하면 비용을 청구한다(물론 정당한 사유로 알릴 수 없는 경우를 제외하고). 하지만 Karl은 아직 계약하지 않았고 연락하는 일 자체가 모호했기 때문에 비용을 청구하지 않았다. 대신 메일로, 나는 그가 상담에 올지 안 올지 불확실하다는 내용을 재차 강조하고, 한 번 더 만나러 온다면 만나길 불안해하는 이유에 대해 나눠볼 수 있다고 제안했다.

다른 날 약속을 잡은 Karl은 15분 늦게 도착해 들고 온 종이봉투를 내밀었다. 그는 크게 폐를 끼친 점에 대해 진심으로 사과하며 '작은 선물'이라며 받아달라고 하였다. 선물은 Kafka의 『변신』이라는 책이었다. 나는 그의 옆에 있는 낮은 탁자 위에 책을 올려 둔 채, 책에서 자신에게 해당하는 내용이 있는지 그리고 다른 할 말이 있는지 물어보았다.

Karl은 책에 대해 먼저 이야기하고 나서, 자신에게 해당하는 이야기를 들려주었다. 그와 관련한 내용을 요약하면, 어느 날 아침 그가 잠에서 깨어났을 때 이전과 완전히 다른 사람이 된 느낌이 들었다. 아니, 전혀 다른 사람이 아니라 감옥에 있었을 때의 자신으로 돌아간 느낌이었다. 이러한 경험 때문에, 그의 친구가 나를 만나보라고 제안을 했고 첫 상담 이후 나에게 전화를 걸었을 때도 그러한 일이 있었다. 그러나 자기 내면에 갇힌 듯한 강렬한 감정은 순식간에 지나가 버렸기 때문에 그는 더 그것을 인지하지 못했고 도움이 필요 없다고 느꼈다.

나는 그가 정상적인 자아 상태로 나를 만나러 와서 그 경험을 이야기하는 것이, 갇혀 있던 상태의 두렵고 강렬한 감정을 불러일으킬 위험이 있어서 피하는 것일 수 있다고 말해 주었다. 하지만 그는 정말로 어떠한 약속에도 매이지 않고 자유롭게 만나길 원했을 뿐이라고 말했다. 그는 갇혀 있는 내면의 감정에서 벗어나길 위해 나를 만나러 왔다. 하지만 내가 자신을 붙잡으려 한다는 생각에 위협을 느끼고 화를 냈다. 그가 가져온 책은 나를 힘들게 한 것에 대한 미안함의 표시였지만, 나를 달래줄 필요가 없다고 생각했기에 그가 책을 다시 가져가는 편이 훨씬 낫다는 생각이 들었다. 대신에 책이 의미하는 바를 그가 좀 더 설명해 주길 바랐다. 나는 그가 두려워하는 것들을 돕고자 노력하겠지만, 원하든 원치 않든 그것은 그의 자유로운 선택이었다.

Karl은 기분이 좋지 않을 때 가끔 만나자는 제안을 했지만, 실제로 나는 그가 원하는 시간에 만날 수 있다는 보장을 할 수 없었고, 그가 가끔 약속을 잡으려고 하는 것은 평소 갇힌 느낌으로부터 피하려는 방법일 수 있다고 말했다. 교도소에 갇혀 있었던 일로 인해 그는 일상에서 자유를 강탈당한 느낌이 들었고, 그 순간에도 위협감을 느끼고 있었다. 그러므로 그는 통제권을 얻으려 했고 내게 그것을 넘겨주길 원치 않았다. 하지만 그는 어떠한 심경의 변화를 일으켰는지 앞으로 6주 동안만 만나기로 하였다. 딸의 결혼식을 위해서 마지막 준비에 몰두해야 했기에 종결 시점에 대한 내 제안에 그의 마음이 움직인 것 같았다.

Karl에 대한 언급

Karl의 계약은 처음부터 어려웠고, 이후에도 그는 시간 약속을 잘 지키지 않았다. 지각하는 행동이 그 어떤 변명보다 더 중요하다고 생각하지만, 그의 지각이 정확하게 무엇을 의미하는지 확실하게 알지 못했다. 다만, 그가 나와 함께하는 시간 일부를 계속해서 통제하고 있다는 것만 알고 있었다. 그와 달리, 다른 내담자들에게는 지각한 행동을 직면하고 그것에 대해 의미를 물어봤겠지만, Karl에게는 그렇게 하지 않았다. 그에게 너무 강하게 밀어붙이면 오히려 역효과가 날 것 같아서이다. 사실 6주 동안 우리는 그리 큰 진전을 이뤄내진 못했지만, 딸의 결혼식 이후 발생한 위기는 그에게 놀라운 치유 효과를 가져왔다.

상담에 오지 않은 회기와 두 번째 상담에 가져온 책을 통해, 비용 문제(내담자가 사전 연락 없이 나타나지 않았을 때 차감하는 비용)와 내담자가 가져온 선물의 가치를 간단히 살펴볼 수 있다. 차감하는 비용은 주로 사설 심리상담 기관에서만 해당하는 문제로 볼 수 있다. 그러나 무료로 상담을 제공해 주는 곳에서도, 비용은 기부의 형태로 처리하기도 하며 때로는 자원봉사 상담자가 아닌 접수 담당자에게 지급될 수 있다는 점을 염두에 두어야 한다. 일부 상담 서비스에서 당일 취소에 대한 비용이나 기부금이 없으면 내담자에게 '부채감'을 불러일으킬 수 있으며, 이것은 금전적인 '선물'로도 해결하기 어려운 부분이다(Monger, 1998). 이 문제에 관해서 정신역동 상담자들 사이에서도 상반된 의견이 있는데, 일부 상담자들은 내담자가 금전적인 비용을 지급할 때 상담을 더 진지하게 받아들인다고 믿는다. 상담료를 지급할 필요가 없거나 소액의 비용만 부담할 수 있는 내담자들과의 경험에 비추어 볼 때, 내담자가 비용을 지불하는 일은 필수는 아니다. 하지만 상담자가 '비용 대비 가치'를 제대로 제공하지 못할 때는 드물게 문제가 발생할 수 있다.

Karl은 상담자의 손에 자신을 '내주는(give)' 일이 힘들었던 것 같다. 이번 사례의 상담 과정을 통해 양가감정으로 인한 다양한 저항의 예를 살펴보았다. 이어지는 장에서 주로 다룰 내용은 저항과 방어에 관해서이다.

추가 읽을거리

이번 장에서는 일반 상담 문헌에서 다루는 계약과 관련한 내용을 다루었다. 계약의 법적 효력에 대한 자세한 내용은, Peter Jenkins가 쓴 『Counselling, Psychotherapy and the Law』(2007)란 저서를 참고해 보라. Peter Jenkins는 Charlotte Sills의 『Contracts in Counselling and Psychotherapy』(2006)란 책에도 자신의 글을 실었다. 또한 참고할 만한 문헌은 'The use of contracts in the psychodynamics/psychoanalytic approach' (2006: 29-40)에 수록된 Jacobs의 연구이다. 정신역동 및 정신분석치료에서는 시간, 빈도, 비용 등의 문제가 중요하다는 점에서 '치료적 틀(the therapeutic frame)' 또는 '분석적 틀(the analytic frame)'이란 용어를 사용한다. –이 장에서 다룬 문제 유형과 마찬가지로 틀을 위반하는 문제는 중요하며 그 의미와 해결방법에 관한 내용은 Susan

Howard(2010)의 책 『Skills in Psychodynamics Counselling and Psychotherapy』와 『Developing Psychodynamics Counselling』(1995 : 9-12, 25-38)에 수록된 Brendan McLoughlin의 연구를 참고하길 권한다. 틀의 중요성에 대한 자세한 내용을 알고 싶다면, Anne Gray의 『An Introduction to the Therapeutic Frame』(2014)을 참고해 보길 권한다. 치료자가 내담자의 상황에 대해 민감성과 유연성을 모두 보여야 하는 상황에서 지나치게 엄격한 틀을 적용할 우려가 있는데, Anthony Bass가 『Psychoanalytic Dialogues』(2007)에서 쓴 글 'When the frame doesn't fit the picture'에서 잘 논의하고 있다.

연습하기

시간과 경계가 있는 다음 상황에서 상담자가 할 수 있는 여러 가지 답변을 열거하였다. 응답 중에서 1) 부적절하다고 생각하는 답변을 선택하라. 만약 선택했다면 그것은 어떤 경우이며 그 이유는 무엇인가? 2) 적절하다고 생각이 드는 답변을 선택하라. 다른 답변들도 각각 적절하다고 생각하는가? 각 답변에서 마음에 드는 점과 마음에 들지 않는 점은 무엇인가?

1. 보통 정시에 오던 내담자가 10분 늦게 오더니 자리에 앉자마자 "기분이 좋지 않다."고 말한다.
   i. "지각한 것이 끔찍한가요?"
   ii. "오늘 여기까지 오시기 어려웠나 봅니다."
   iii. "무슨 문제라도 있었나요?"
   iv. [아무 말도 하지 않는다]

2. 상담한 다음 날 내담자는 전화로 상담자에게 급히 만날 수 있을지 질문한다.
   i. "나흘 동안 비어 있는 시간이 없습니다."
   ii. "제 일정은 꽉 차서 제 동료를 만나볼 수 있습니다…."
   iii. "제가 해결할 수 있을지 모르겠습니다만, 무슨 내용인지 간단히 말씀해 주시겠어요?"
   iv. "오늘 마지막에 20분 동안만 시간을 낼 수 있는데, 도움이 될 수 있을까요?"

3. 회기 종료 3분 전, 내담자가 "이번 주 내내 아직 말씀드리지 못한 중요한 내용이 있습니다."라고 말한다.
   i. "몇 분 내로 마쳐야 하는데, 지금 말하고 싶으신가요?"
   ii. "지금은 시간이 많지 않으니 다음 주에 알려주세요."
   iii. "중요하지만 제게 말하기 어려웠군요."
   iv. "흠…."

4. 상담자가 휴가 중이었고 휴가를 다녀온 후, 첫 회기에서 내담자를 만났다. 이때 내담자가 "즐거운 시간이었나요?"라고 묻는다.
   i. "내가 자리를 비운 동안, 당신은 어땠나요?"
   ii. "괜찮았어요, 고마워요. 당신은요?"
   iii. "정말 좋았어요, 고마워요."
   iv. [고개를 끄덕인 다음 침묵한다]

5. 첫 회기가 마무리되고 내담자를 염려하는 상담자가 내담자에게 기관에서 제공하는 최대한의 회기 수를 제안한다. 하지만 내담자는 "그렇게 오래 만날 필요는 없을 것 같아요."라고 대답한다.
   i. "저의 제안이 불안하게 만들었나요?"
   ii. "치료하는 데 그만큼 오래 걸릴 것 같아요."
   iii. "일이 잘 해결된다면 더 일찍 끝낼 수 있도록 합의할 수도 있어요."
   iv. "당신은 어떤 생각을 하고 있었나요?"

상담의 중간 단계: 마음속으로 더 깊이 들어가기 05

지금까지 내가 정신역동적 상담의 실제에 관해서 설명한 부분들, 즉 경청과 반응 기술, 상담을 의뢰할 때 고려해야 할 사항, 상담이나 심리치료를 통해 유익할 수 있을지에 대한 평가의 중요성, 비밀보장과 시간, 빈도와 같이 안전한 공간을 만들어 주는 바운더리(경계)에 동의까지, 다른 치료적 접근들과 많은 부분들이 겹친다. 그러나 내가 보기에 정신역동적 접근이 가지는 한 가지 중요한 특징이 있다. 그것은 정신역동 상담자나 치료자가 회기 중이나 회기가 끝난 후에 성찰할 때 스스로 자주 하는 질문이다. 바로 '이것/저것이 의미하는 것은 무엇인가?'이다.

다른 접근법들이 이런 질문을 하지 않는다는 것은 아니지만, 일관성 있게 질문하는 경우가 훨씬 적다는 뜻이다. 비록 답 자체가 종종 이해하기 어렵지만, 이것은 정신역동적 치료의 핵심적인 질문이다. 정신역동적 접근법은 우리가 생각하고, 말하고, 느끼고, 행동하는 모든 것이 다양한 수준에서 일어난다고 믿는다. 그러나 대부분의 일상에서, 우리는 그 다양한 수준에 대해서 별로 깊게 생각하지 않고 생각하고, 행동하고, 말하고, 느끼는 대부분을 액면 그대로 받아들인다. 하지만 Hannah와 Karl의 작업에서 앞서 설명한 몇 가지를 생각해 보면서 '이것이 의미하는 것은 무엇이지?'라고 얼마나 자주 반문해 보았는지 생각해 보길 바란다.

Hannah가 내게 던진 첫 질문은 그녀에게 분명 중요한 질문이었지만, 내가 궁금했던 것은 바로 질문 그 이면에 있는 내용이었다. 그래서 나는 "'정신분석가'가 당신에게 어떤 의미인가요?"라고 서둘러 질문하였다. 나의 치료적 입장에 관해 직접 정보를 요청하는 것 외에, 내가 정신분석가일지 모른다는 Hannah의 두려움을 확인해 보고 싶었다. 또한 Karl이 나에 대해 '훌륭하다'라는 말을 들었다고 했을 때도 비슷하게 그것이 무슨 의미인지 궁금했다. 그는 내가 가진 것보다 더 많은 기술과 지식을 나에게 부여하고 있었다는 것일까? 그는 내가 마법처럼 모든 것을 바꿀 수 없다는 것을 금새 알아차리게 되면 실망하게 될까? 그가 강탈당했다는 말은 무슨 의미였을까? 정치적인 견해 때문에 투옥되었을 때 단순히 자유를 강탈당했다는 의미였을까? 그게 아니라면, 그가 생각하고 있던 다른 상실이 있었던 것일까?

Hannah의 가족에 대한 가계도를 그릴 때, 그녀가 23세이고 그녀의 어머니가 23세에 돌아가셨다는 말을 듣고 나는 충격을 받았다. 이것이 그녀에게는 어떤 의미였을까? 나는 그녀의 어머니가 젊은 나이에 죽었다는 것을 언급하면서 Hannah가 젊은 나이에 죽는 것을 걱정하고 있을지도 모른다고 생각했다. 그리고 할아버지 밑에서 자란다는 것은 Hannah에게 어떤 의미였는지 생각해 보았다.

Hannah에게 12주라는 중간쯤 되는 기간의 계약을 제안했을 때, 이러한 제안이 그녀에게 무엇을 의미했길래 걱정스러운 표현을 했던 것일까? 상담을 오래 지속할 수 있다는 사실을 몰랐기 때문에, Hannah는 내가 자신을 정신병이 있는 것으로 판단했다는 것일까?

Karl이 두 번째 회기 약속을 할 때 나에게 장난처럼 보인 행동은 무엇을 의미하는가? 그는 무엇 때문에 불안해했을까? 그의 단정하지 못한 옷차림은 또한 무슨 뜻이었을까? 그의 내면세계에 대해서 무엇을 말하고 있는 것일까? 그의 내면은 혼란스럽고, 올바른 생각을 할 수 없고, 무언가 다른 것으로 인해 촉발된 감정들로 가득 차 있었던 것일까?

이러한 다양한 수준의 의미는 우리가 의식적(명시적) 수준과 무의식적 수준에서 기능하는 방식의 예이다. 우리는 생각하고 말하고 행동하는 것에 대해 다른 의미가 있거나 심지어 여러 의미가 있을 수 있다. 정신역동적인 접근법은, 첫째, 명시적인 것을 표현하도록 장려하고, 그 자체로 진지하게 받아들여진다는 것을 보여 준다. 내담자가 말하는 것이 옳다고 느끼지 않거나 말해서 초래되는 결과에 대해 불안해하기 때문에 표현하지 않았던 것에 관해 자신의 목소리를 내도록 장려한다. 타인과 스스로에게 우리 자신의 모습을 드러내는 것에 관해 우리가 가지고 있는 자연스러운 방어와 불안을 이해하려고 노력하는 것을 의미한다.

방어의 가치

개업 초기에 Freud가 불쾌한 증상이나 금지된 소망을 위장하거나 이를 표현할 다른 대안적인 방법이 있다는 것을 깨달은 것은 의사로서 돌파구가 되었을 것이다. 그 당시 환자들은 신체 증상 때문에 그를 찾아왔고, 그는 신체적 증상이 무엇을 의미하는지 의도적으로 물어보았다. 다리에 통증이 있고 걷는 데 어려움이 있는 한 젊은 여성이 Freud를 만나러 왔지만, 그는 통증에 대한 의학적인 이유를 진단할 수 없었다. 처음에 병의 원인을 발견하려고 최면을 시도했던 Freud는 특정한 주제들이 이야기되었을 때 그녀의 다리 고통이 더 심해진다는 것을 알게 되었다. 그는 또한 그녀가 어떻게 특정 주제에서 멀어지는지 보았다(Freud and Breuer, 1895/2004: 153-4). 그가 고통스러운 생각을 건드리는 것은 마치 그녀의 다리 신경을 건드린 것과 같았다.

이 경우와 '히스테리적 전환(hysterical conversion)'의 범주에 속하는 다른 신체 증상을 포함하는 경우에 대해 Freud는 허용할 수 없는 생각을 어떻게 억압하는지를 이해했고, 그 강도가 대단해서 하나의 증상 또는 여러 증상으로 전환된다고 이해했다. Freud의 시대 이후 서구 사회는 변화했고 과거에는 너무 충격적이어서 스스로 용납하기 어려웠던 감정과 소망을 현대 문화에서는 표현하거나, 의식으로 끌어내는 것을 훨씬 더 많이 용인하고 있다. 그러나 이러한 감정과 소망은 여전히 무의식적인 상태로 밀려날 수 있으며, 생각, 감정 또는 욕망, 심지어 실제 사건의 기억까지도 그저 잊혀지는 것이 아니라 잊혀졌다는 사실조차 잊혀진다.

정신역동 치료자는 증상에 대해 '이것이 무엇을 의미하는가? 이 모든 것에 대해 의미하는 것은 정말로 무엇인가?'라고 질문한다. 오늘날 전환 히스테리는 흔하지 않지만, 다른 신체 및 정신 증상들, 태도와 행동이 무의식적인 생각, 두려움, 감정을 숨기면서 어떤 방식으로든 드러내기도 한다. 섭식장애가 그 좋은 예이고, 두통과 긴장도 충분히 표현될 수 없지만 사람을 괴롭히는 감정적인 무언가를 표현한다고 보여진다. 우울증, 강박적인 걱정, 피해망상적 느낌, 사회적 고립과 같은 심리적 증상에 대해서도 '이것이 무슨 뜻일까? 이 사람의 현재 정신 상태 이면에 무엇이 숨겨져 있을까?'라고 마찬가지로 질문할 수 있다.

금지되었던 주제를 표현하는 것이 지금은 가능하지만, 특히 낯설고 전문적 지위를 가진 권위가 있는 사람과 이야기를 나눌 때 그렇게 할 수 있다고 생각하는 사람은 많지 않다. 남성이 술 마시면서 친구랑 할 수 있는 이야기는 여성 치료자에게는 말하지 못할 수 있다. 이야기의 주제, 특히 수치심이나 죄책감을 느끼게 할 만한 주제에 대한 통념이 존재한다. 특히 상담자를 비판적인 사람으로 여기면 더욱 그렇다. 개방하지 못하도록 하는 이러한 장벽은 중요하며 그것은 우리의 자존심을 보호해 준다. 타인을 신뢰하는 법을 배우기 전에 공개적으로 말하는 것을 주저하는 것은 어쩌면 자연스러운 일이다. 이러한 장벽을 저항이라고 한다. 저항은 내담자들이 자유롭게 말하는 것을 방해한다. 그렇지 않았다면 유익했을지도 모르는데 말이다. 그들은 비밀을 가지고 있어서 밝히기를 주저하거나 두려워하는 것이다.

이런 경우 내담자는 자신의 저항을 인식하고 있고, 감정이나 두려움, 기억을 표현하지 않기 위해 다양한 전략을 사용할 수 있다는 것을 알고 있다고 할 수 있다. 이런저런 가능성에 관해 묻는 상담자의 질문을 부인할 수도 있고, 너무 압박감을 느낀 나머지 상담이 어디로 갈지 불안해하며 상담에 불참하거나 종결할 수도 있다. 나는 Karl이 극심한 상실감이나 인생이 자신을 대하는 방식에 분노해서 두 번째 약속을 하거나 유지하는 일이 어려웠을 거라고 생각했다.

동시에 일부 행동 패턴과 일부 생각 및 감정은 내담자가 실제로 인식하지 못하거나 너무 희미해서 주의를 끌었을 때만 인식할 수 있을 정도로 무의식적일 수 있다. 즉, 내담자는 실제로 그것들을 알지 못하거나 너무 희미하게 인식하고 있어서 주의를 집중해야만 인정할 수 있다. 치료자를 포함한 타인들은 오히려 내담자의 사고 및 행동 패턴 중 일부를 내담자보다 더 잘 알고 있을 수 있다. 이번 장에서는 정신역동이론에서 '방어'와 '저항'이라고 불리는 장벽을 살펴보고, 이러한 장벽이 어떤 형태로 나타날 수 있는지 이해해 보고, 내담자가 이러한 장벽을 해체할 수 있도록 돕는 방법에 대해 논의할 것이다.

방어장벽 확인하기

치료 과정의 가장 명백한 장벽(barriers)은 '저항'으로 알려져 있다. 이는 치료자를 힘들게 하려는 내담자의 의도적인 시도처럼 들리지만, 사실상 그 반대의 경우에 해당된다. 내담자가 더 힘들고, 더 고통스럽고, 더 수치스럽고, 더 괴로워지는 상황을 피하고자 하는 방법이다. 그래서 내담자는 자신이 걱정하는 부분에 말려드는 것을 피하고 싶어 상담 회기에 늦을 수도 있고, 상담자가 한 말에 짜증이 나서 상담 회기를 빠질 수 있지만, 상담자에게 이 사실을 말할 수는 없다. 내담자는 상담자가 말하거나 질문할 때까지 기다리면서 수동적으로 되거나, 말할 수 없어서 침묵하거나, 기억을 떠올리기 시작하지만 주제를 바꾸거나, 자신을 괴롭혔던 더 중요한 사건에 관해 이야기하는 것을 피하기 위해 지난 회기 이후 자신에게 일어난 많은 사소한 일들에 관해 이야기할지도 모른다. 그들이 만들어 내는 '작은 목록'은 의제를 설정하고 통제하는 방법이다. 어떤 면에서는 충분히 정당하지만, 떠오르는 모든 것을 자유롭게 이야기하지 못하게 하고 치료자와 더 개방적으로 상호작용하지 못하게 해서, 특히 어렵거나 속상한 일을 드러내지 못하도록 방해할 수 있다.

그리고 그 과정에서 더 미묘하게 볼 수 있는 저항의 표시가 있다. 일반적인 반응은 치료자가 말한 요점을 '부인'하는 것인데, '아니요… 하지만', 심지어 '네… 그러나'라고 말하면서 치료자가 말한 의견에 동의하지만 동의하지 않는 방식을 나타낸다. 또는 내담자는 가족이나 직장에서 누군가와 어떻게 말다툼을 했는지를 이야기하며 치료자와 의견 충돌이나 분노를 표출할 순 있어도, 그들이 치료자와 불화를 느낀다는 것은 부인할 수 있다. 이것이 소위 말하는 '행동화(acting-out)'(즉, 회기 안에서가 아니라 회기 밖에서)의 한 형태이다. 어떤 사건과 관련된 사건을 다루기보다 추상적으로 무언가를 논의하는 '주지화(Intellectualisation)'는 상담자의 생각에 호소하는 방법이지만,

그 사건이 내담자에게 어떤 영향을 미쳤을지에 대해 직면하는 것을 피할 수 있게 한다. 내담자는 실제 반응에 머무르지 않고, 왜 특정 방식으로 행동하거나 반응했는지 '합리화(rationalise)'하려고 시도할 수 있다.

치료 과정에서 수면 위로 떠오를 수 있는 고통스러운 감정을 피하는 또 다른 방법은 치료자에게 이제는 훨씬 나아졌고, 더 이상 올 필요가 없다고 말함으로써 조기 종결하는 것이다. 대기자가 많아서 애를 먹는 상담자에게 이것은 그들의 노고에 대해 안도감을 주고 토닥여 주는 것으로 들릴 수 있지만, 내담자가 상담에 가져온 문제에 더 깊이 들어가지 못하도록 피하는 방법이 될 수 있다. 이러한 변화는 완벽하게 진심일 수 있지만, 사실은 일시적인 안도감의 표시이며 고통스러운 감정을 잠재우는 좋은 방법일 수 있다. 이것은 '건강으로의 도피(a flight into health)'라고 알려져 있으며 그 반대는 '질병으로부터의 이득(gain from illness)'으로 알려진 저항의 한 형태이다. 이 저항은 상담 과정에서 꽤 잘 해결된 것 같았던 내담자의 초기 주제가 상담 종결이 정해지고 가까워지면서 갑자기 다시 불거질 때 이러한 현상이 나타날 수 있다. 또는 상담자가 내담자가 종결할 준비가 되었다고 생각할 때 마침 새로운 문제가 발생하기도 한다. 마치 내담자가 "내가 아직도 이런 기분이라서 당신은 나를 보낼 수 없어요."라고 말하는 것과 같다. 이것은 종결 자체와 종결에 수반되는 부정적인 감정 모두에 저항하는 방법이 될 수 있다(7장 참조).

Kennedy와 Charles(1989: 112-119)가 한 것처럼, 저항하는 내담자와 주저하는(reluctant) 내담자를 구별하는 것은 유익할 것이다. Kennedy와 Charles는 상담을 원하지 않고 단지 다른 사람의 요청으로 상담에 참여하는 사람들을 묘사하기 위해 '주저하는'이라는 용어를 사용한다. 그러한 내담자들의 경우, 그들의 주저함을 이해하고 작업하는 데 그들의 지지를 얻는 것은 매우 어렵다. 그러므로 Kennedy와 Charles는 내담자가 나중에라도 상담받는 것을 선택할 수 있도록 하려면, 상담자가 주저하는 내담자에 대해 충분히 공감적으로 반응할 필요가 있다고 제안한다. 주저함과 저항의 또 다른 점은 치료를 받으려는 내담자의 명백한 바람에도 불구하고 내담자가 그 과정의 일부분에 대해 저항이 생길 수 있다는 점이다. 그러나 주저함은 내담자가 치료의 필요성을 전혀 느끼지 않고 다른 누군가를 기쁘게 하거나 누군가에게 복종하기 위해 오는 것이다.

하지만 불쾌하고 바람직하지 않은 사고와 감정을 피할 수 있는 방어적인 방법에 그럴듯한 이유가 있는 것처럼, 사람이 주저하는 데에도 그럴듯한 이유가 있다. 우리 모두 심리학자와 동물 행동학자들이 설명하는 도피-투쟁 방어에 익숙하다. 우리가 물리적인 공격으로부터 우리 자신을 방어하려고 노력하는 것처럼, 심리적인 공격으로부터 우리 자신을 방어한다. 우리는 타인들로부터 그리고 내적 자아로부터의 심리적 공격을 받는 일에 익숙하다. 정신분석적 구조에 따르면, 우리의 양심이나 초자아가 우리를 괴롭힐 때 우리 자신에게 가혹할 수 있다. 정신역동적인 접근법은 보다 깊은 자기성찰이나 정직을 가로막는 방어를 존중하고 이해해야 한다는 것을 받아들인다. 그럴 때 비로소 의식적으로 억제하거나 무의식적으로 억압하던 것을 표출할 수 있게 되고, 햄릿이 '가혹한 운명의 돌팔매와 화살'이라고 부른 것을 자연스러운 반응으로 받아들여 민감하게 작업할 수 있기 때문이다.

저항이 치료적인 관계 안에서 분명하게 나타난다면, 정신분석이론이 말하는 방어는 상담 회기뿐만 아니라 일상 생활에서도 분명하게 나타날 수 있으며, 때때로 관계에 어려움을 주고 개인에게 불편함을 일으키기도 한다. 정신분석이론에서 방어는 중심 자아를 위협하는 사고와 감정에 직면하지 않고 피하는 방법으로 간주된다. 실제로 그들을 괴롭히는 감정이나 기억은 무의식적인 장벽에 의해 억압되어 있고, 무의식적인 장벽은 무의식적으로 억압하는 힘을 필요로 하며, 무의식적으로 억압하는 힘은 그 자체로 부작용을 가지고 있다. 이것이 효과적일 때, 사람들은 자신(또는 타인에 대한 환상)과 그들에게 닥친 일부 경험으로부터 자신을 방어할 수 있고 상당히 정상적인 삶을 영위할 수 있다. 그러나 어떤 면에서는 제한되거나 손상된 삶일 수도 있다.

Karl이 나를 만나러 오는 것을 거부한 것은, 늘 그랬던 것처럼, 기분이 좋지 않은 순간에 떠오르는 감정에 대한 방어적인 표현이었다. 이러한 감정들로 인해 그는 압도당하고, 그가 두려워했던 것처럼 정신 병동에 입원시키겠다고 위협하는 것 같았으며, 이는 그가 감당할 수 없는 수준이었다. 그런 시설에 있던 경험은 그에게는 너무나도 감옥과 같이 괴로움과 두려움으로 선명하게 기억되어 있었다. 그래서 한편으로는 자신의 방어가 통하지 않고 대처할 수 없다고 느끼는 절망적인 순간에 내가 도와주길 원했지만, 다른 한편으로는 나를 만나서 자신을 가장 괴롭히는 것에 대해 이야기하면 벗어나고 싶었던 그 감정과 결과에 직면하게 될까 봐 두려워했다.

방어의 의미를 이해해 보면, 때때로 그것은 단순히 '은폐'가 아니라 어떤 의미에서는 한 개인의 어려운 일면을 '드러내는' 것으로 볼 수 있다. Freud는 상류에 댐이 있어도 강은 아래로 내려가면서 출구를 찾는 것처럼, 억압된 것이 계속해서 억압될 수 없고, 어느 지점에서 드러날 것이라고 생각했다. 수리학과 물리적 에너지 개념과 같이 Freud의 언어적 개념들은 그가 작업했던 특정 시대의 과학적 분위기를 풍긴다. 그러나 아이러니하게도 억압된 것은 무엇이든 억압된 내용을 드러내지 않으려고 무의식적으로 사용되는 '바로 그 방어기제를 통해서' 자신을 드러내는 방법을 찾게 된다는 것이다. 이러한 그의 비유는 여전히 가치가 있다. 엄밀히 말하면, 이것은 '억압된 것들의 귀환'이라고 할 수 있다. 나를 만나러 온 것에 대해 Karl이 방어적인 태도를 보인 것은, 갇혀 있는 감정에 대한 단서를 나에게 제공한 것이기도 하다. 그의 저항은, 그가 감옥에 갇혀 있을 때 참을 수 없을 정도로 강렬했던 그 감정으로부터 도망갈 수 없을 만큼 압도되었고, 지금도 가끔 그 감정으로 인해 압도당하고 있다는 것을 알려주고 있었다.

방어에는 목적이 있기 때문에 정신역동적 접근법에는 방어를 존중하는 두 가지 방법이 있다. 첫째, 어떤 방어는 주의를 끌 필요가 없을 정도로 충분히 효과가 있는 것으로 보인다. 더 깊은 주제가 있지만 (단기상담에서처럼) 시간이 없는 지지상담에서는 가장 중요한 목적 중 하나가 중심 자기 또는 자아를 강화하고 그 사람이 자신의 상황에 대처할 수 있도록 돕는 것이다. 그러므로 내담자가 더 깊은 불안과 감정을 꺼낸다면, 상담자가 이를 의도적으로 피하거나 조심스럽게 다루어야 할 것이다. 안타깝게도, Karl의 초기 방어는 내가 그에게 제공하려고 했던 협력 관계를 받아들이지 못하게 방해했고, 그가 나를 만나러 오는 것을 성공시키기 위해서는 그의 저항을 조심스럽게 다루어야 했다. Karl이 나를 만나러 오기 시작하자, 나는 그의 중심 자아에 대해서 그의 과거 경험을 너무 깊이 탐색하는 위험을 감수하기보다 그가 새로운 삶을 구축하는 것을 지지하기로 결정했다. 왜냐하면 그가 과거의 경험 때문에 새로운 자유의 삶에 적응하지 못할 것이 분명했기 때문이다. 나는 그의 과거 경험을 잊지 않으면서 그에게 과거를 너무 암시하지 않았고, 그가 과거에 겪었을 법한 일들에 대해 생각하면서도 현재 일어난 일을 작업하려고 노력했다. 덕분에 그의 현재 상황에 대해 더 공감적인 방법으로 개입할 수 있었다.

심리치료자가 방어와 저항에 대해 존중을 표하는 두 번째 방법은 사람들이 이야기하는 방식에 관한 것이다. 때때로 불행하게도 '직면'이라고 불리는 방법은 정면으로 마주하면 방어를 더 강화하고, 더 큰 저항으로 이어지게 한다. 왜냐하면 장애물을 공격하면 장애물이 더 강화되기 때문이다. 이후에 논의하게 될 텐데, 방어를 하게 된 이유를 먼저 이해하도록 하면, 내담자가 방어를 서서히 해체할 가능성이 더 높아진다. 따라서 방어나 저항이 이해되지 않을 때, 상담자는 그 이유를 부드럽게 탐색할 수 있다. 다음 내용에서 방어와 저항을 다루는 이러한 측면을 설명해 보겠다.

방어에 대한 정의

Freud와 그의 딸 Anna는 이후 '방어기제'라고 이름 붙인 메커니즘에 대해 설명했다(A. Freud, 1968). '투사(projection)'와 '부인(denial)'과 같은 몇몇 용어들은 대중적인 심리학 언어의 지위를 얻었고 심지어 일상적 담화에까지 파고들었다. 여기서 설명하고 있는 용어들은 치료자들 사이에서, 예를 들어 슈퍼바이저와 상담자 사이에서 의사소통의 도구가 된다는 점에서 가치가 있다. 여기서 방어에 집중하면서, 일반적인 사람들, 특히 내담자들이 고통스러운 감정과 생각을 인정하지 않기 위해 의식적으로 또는 자주 무의식적으로 이러한 전략을 선택하는 다양한 방법에 대해 인식을 확대하고자 한다. 하지만 이러한 방어 전략이 내담자를 비인간적으로 분류하는 편리한 꼬리표가 되지 않도록 매우 조심해야 한다. "당신은 분명히 당신의 감정을 투사하고 있습니다."라고 말함으로써 내담자를 노골적으로 직면하는 것은 좋은 일이 아니다.

'투사(Projection)'는 실제로는 우리의 것이지만 우리에게 적용할 수 없는 어떤 감정이나 특징을 다른 사람에게 부여하는 방식을 설명하는 것이다. 구어체로는 '똥 묻은 개가 겨 묻은 개 나무란다'라고 표현할 수 있다. 앞의 예에서 Karl은 "당신은 나에게 질린 게 분명해요. 내가 좀 골칫거리인 거죠?"라고 말했다. 그는 이것이 사실이라고 느꼈을지도 모른다. 솔직히 말하면, 그것은 어느 정도 사실이었지만, 나는 그것을 숨기려고 했다. 하지만 또 다른 가능성은 내가 가지고 있다고 생각하는 마술지팡이를 흔들지 않은 것에 대해 그가 내게 실망했지만 직접 표현할 수 없어서 실망한 것은 나라고 함으로써 자신의 감정을 감춰버렸을 수도 있다. 투사는 일반적인 방어 수단으로, 사람들이 실제로 타인에게 다소 쉽게 인식하지만 스스로에 대해서는 잘 인식하지 못한다. 투사는 때때로 투사 대상에게 매우 비판적인 태도를 동반한다. 이것은 투사의 한 가지 이유가 자신에 대한 가혹한 비판을 피하기 위한 것임을 시사한다. 투사에는 종종 진실의 요소를 포함하고 있어서 때때로 투사를 알아차리는 것은 어려울 수 있다. 투사 대상은 어느 정도 그런 면을 갖고 있기도 하다. 누구의 것인지 분간하는 것이 까다로울 수 있다.

투사의 역방향은 '내사(introjection)'이다. 내사는 방어적인 측면이 있지만 발달에 중요한 역할을 한다. 예를 들어, 아기는 부모로부터 음식을 받아먹을 뿐만 아니라 품에 안겨서 젖을 먹는 과정에서 부모의 자질 중 상당 부분을 '흡수한다'. 아기를 어떻게 안아주는지, 어떤 방식으로 음식을 먹이는지는 중요한 문제이며, 이러한 태도는 조심스럽게 또는 성급하게 이루어진다. 아기에 대한 이러한 태도는 내면화되고, 아기가 자신을 대하는 태도가 된다. 좋은 양육은 신체적 건강뿐만 아니라 심리적 건강의 기초이다. 부주의한 양육은 심리적 장애의 기초가 된다. 이것이 바로 내사라고 하는 것이다. 긍정적이고 부정적인 관계의 특징은 생후 초기 몇 달 후부터 흡수되거나 내사된다. 처벌적인 양심을 가진 사람은 어린 시절에 부정적인 내사를 한 사례라고 할 수 있다. 종종 비판적인 부모와 동일시하고 내사한 경우라면, 그 부모의 이미지(디지털 시대에는 아마 아바타라고 말할 수 있을 것이다)는 우리 내면의 일부가 되어버린다. 그렇게 되면 일종의 분열이 일어나서, 부모의 나쁜 면은 자신의 경험의 일부가 되고, 부모의 좋은 면은 기억 속에 자리 잡은 이미지가 되어 일종의 분열이 일어날 수 있다. 내사할 때, 내담자는 아이에게 공격적으로 행동하는 부모 자신에 대한 태도를 내사할 수 있지만, 동시에 그 부모가 친절하고 사랑스럽게 보이는 부모의 긍정적인 이미지를 보존할 수도 있다. "나는 문제 없는 어린 시절을 보냈다."라고 내담자가 말하지만, 동시에 명백한 실패에 대해서 극도로 가혹한 모습을 보이기도 한다. 지금은 억압되고 잊혀졌지만, 분열은 문제가 있던 시기를 내사한 결과라고 생각된다.

Melanie Klein은 부모에 대한 아이의 자연스러운 공격적인 감정이 부모에게 투사되고, 그다음에는 내사되어 처벌적인 초자아가 된다고 하였다(Segal, 2004: 36-7 참조). 이것은 '자기에게로 전향(turning against self)'이라고 불리는 또 다른 방어와 약간의 유사성을 가지고 있다. 다른 사람에 대한 공격적인 감정은 억압되거나 억제되고, 자신에게 부메랑이 되어 돌아온다. 자주 자기비난으로 가득 찬 이러한 사람은 비판적인 부모의 비난을 내사할 뿐만 아니라, 부모와 권위자들에 대한 공격적인 감정으로 자기를 비난하는 데 기름을 끼얹을 수도 있다. 지금까지 부인해 왔던 것이 이제는 자신에게로 되돌아온다. 때때로 방어는 동시에 나타난다.

Melanie Klein에 의해 유래되었고, 정신역동 연구에서 점점 더 자주 언급되고 있는 방어의 또 다른 이름이 있다. 바로 '투사적 동일시(projective identification)'인데, A(예: 치료자)가 B(예: 내담자)의 감정을 경험하지만, B는 그 감정에 접근할 수 없고, 그 감정을 A에게가 아니라 A 내면으로(not on to A, but into A) '투사한다'. A는 그런 감정이 어디서 왔는지 어리둥절해 한다. 투사적 동일시 경험은 특정 유형의 역전이와 매우 유사하고, 치료적 관계 내에서 무슨 일이 발생할 수 있는지 모니터링하는 중요한 방법이기 때문에 다음 장에서 이에 대해 더 자세히 논의하겠다.

이미 앞에서 '분열(splitting)'에 대해 언급한 바 있다. Karl과의 첫 만남이 그 예이다. 처음 만났을 때 Karl은 나에 대해 '훌륭하다'라는 다른 사람들의 의견을 전달했고, 점성가가 자신에 대해 말한 것은 '쓰레기'라고 표현했다. 이러한 표현은 나에게 아첨하거나 그가 느낄 수 있는 어떤 짜증을 막으려는 시도 이상이었다. 아첨하는 사람들이 종종 의도하는 것처럼 말이다. Karl은 내가 '훌륭하다'라고 분명히 말했지만, 나 역시 아무 소용이 없어지면 나를 헐뜯을 수 있겠지만 당시에는 상상할 수 없었기 때문에 한편으로는 나를 칭찬하고 다른 한편으로는 점성가를 평가절하했다. 분열은 다양한 조력자에 대한 매우 흔한 반응이다. 어떤 상담자는 비슷하게 작업하는 다른 상담자에 비해서 상담을 잘하지 않고, 다른 상담자가 더 도움이 된다는 식으로 비판 받을 수도 있다. Karl이 내게 한 말과는 정반대의 상황이다. 이런 방어를 하는 이유는, 예를 들어 같은 사람에게 사랑과 증오를 동시에 느끼는 것이 불가능해 보이기 때문에, 같은 사람에 대해 모순된 감정(또는 양가적인)을 분리하는 것이다. Melanie Klein은 이것을 '편집–분열 자리(paranoid-schizoid position)'의 일부로 바라본다. 분열과 같은 방어는 미워하는 사람을 사랑하거나, 사랑하는 사람을 증오하게 해서 관계를 손상시킬 수 있는 부정적인 감정을 처리해 문제를 부분적으로 해결해 준다. Klein은 이 용어를 유아기부터 성인기까지 평범한 일상의 경험을 묘사할 때 사용하지만, 나는 심각한 정신 장애를 함의하고 있어서 '편집–분열 자리'가 가장 적합한 용어라고 확신하지는 못한다. 하지만 만약 이것을 이해한다면, 이것은 또 다른 유용한 표현이 될 것이다 (Klein의 발달적 자리에 대한 자세한 내용은 Leiper and Maltby(2004)의 pp. 94-95를 참조).

상담자는 항상 자신이 내담자들에게 잘하고 있는지 궁금해하는 경향이 있어서, 분열은 상담자와 다른 조력자를 언급할 때 액면 그대로 받아들여지기 쉽다. Karl의 '아첨'은 내가 한때 칭찬받을 수도 있지만, 미래에는 다른 조력자에 비해 나도 폄하될 수 있다는 경고였다. 상담자든 타인에게든 칭찬은 때로 과장되기도 하고, 이상화 대상에 대한 부정적인 감정을 인정하지 않도록 '이상화'라는 방어기제 형태를 취하기도 한다. 그런 사람은 (때로는 이데올로기일 수도 있지만) 숭배나 우상화에 가까운 지점으로 격상되기도 한다. 상담 상황에서, 내담자가 진짜라고 하기에는 너무 좋게 보이는 사람들에 대해 이야기할 때, 상담자나 이전의 조력자뿐만 아니라, 부모, 선생님, 파트너 그리고 아이들을 이상화하기도 한다. 이상화는 또한 사람이 사랑에 빠질 때에도 일어난다. 이상화된 사람의 행동이나 존재 자체가 결코 잘못된 것은 아니다. 그러나 만약 내담자가 주장하듯이, 그들의 부모님이 그 정도로 훌륭했다면, 왜 그 내담자는 그렇게 상처를 입었을까? 이상화 이면에는 종종 내담자가 아직 인정할 수 없는 어두운 감정이 숨어 있다. 타인에 대한 비판은 격렬하게 거부되며, 상담자가 부정적인 감정이 있을 수 있다고 내담자에게 암시할 때, '너무 항의하는 것'으로 즉각적으로 부인한다면 내담자에게 그러한 감정이 존재한다는 것을 나타낸다.

'부인(denial)'은 다른 방어와 마찬가지로 매우 설득력이 있을 수 있지만, 의식적으로 속이려는 시도는 아닐 수도 있다. 때로는 내담자가 상담자에게 그 해석이 옳았다고 말하기 어려워서 상담자가 해석한 감정이 정확하다는 것을 부인하기도 하지만, 내담자는 해석의 가능성을 인식하지 못할 수도 있다. 그들의 부인은 진실한 것이다. 그리고 물론 상담자가 틀렸을 수도 있고, 내담자는 부적절한 해석을 정당하게 거절하는 것일 수도 있다. 내담자가 그것을 부인하는데 상담자가 해석을 고집하는 것은 노력의 낭비이며, 심지어 학대일 수도 있다. 만약 상담자가 틀렸다면, 재고할 필요가 있다. 상담자가 잘못된 타이밍 또는 잘못된 방법으로 이야기를 했다면 다른 기회를 기다리고, 나중에 같은 제안을 조금 더 신중하게 전달할 필요가 있다. 부인은 협상하기 가장 어려운 방어 중 하나이다. 어떤 해석을 뒷받침하기 위해서는 해석에 무게를 실어주는 증거를 포함하는 것이 중요하다. 예를 들어, "Hannah, 당신은 '아니, 화 안 났어요'라고 했지만, 당신이 말하면서 이를 악물고, 바닥을 쿵쿵거렸어요. 화가 난 것처럼 보이는데, 아마도 그렇게 해석한 나에게 화가 난 것 같아요." 부인은 단순히 무언가를 반박하는 형태를 취할 수도 있지만, 여기서 논의된 대로 다른 형태일 수도 있다. 다른 이차 방어는 부인된 아이디어를 차단하려는 용도로 사용된다.

흔한 또 다른 방어에는 '전치(displacement)'가 있다. 이것은 좋은 관계를 유지하는 것이 중요한 사람에게 감정을 억압하거나 억제하고, 그들이 더 정서적 거리를 두는 다른 사람이나 물건에게 그 감정을 향하도록 하는 것을 말한다. 한 예로 상사에게 한 소리를 들은 사람이 일을 마치고 돌아왔을 때, 현관문을 쾅 닫고, 신문을 내던지고, 고양이를 발로 차거나, 아이들에게 소리치는 사람이 있다고 해 보자. 여기에는 화난 상사를 내사하여, 다시 말해 상사를 동일시하는 모습이 분명히 있을 것이다. 하지만 상사에 대한 분노를 집에 있는 사람들에게 던져서 전하게 된다. 긍정적인 감정도 유사하게 전치될 수 있다. 예를 들어, 파트너를 쓰다듬는 것이 더 좋을 때 고양이를 쓰다듬는 것과 같다. 전반적으로, 감정의 긍정적인 전치는 덜 해롭고, 감정을 더 직접적인 방식으로 만족시킬 수 없을 때 약간의 만족을 얻는 수단으로 작용을 한다. 실제로, Freud는 이러한 종류의 긍정적인 전치가 문명의 발전에서 나타날 수 있고, 예술, 과학, 기술, 지식이 창조성과 호기심에 내포된 성적 감정의 전치 또는 승화에서 비롯된다는 논란의 여지가 있는 아이디어를 제시했다.

전치는 또한 상담 관계에서 말로 표현되지 않는 감정에 대해 단서를 제공하고, 빈번한 형태의 정신역동적 개입의 기초를 제공해 준다. 내담자는 지난 일주일 또는 그 이후에 일어난 상황에 대해서, 특히 다른 사람들에 대한 감정이나 생각에 관해서 이야기한다. 이것은 때때로 상담 자체와 연결될 수 있다. 만약 내담자가 '작업에 싫증난다.'고 이야기한다면, 이것은 내담자가 '상담에 싫증 난다.'는 것을 의미할지도 모른다. 만약 내담자가 '사람들이 이해하지 못한다.'라고 말한다면, 이것은 '상담자인 당신이 이해하지 못한다.'는 뜻이 될 수 있다. 내담자가 '사람들과 대화하는 것이 어렵다.'라고 말한다면, 이는 아마도 내담자가 상담자와 대화하는 것이 어렵다는 것을 보여 주는 것일 수도 있다. 내담자가 말할 때 고려해야 할 것은, 내담자가 말하는 것이 상담자와의 관계나 내담자의 감정과 관련이 있을 수 있는 증거가 있는지 여부이다. 이러한 설명은 외부 상황뿐만 아니라 상담 회기에서도 마찬가지이다. 만약 내담자가 분명 자유롭게 이야기하고 있으면서도 다른 사람들과 대화하는 것이 어렵다고 말한다면, 그것은 상담 관계와 관련이 없을 수도 있고, 동시에 내담자가 그 회기에서 이야기하기 어려운 무언가가 있다는 것을 의미할 수도 있다.

내 경험상, 이러한 유형의 전치는 상담자에게 외적 관계뿐만 아니라 치료적 관계의 한 측면에 대해 알려줄 수 있어서 정신역동 상담자가 주목해야 할 중요한 초점이 될 수 있다. 때로는 내담자가 현재 경험을 이야기하는 것도 과거 사건과 연결되어 과거 상황이 현재로 전치된 것일 수 있다. 어떤 관계든 때로는 과거의 경험이 반복되는 것으로 경험될 수 있다. 따라서 전치라고 설명하는 것은 중요한 인물들과의 과거 관계가 상담자와 또는 현재 관계 속에서 반복될 때 보이는 '전이'와 유사하다. 나는 다음 장에서 전이와 이러한 형태로 전치가 가능한 유형에 대해 좀 더 자세히 이야기하겠다.

방어는 다른 사람들에 대한 부정적인 감정을 피하거나, 다른 사람들로부터 보호하는 방법으로 사용될 수 있고, 내담자와 그들의 관계가 손상되는 것에 대한 두려움으로부터 보호하기 위해 사용될 수 있다. 그러나 방어는 내담자가 자신과의 관계를 보호하고, 온전히 들여다보면 자기 이미지가 손상될 수 있는 감정과 생각을 피하게 해준다. 예를 들어, 부인과 억압은 우리 자신에 대한 우리의 감정을 마주하는 것으로부터 우리를 보호한다.

이러한 방어의 한 예로 '격리(isolation)'를 들 수 있는데, 다른 사람들로부터 자신을 격리시키는 사람들에게서가 아니라 특정한 감정을 실제로 느끼지 않도록 격리하는 사람들에게서 볼 수 있다. 감정이나 상황은 사실적인 방식으로 이야기된다. 격리란 그 자체로 또는 다른 방어기제와 함께 작동하여 두려운 일을 하도록 '유혹'하는 어떤 것도 피하는 방법을 말한다. 예를 들어, Karl이 과거 자신의 고통을 상기시킬 수 있는 이야기를 피하기 위해 나를 만나러 오지 않은 것도 일종의 격리라고 할 수 있다.

저항의 예로, 이미 논의한 것과 비슷한 방어는 감정적인 반응보다는 지적인 것에 집중하는 '주지화(intellectualisation)'다. 합리화(상황의 진실을 받아들이지 않으려고 자기 방식을 주장하는 것)와 금욕(먹는 것, 자위 또는 성적 관계와 같은 즐거운 활동을 자제하는 것)으로 알려진 방어도 있다. 이것들은 특정한 감정이나 욕망에 거리를 두는 또 다른 방법이다. 강한 사랑이나 혐오 감정으로 인해 압도되거나 처벌받을 것 같은 불안으로부터 사람을 보호하는 데 도움이 된다. 이러한 감정들은 동시에 위험하거나 금지된 것으로 간주된다.

격리는 또한 일종의 '분열'의 형태를 띨 수 있는데, 어떤 감정이나 욕구를 실제 대상에서 분리한 채 다른 대상으로 이동하거나 분리하는 것을 말하기도 한다. 한 예로, 근친상간의 성욕이 느껴지는 결혼생활에서 사랑하는 감정의 성적 표현에 대한 격리가 있는데, 이는 근친상간의 성욕이 파트너에게 행해지는 것이 아니라 이미 더럽혀진 것으로 보이는 매춘부와의 성관계를 유지하는 것이다. 또 다른 흔한 형태의 격리는 한 사람이 자신의 책임을 부인하는 경우인데, 예를 들어 "내가 아니라, 악마가 방금 내 안에 들어온 거야."라고 표현한다. 아이들이 일이 잘못되어 부모님이 화났을 때 장난꾸러기 친구를 상상으로 만들어 낼 때도 똑같이 행동한다. "아빠, 내가 아니라 Eric이었어요!"

'반동 형성(Reaction-formation)'과 '취소(undoing)'는 밀접한 관련이 있는 방어다. 반동 형성은 사람이 깊은 곳에서 좌절감을 느끼고 있지만 의식적인 차원에서는 좌절감을 억누르거나 무의식적인 차원에서는 여전히 얼마나 좌절감을 느끼는지 인식하지 못하는 등 정말로 바라거나 느끼는 것과 정반대로 과장되게 행동하는 것을 말한다. 누군가가 실제로 강한 애정과 온화함을 가지고 있어도 이것을 사용하는 사람은 극도로 어색할 수 있다. 취소는 종종 특정한 행동이나 바쁜 활동을 통해 용납할 수 없는 감정을 피하거나, 심지어 무의식적으로나 의식적으로 느끼는 죄책감을 씻어내려는 시도를 말한다. 이에 대한 더 긍정적인 표현은 방어가 아니라 '보상'인데, 때로는 그 손상이 실제라기보다 가상이지만, 실제로 발생했다고 생각하고 손상을 복구하려고 노력하는 것이다. 취소의 좋은 예는 '나쁜' 감정을 저지하면서 집착적으로 깔끔하거나 강박적인 의식에 참여하는 사람이다. Karl이 한 회기 상담에 빠졌을 때 Kafka의 책을 선물한 것은 보상이라기보다 상담실에 나타나지 않음으로써 그가 나에게 보여 준 화를 '취소'하는 것으로 볼 수 있다. 그 분노는 내가 그에게 적대감을 느낄 것이라고 상상하면서(어느 정도 그가 맞았음에도 불구하고), 내게 투사했을 수도 있다. 그 책의 제목인 '변신'은 그가 이야기하기에 너무나도 어려운 자신의 무서운 경험을 나에게 전달하면서 무의식적으로 소통하는 예이기도 했다. 따라서 그 책은 방어적 행동을 보여 주는 것뿐만 아니라 억압된 것들의 귀환을 보여 주는 사례이기도 하다.

정서적, 관계적 발달의 과정과 관련된 두 가지 방어가 있다. 첫 번째는 '고착(fixation)'인데, 고착은 원만한 성격으로 발달하지 못하도록 하는 방식에 관해 설명해 준다. 어떤 부분이 특정 단계에서 고착된 경우를 말한다. 지적으로는 발달한 사람도 정서적으로 동일하게 발달하지 못했을 수도 있고, 그래서 감정 표현이 어려울 수 있고, 관계 문제로 이어질 수 있다. 그들이 학업 성취에 집중하도록 격려받았기 때문이라고 설명될 수도 있지만, 과거의 어떤 트라우마 때문에 감정적으로 매이는 것을 피하는 방법이었을 수 있다. 어떤 면에서 Hannah는 청소년기의 한 시점에 고착되어, 집과 할아버지에게서 벗어나지 못하고, 또한 남성들과 성숙한 관계를 맺는 것을 두려워하는 것처럼 보였다. 그래서 그녀에게 다음 발달 단계가 너무 위협적으로 보였을 수 있다. 자라기를 원하지 않는 아이인 피터팬 증후군처럼 말이다. 이는 다음 발달 단계로 넘어가는 데 방해가 되기도 한다. 금욕적으로 음식을 금하는 사춘기 소녀는 미디어에 나오는 여성의 신체 이미지 때문에 그렇게 할 수도 있지만, 모든 10대 소녀들이 그러한 영향을 받는 것은 아니다. 그러므로 금욕은 다양한 발달상의 문제를 나타내는 것으로 보인다. 이것과 다른 행동의 원인을 확인하는 것은 그리 간단하지 않다. 제시된 문제 이면에는 무한한 경우의 수가 존재할 수 있어서, 심각한 정신쇠약 문제가 있는 곳에서는 항상 장기치료가 선호된다. 결국, 정신역동이론이 내담자에게 적절한지 알아보기 위해서는 내담자에게 의미가 있는지 실제로 검증해 보는 것이 유일하다.

발달과 관련된 두 번째 방어는 '퇴행(regression)'인데, 여기서 심리적 발달은 겉보기에는 만족스럽게 진행되었지만, 외부 또는 내부 요인으로 인해 스트레스를 받으면 태도나 행동이 이전 발달 시기 상태로 되돌아가는 것을 말한다. 예를 들어, 청소년기 행동으로의 퇴행은 노화 현실에 직면한 중년의 남성과 여성에게 때때로 볼 수 있다. 퇴행이 방어전략이기는 하지만, 정상적인 일상생활의 건강한 부분이기도 하다. 꿈을 꾸는 것은 일종의 퇴행을 수반하는데, 전날 또는 그 이전의 과거 사건으로 돌아가 수면 중에 그 사건을 다시 경험하고 해소함으로써 문제를 해결하고 다시 앞으로 나아가는 방법이다. 게임을 하는 것과 같은 일부 활동들은 퇴행적인 요소가 있다. 하지만 이것은 일반적으로 무해하며, 부분적으로 어린 시절의 흥분을 되살릴 뿐만 아니라 승화를 통해 감정을 표현하는 방법을 제공하기도 한다.

퇴행은 어린 시절의 즐거운 측면을 재발견하는 일시적인 상태를 포함한다는 점에서 의식적으로 허용되거나 선택하도록 장려할 수 있다. 하지만 사람들에게 종종 상담과 치료를 받도록 하는 퇴행은 그들이 선택하지 않은 경험으로 구성되며, 그들을 극도로 취약하게 만든다. 이전에 그들에게 효과가 있었지만 더 이상 그들의 방어는 고통스러운 감정을 막아내지 못한다. 이때 그들은 마치 망가진 것처럼 느낄 수도 있다. 그들은 더 이상 예상대로 대처할 수 없다고 느낄 수도 있다. Karl 역시 일시적으로 다른 사람이 된 것 같았고, 딸의 결혼이 임박해서 생긴 스트레스는 아내를 잃은 감정을 다시 일깨우면서 감옥에서의 경험을 다시 겪고 있었다. 고착과 퇴행은 발달상의 욕구를 충분히 해결하지 못한 실패 경험과 밀접하게 관련되어 있다.

많은 방어는 정신분석이론에서 특히 발달 문제와 관련된 것으로 이해된다. 투사, 분열 및 이상화는 초기 유아기에 발생하는 극심한 불안에 직면하여 발생하는 '원초적인' 방어다. 반동형성과 격리와 같은 강박적인 방어들은 유아기(또는 항문기) 단계를 더 잘 나타낸다. 금욕주의는 청소년기와 관련이 있다. 그러나 이런 것들은 정신역동 상담자들이 발달 이론과 내담자가 자신과 자신의 주제를 제시하는 방식을 통합하기 시작하면서 더 관련성 있게 발전된 아이디어이다. 그러므로 정신역동 상담자는 실무에서 상담과 치료 과정에서 필연적으로 나타나는 다양한 방어에 대해 인식하고, 그 방어가 내담자를 보호하는 것으로 여기면서, 내가 다음에서 설명하듯이 내담자와 민감하게 협력하여 더 이상의 변화를 방해하는 장벽을 해체하도록 돕는 것이다.

방어와 저항에 대응하기

나는 이미 방어와 치료 과정 자체에 대한 저항이 실제로 고통스러운 감정과 생각, 기억을 막아주는 중요한 방법이라고 강조한 바 있다. 하지만 이러한 장벽들은 치료 작업이 진행되지 못하도록 방해해서, 치료가 멈춰 있거나 빙빙 도는 느낌을 줄 수 있다. 정신역동 상담자는 방어를 존중하는 동시에 더 깊은 수준에서 작업하기를 바라기에 내담자의 방어의 가치를 존중하면서도 동시에 그 장벽이 무너질 수 있도록 돕고자 한다. 의식적으로 또는 무의식적으로 사고와 감정을 부인하려는 노력은 내담자에게 상당한 긴장감을 일으킬 수 있으므로 생각, 감정, 기억을 표현할 수 있도록 하는 것은 궁극적으로 큰 안도감을 줄 수 있다.

모든 방어 이면에는 불안이 존재하기 때문에, 방어에 접근하는 방법은 바로 불안, 더 정확하게는 불안이 무엇에 관한 것인지 파악하는 것이다. 마치 방어 자체와 불안이라는 두 개의 장벽이 있는 것처럼, 불안 뒤에는 내담자가 알고 있지만 말하고 싶지 않은 비밀스러운 무언가가 있거나, 아직 내담자가 의식하지 못한 무언가가 있다. 불안은 기억에 관해 이야기하거나 생각이나 느낌이 표현되면 어떤 일이 일어날 것만 같은 두려운 감정이다. 그래서 내담자는 방어 뒤에 숨겨진 감정을 드러내는 것에 압도당할 것 같은 두려움을 느낄 수 있고, 치료자가 비판할까 봐 두려워할 수도 있고, 또는 자신들이 한 일이 드러나면 수치심이나 죄책감을 느끼게 될까 봐 두려워할 수도 있다. 방어에 정면으로 도전하는 것보다, 내담자와 연합하여 첫 번째 장벽인 방어 뒤에 있는 내담자의 '비밀'을 가리는 불안이 무엇인지 살펴보는 것이 바람직하다.

도움이 되지 않는 방어나 진행을 방해하는 저항 유형을 해결하는 유용한 방법은 다음과 같다. (1) 내담자의 방어적인 움직임을 인지하고, (2) 내담자가 자기 이야기를 솔직하게 이야기하는 데 방해가 되는지 스스로 물어보고, (3) 방어 뒤에 숨겨진 불안이 무엇 때문인지 스스로 물어보는 것이다. 내담자가 치료자인 내가 비판할까봐 걱정하고 있나? 내담자가 가진 생각이나 감정이 수치스러울까 봐 불안해하고 있나? 내담자가 기억을 이야기하면 너무 화낼까 봐 걱정하고 있나? 아니면 상담 회기가 끝날 때와 같이 상담 회기 중 적절하지 않은 시점에 너무 화를 내지 않을까 걱정하고 있나?

방어가 도움이 되지 않는다고 말하는 것이 옳고, 내담자가 방어 뒤에 두려워하는 것이 무엇인지 알 것 같다면, 자신이 어떤 감정을 느끼는지 스스로 물어보자. 그것이 방어와 불안이 감추고 있는 것에 대한 단서가 될 수 있는가? 그렇다면 내담자에게 실제 느낌, 생각 또는 기억 자체보다는 불안을 언급하면서 (식별할 수 있는) 방어기제 이면에 어려움이 있을 수 있다고 제시할 수 있다. 만약 자신이 내담자와 신뢰롭고 좋은 관계를 유지하고 있다고 생각하고, 자기 생각과 감정에서 실마리가 있다고 생각한다면, 방어 이면에 무엇이 있는지에 대해 말할 수 있다. 이제 내담자는 그들이 억누르고 있던 두려움에 관한 기억, 사고 또는 감정을 말하기 위해서 상담자의 초대를 받아들일지 여부를 선택할 수 있다.

나는 Karl과 맺은 계약의 문제점을 다시 언급하면서 이 점을 설명할 수 있다. 독자들은 기억하겠지만, Karl이 나와 6주 동안 만나기로 합의했지만, 두 번째 회기를 준비할 때 Karl이 늦게 도착하는 문제가 있었고, 그다음 2주 동안은 매번 늦게 도착했다. 겉으로 보기에 현실적인 합의에 따르도록 하는 것이 Karl에게는 자신을 통제하려는 시도로 느껴질 수도 있고, 그것이 감옥의 체제를 연상시킬 수도 있다는 것을 나는 알고 있었다. 하지만 그 시간을 더 유용하게 사용할 수 있는 사람들이 나를 만나고 싶어 한다는 것을 알기에, 내 시간을 낭비하는 것에 대해 점점 더 짜증이 났다. 나는 정말로 그가 늦는 것에 대해 내가 느끼는 것을 솔직하게 털어놓아야 한다고 생각했다.

그는 네 번째 회기에 정말 늦게 도착해서 "정말 미안해요. 빠져나올 수가 없었어요."라고 말했다. (a) 나는 '늦게 오는 것이 방어인 것 같다.'라고 생각했다. 그리고 (b) '이것이 그의 문제를 작업하는 데 방해가 되고 있고, 그는 여전히 나를 신뢰하지 않는 것 같다.'고 생각했다. 그리고 다음과 같은 방어의 가능성에 대해서 생각해 보았다. (c) '아마도 그는 나에게 어떤 식으로든 세뇌당할까 봐 두려워하고 있을지 모른다. 아마도 이것은 우리가 합의한 시간을 지키지 않음으로써 통제력을 표현하는 방법일 수도 있다. 아마도 이것은 그가 지금 자유로운 주체라는 것을 보여 주기 위한 시도일지도 모른다.' 또한 감옥에서의 경험과 관련하여, '아직까지 그가 느끼는 방식에 어떠한 변화도 만들어 내지 못한 나에게 아마도 화가 났을지 모른다. 아마도 자신이 늦은 것에 대해 아직 언급하지 않은 나에게 화가 나서 이번 주에 정말로 늦게 왔을지 모른다.'라고 생각했다

이런 가능성들을 생각해 보고난 뒤, 나도 나 자신에게 무엇을 느끼고 있는지 물었다. 사실 나는 이렇게 자꾸 늦어지는 것에 짜증이 났다. '내가 당신을 너무 오랫동안 내버려두었고, 당신이 나를 기다리게 해서 화가 난다.'라고 생각은 했지만, 말하지는 않았다. 그가 어떤 이유에서 나에게 화가 났는지 궁금했다. 그가 믿었던 만큼 내가 '훌륭한' 사람이 아니었을까? 많은 가능성이 있었기에 나는 기다렸다.

Karl이 감옥 생활에서 일상적인 루틴 없이 살아가는 것이 얼마나 이상한지에 대해 말했을 때, 나는 다음과 같이 말하였다. "이해할 수 있어요. 상담회기 시간을 정하는 것이 마치 감옥 생활의 반복처럼 느껴져서 두려울 수 있다는 생각이 들어요. 그래서 당신은 그 루틴에 저항하고 싶어하는 것 같아요. 그것이 당신을 화나게 하고, 제시간에 오지 않는 것으로 저항을 나타내는 것 같아요."라고 말하며 나는 Karl의 지각 문제를 다루기로 결심했다. 내가 가졌던 많은 생각들 중 하나였지만, 그것이 당시에 했던 생각 중에서 가장 관련성이 높아 보였다. 종종 정확한 해석만이 방어를 자유롭게 하고 두려움으로 가득 찬 감정을 드러낼 수 있게 해주지만, 내담자가 처음부터 해석을 올바르게 이해하는 것은 아니다. 그러므로 나는 치료 동맹에서 쌓아올린 신뢰를 무너뜨리지 않게 하려고 조심하면서, 동시에 중요한 자료가 될 수 있는 것으로부터 멀리 떨어져 있지 않으려고 한다.

따라서 방어와 저항에 대한 대응에는 다음이 포함될 수 있다.

1. 저항이나 방어가 있는지, 그리고 그것이 무엇인지를 파악하기
2. 말하기 전에 생각하기
3. 같은 호흡으로 방어에 관심을 보이기
    - 다음에 관해 설명하기

–내담자의 불안을 파악한다.

–가능하면 저항하고 있는 느낌이나 생각을 파악한다.

–내담자가 해석을 확인하거나 거부하도록 초대한다.

- 또는 내담자의 불안을 인식하고 내담자가 두려워하는 감정이나 사고에 대해 생각하도록 초대하기

내담자에게 어려운 생각과 감정을 표현하는 것을 배우도록 하는 한 가지 방법은 상담자가 특정 내담자에게 진정으로 하고 싶은 말이 무엇인지 스스로 생각해 보는 것이다. 이는 상담자가 자신의 실제 감정과 사고에 마음을 열고, 항상 모든 사람에게 친절하고 인내심을 가지고 온화해야 한다는 이상화된 자아상에서 벗어날 때만 가능하다. 이 장에 첨부된 연습은 먼저 당신이 말하고 싶은 것을 생각한 다음, 방어를 존중하고, 그 이면에 있을 수 있는 불안을 해결하는 방식으로 그것을 조정하는 과정이 중요하다는 것을 보여 준다.

Hannah의 사례

세 번째 상담 회기 도중에 Hannah는 그들이 런던에서 쫓겨났고 어떻게 자신이 지금 일하는 마을에 왔는지에 대해 더 많이 말해 주었다. 그 일은 임시직이었고, 할아버지와 자신이 작은 아파트에 머물 수 있을 만큼 벌 수 있었다. 그녀는 여전히 우울했지만, 나는 그녀가 지금 설명하고 있는 것의 상당 부분이 별다른 느낌 없이 사실적인 정보라고 느꼈다.

네 번째 상담 회기는 몇 분간의 침묵과 함께 시작되었고, 분명히 그녀는 시작하기를 꺼려했다. 나는 침묵을 깨면서 그녀에게 무엇 때문에 말하기 어려운지를 질문하였다. Hannah는 1~2분 후에 대답했다. "아직 당신에게 말하지 않은 것이 있어요." "무엇 때문에 말하기 어려운가요?"라고 말하면서, 그녀가 말할 수 없는 것을 끌어내려고 하기보다, 먼저 저항에 집중하며 질문했다. Hannah가 "모르겠어요."라고 대답

했다. 그녀가 직접 설명할 수 없었기 때문에 다소 불확실하게 설명이 될 만한 것을 찾으며 "나를 믿을 수 없나요?"라고 질문했다. "아마도." Hannah의 목소리는 매우 낮고 절제되어 있었다. "아마도 나에게 하고 싶은 말을 하게 되면 당신이 너무 화낼 거라고 생각하나요?" 이것 또한 공감하려는 시도였다. 그녀의 눈에 눈물이 고였다. 그녀는 주춤거리며 말하기 시작했다.

"내가 말씀드렸던 그 꿈, 집주인이 여기까지 따라왔던 그 꿈 말이에요. 그건 사실이 아니었어요." 그녀는 자신의 할아버지가 여전히 도박을 하고 있고, 직장에 있는 동안에는 도박장에 가서 그들이 가진 적은 돈을 낭비하고 있다는 것을 알게 되었다. 그들을 따라온 것은 집주인이 아니라, 예상 가능한 것처럼 도박과 관련된 할아버지의 문제였다. 왜냐하면 문제에서 도망치는 것이 지속적인 해결책이 될 수 없기 때문이다.

나는 그 꿈이 순수한 발명품이라고 생각하지 않았다. 나는 그 꿈을 통해 방어와 그 불안감에 접근할 것이다. "하지만 당신은 꿈에 대해 이야기했어요… 그 꿈은 무엇에 관한 것입니까?"

"어느 날 밤, 잠이 들었는데, 사실 꿈을 꾸고 있었어요. 타워에서 떨어지는 악몽 같은 꿈 등이었죠. 나를 깨운 것이 꿈이었는지 방 안에서 난 소리였는지 모르겠지만, 누군가 내 침실 문을 열고 들어오는 것을 알게 되었어요. 어두웠고, 커튼의 틈새로 불빛이 조금 들어올 뿐이었고, 나는 그림자밖에 볼 수 없었어요. 나는 그것이 집주인이고 그가 우리를 따라온 것으로 생각했기 때문에 겁이 났어요. 그림자가 방 안에서 움직였고, 침대 커버 너머로 느껴졌어요. 내가 벗어둔 옷이 침대 끝에 있었고, 그것이 누구든 모든 감각을 통해 느껴졌어요. 그러고 나서 그는 여기저기 더듬거렸고, 나를 만지리라 생각했지만, 클립이 떨어지고 노트를 꺼내는 소리가 들렸는데 그가 내 지갑을 찾는 것이 분명했어요. 나는 움직일 수 없었고, 너무 무서웠어요."

"누군가가 문밖으로 조용히 나갈 때까지 가만히 누워 있었어요. 나는 할아버지가 걱정돼서 조용히 일어났어요. 심장이 쿵쾅거렸지만, 할아버지가 괜찮으신지 가보기 위해 문 옆에서 모든 것이 조용해질 때까지 기다렸다가 복도를 따라 그의 방으로 슬금슬금 걸어갔어요. 조용히 문을 열어 보았는데…"

Hannah는 울음을 터뜨렸다. 몇 분 지나서 그녀는 다시 이야기를 시작하였고, 그때

Hannah는 그 공포가 어떻게 걷잡을 수 없는 슬픔으로 바뀌었는지 이야기해 주었지만, 큰 소리로 울지는 못했다. 그녀가 본 것은 할아버지가 그녀의 지갑에서 가져온 파운드 지폐를 움켜쥔 채 침대 위에서 잠들어 있는 모습이었다.

그 당시 압도되어 표현할 수 없었던, Hannah의 슬픔은 그 이후로 계속되었다. 그녀는 할아버지를 두려워했고, 그를 뒷걸음질 쳐야 할 사람으로 여겼다. 그리고 할아버지에 대한 애정으로 인해 자신이 본 매우 사악한 노인과 연결 짓기가 고통스러우리만큼 어려웠다. 회기의 나머지는 그러한 감정들을 떠올리게 하였다.

다섯 번째 회기에서 Hannah는 꿈으로 돌아갔고, 그 사건 이후에 집주인이 자신과 성관계를 하고 싶어 하는 꿈을 꾸었다. 일반적으로 일주일에 한 번 만나는 정신역동 상담이었기에, 이보다 더 자주 만나는 심리치료에서처럼 꿈을 최대한 많이 활용하기가 어려웠다. 꿈 연상의 풍부함은 내담자의 마음속에 너무나 많은 다양한 연상들을 일으켜서, 일주일에 한 회기로는 세부 사항뿐만 아니라 현재나 과거의 다른 사건들에 대해 작업할 시간이 너무 없었다. 하지만 나는 이 경우 꿈이 방 안에 있던 사람과 무서운 경험으로 밀접하게 연결되어 있고, 할아버지가 자신의 방과 옷 그리고 지갑을 손댄 것은 일종의 익숙한 침범 경험이었으며, 그녀의 마음속에서는 이미 겪었던 집주인의 성적인 위협과 연관되어 있다고 느꼈다. 동시에 꿈 연상은 그녀의 불안함을 나타내기도 했지만 그것을 위장하기도 했다. 따라서 그것은 근친상간의 암시로부터 그녀를 보호했다.

이것은 느리고 민감한 작업이었다. 나는 Hannah의 말과 그에 대한 내 생각을 하나로 모으려 했다. 내가 했던 주요 개입을 보고함으로써 우리의 상담 회기를 가장 잘 요약할 수 있을 것이다.

“왜 내가 정신분석가인 것에 대해 그렇게 걱정했는지, 그리고 성이 당신에게 어떤 의미인지 이제 이해할 것 같아요. 내가 지금 하려는 말이 당신의 두려움을 확인하는 것처럼 받아들일지도 모르겠다는 생각이 들어요. 마치 내가 당신에게 매우 사적인 일들에 대해 너무 개인적으로 다가가는 것으로 보일 수도 있어요. 하지만 지난주에 당신이 내게 말한 것, 당신의 방에서의 그 끔찍한 경험, 그리고 이번 주에 집주인이 당신과 성관계를 원하는 꿈에 관해 말한 것에서, 나는 당신이 두렵고 연결하기 어려워하는 연결고리를 볼 수 있었어요. 당신의 할아버지는 돈을 원했고, 그것도 충분히 나쁜 일이었지만, 이런 일을 겪는 것은 마치 당신이 집주인과 성관계를 한 것처럼 불쾌하게 느껴졌을 거예요. 당신과 당신의 할아버지는 항상 가깝게 지내왔지만, 그가 그날 밤처럼 당신에게 너무 가까이 다가오는 것이 끔찍하게 느껴졌을 거예요. 내 생각에 당신이 이전에 누군가에게 말하는 것이 불가능하다고 인식한 이유는 그가 너무 가까이 있기 때문이었던 것 같아요. 당신은 그것을 스스로 인정하는 것이 두려웠겠지만, 아마도 그것은 침범을 당한 것과 같았을 거예요."

한편으론, 그렇게 길고 익숙한 감정에 대한 나의 개입이 너무 강압적으로 느껴졌을지도 모른다는 불안감이 들었다. 나는 Hannah가 할아버지 침대 가까이에 있는 것이 위험하게 느껴졌기 때문이다. 하지만 Hannah에게 내 말이 위협적으로 들리는 것을 원치 않았다. 반면에 침착하게 말하면서, 그녀의 반응을 지켜보며, 내 생각을 관철하는 것을 어느 순간 멈추자, 마치 안전한 상황에서 어렵고 익숙한 무언가가 직면 되는 것처럼 느껴졌다. 나는 상담 회기를 시작할 때 그녀가 망설이는 것을 조심스럽게 다루려고 노력했다. 그녀가 내게 '뭔가'를 말하기 어려운 이유를 찾고 있었다. 그녀가 말해 주었던 집주인이 자신과 성관계를 갖기를 원하는 꿈은 그녀가 할아버지의 침입을 어떻게 경험했을지에 대한 실마리를 주었다. 꿈은 그녀를 괴롭혔던 무언가를 숨기기도 하고 (방어를 위해 종종 그렇게 하는 방식으로) 동시에 드러내기도 하였다. 나는 마음속으로 그녀가 처음에 나에게 했던 질문에 대해 다시 떠올렸고, 이제 무엇이 그녀를 괴롭히고 있는지에 대한 추가적인 단서(첫 회기에서 그녀가 초기 저항으로 위장한 것)를 얻을 수 있었다.

나는 Hannah가 자신의 할아버지와 함께 이 사건을 소개했을 때, 혹시 나에 대해서도 말하고 있는 것은 아닌지(아마도 전치의 예일 것이다) 의문이 들 수밖에 없었다. 어떤 면에서는 분명히 그렇지 않았는데, 왜냐하면 그녀가 우울해서 도움을 구하도록 이끈 이러한 사건들은 Hannah가 나를 알기 전에 일어났기 때문이다. 하지만 정신분석과 성에 대한 그녀의 방어적인 태도와 처음 상담을 받으러 왔을 때 했던 나에 대한 저항은, 첫 상담 당시에는 이유를 알 수 없었지만, 그녀의 끔찍한 경험과 연관되어 있었다. 나는 이렇게 사적인 것들에 관해 부드러운 탐색과 함께 이야기하고, 그녀의 감정을 나에게 드러내는 것이 우리의 상담 관계와 외부의 삶 사이의 유사점들을 암시하는 것은 아닌지 궁금했다. 내가 "당신에게 매우 사적인 일들에 대해 너무 개인적으로 다가가는 것으로"이라고 말하면서, 내 해석과 그녀의 이전의 부정적인 성경험 사이에 중요한 연결고리를 만들고 있었다. 내가 그녀를 불안하게 만드는 남자들의 또 다른 본보기가 되지 않기 위해서 나는 내가 한 말에 대해 어떠한 거부감도 주지 않으려고 노력했다. 동시에 나는 우리가 가진 것이 더 협력적인 파트너십이라는 것을 보여 주려고 노력했고, 이것은 그녀가 남녀 사이에 더 긍정적인 관계가 존재할 수 있다는 것을 깨닫게 도와주었다.

방어와 저항은 정신역동적 상담과 치료에 있어 매우 중요한 특징이다. 상담자와 내담자 사이의 중심적 관계는 정신역동적 접근의 또 다른 주요 측면이다. 상담자의 최선의 노력에도 불구하고 내담자가 보여 주는 저항 중 일부는 상담자와 내담자의 관계가 때때로 전이의 영향으로 방해받는 방식을 보여 주는 것으로 더 잘 이해될 수 있다. 전이는 치료 관계에 대한 정신역동적 이해를 보는 한 가지 방법일 뿐이며, 그 다양한 차원은 다음 장의 주제다.

추가 읽을거리

나는 이 장에서 때때로 '갈등의 삼각형'이라 불리는 것, 즉 방어–불안–숨겨진 느낌에 관해 설명했다. 이것은 주로 David Malan이 단기 정신역동적 치료에 관한 연구에서 개발했고, Malan의 『Individual Psychotherapy and the Science of Psychodynamics』(1979)에 설명되어 있다. 두 개의 '사람의 삼각형' 중 하나로서, 이 삼각형의 중요성은 『British Journal of Psychotherapy』(1984)에 실린 Angela Molnos의 「The two triangles are four: a diagram to teach the process of dynamic brief psychotherapy」에 설명되어 있다. 이것은 방어와 저항에 대한 유용한 부분들이 있는 Rob Leiper와 Michael Maltby의 『The Psychodynamic Approach to Therapeutic Change』(2004: 55-7, 70-3, 106-10)에서 더 간단하게 설명되어 있다. Susan Howard의 『Skills in Psychodynamic Counselling and Psychotherapy』(2010: 103-15)는 '방어의 이해와 다루기'를 설명하는 매우 유용한 장이다. J. Davy와 M. Cross의 『Barriers, Defences and Resistance』(2004)는 다양한 양식에 걸친 방어와 저항에 관한 종합적인 연구 덕분에, 내 생각에는 정신분석이 그들과 그들의 기능을 가장 완벽하게 인식하고 있음에도 불구하고, 방어와 저항에 대한 지식이 단지 정신역동에만 국한되지 않음을 보여 주고 있다.

연습하기

Karl의 지각(pp. 159-160)을 다룬 예시에 나온 접근법을 사용하여 다음과 같은 상황을 생각해 보고 상담자로서 다음과 같이 생각해 보라.

a. 각 회기에 나오는 방어나 저항의 유형을 파악하라. Angela의 배경정보가 충분치 않아 그녀가 무엇을 숨기고 있는지 알 수가 없다.
b. 내담자가 무엇을 방어하고 있는가? 이에 대해 다양한 가능성을 생각해 보라.
c. 그런 다음, 방어에 관한 자신의 반응을 생각해 보라.
d. 방어에 대해 다룰 기회가 주어진다면, 무슨 말을 할지 생각해 보라.

Angela는 실제 인물이 아니기 때문에 다양한 아이디어를 떠올려 보고, 그룹의 사람들과 다양한 가능성에 대해 토론하라. 중요한 것은 정답을 찾는 것이 아니라(방어나 저항을 파악할 때를 제외하고) 방어에 대처하는 방법을 생각해 보는 것이다.

1. Angela는 전에 만난 적이 있는 새로운 내담자다. 그녀는 상담자가 얼마나 훌륭한지, 자신을 완전히 무시했던 끔찍한 남편과 별거하는 동안 얼마나 큰 도움이 되는지, 그리고 상담하는 동안 얼마나 안심이 되는지 계속해서 이야기한다.
2. Angela는 거의 모든 질문에 '네. 그렇지만…'이라고 답하며, 당신의 말에 동의하는 것처럼 보이지만, 당신이 한 말을 계속해서 반박한다.
3. 지난주 힘든 상담을 마친 후, Angela는 그녀가 전 남편의 행운을 부러워하는 것처럼 보인다는 상담자의 말을 수긍하기가 어려웠다. 그리고 이번 주에 와서는 지난 회기가 끝난 후 상사와 격렬하게 다퉜다는 말을 하며 회기를 시작한다.
4. 그 전까지 우울하다고 불평했던 Angela가 그다음 주에 와서는 자신의 기분이 얼마나 나아졌는지 말한다. 그리곤 그녀의 어두운 기분이 완전히 풀려서 더 이상 오지 않아도 될 것 같다고 말하였고, 당신도 정말 훌륭하다고 말한다.
5. Angela는 빨리 상담을 중단한 것이 어리석었음을 깨달았다. 시간이 지날수록 남편에 대한 불평이 쌓여가고, 이혼 합의에 대해 보인 남편의 까다로운 태도는 도저히 멈출 기미가 보이지 않는다.

상담의 중간 단계: 치료적 관계의 중요성 06

대화 치료법이 처음 개발된 이후로, 명백했던 이야기일지 모르겠지만, 변화를 촉진하는 가장 중요한 요소는 이론적 관점의 차이보다 내담자와 상담자 또는 치료자 사이의 관계 질이라는 사실은 이제 잘 인식되고 있다. 물론 이것은 의료계에서 이미 알려진 사실이어서, 당시 '주치의'는 환자를 잘 아는 진단자로서 배려심 많고 안심시켜 주는 온화한 인물이었다. 실제로 내담자가 전문가보다 비전문 조력자로부터 더 큰 효과를 인식한다는 것을 나타내는 일부 연구(Durlak, 1979)가 있으며, 이는 진실하고 헌신적인 돌봄의 정도가 치료의 한 요인임을 제안한다. 또한 경험이 많은 치료자들의 작업 방식은 그들의 이론적 입장과는 관계없이 생각하는 것보다 더 많은 공통점을 가지고 있다. 그리고 특정 지향(orientation) 내에서 경험이 있는 치료자와 경험이 없는 치료자 간의 차이가 모든 주요 학파들의 경험이 있는 치료자들 간의 차이보다 크다고 생각된다. 그 이유는 숙련된 치료자가 내담자와 관계를 맺는 방식이 이론적 입장보다 실제로 내담자에게 더 중요하기 때문일 수 있다. 개인초월적(transpersonal) 심리치료자인 John Rowan과 나는 치료자가 자신을 사용하는 방식이 치료훈련의 기술을 배운 사람들과 기술에 의존하는 것을 넘어 치료적 관계에서 자신을 더 많이 활용하는 사람들을 구별하는 요소라고 주장했다(Rowan and Jacobs, 2002).

정신역동상담에 입각한 정신분석가의 전형적인 모습은 인간미 없으며(impersonal) 조용하고 보이지 않는 치료자가 소파 뒤에 앉아서 환자를 '정신분석' 하는 모습이기 때문에, 나는 이 장의 시작 부분에서 이 점을 강조한다. 이 정신분석은 엄격한 이론적 모델에 따라, 때로는 놀라운 해석을 제공하여 무의식의 뚜껑을 열고서 환자를 괴롭히는 모든 것에 대한 이유를 보여 준다. 나는 그런 사람이 되기를 열망하는 분석가와 정신역동 상담자를 알고 있다. 정신분석 저술에는 인간미 없는 치료자의 견해를 뒷받침하는 몇 가지 증거도 있다. 예를 들어, Freud는 다음과 같이 썼다.

> 나의 동료들에게 강력히 촉구한다. 정신분석으로 치료하는 동안 최대한 가장 숙련된 수술을 수행하기 위해 주력하는 외과 의사의 경우처럼, 하나의 목표에 정신력을 집중하기 위하여 모든 감정과 심지어 인간적인 동정심까지 일시적으로 제쳐 놓기를 강력히 권한다. 분석가에게 요구되는 정서적 냉정함은 양측 모두에게 최적의 조건을 제공하기 때문에 정당화된다. 치료자에게는 자신의 정서 생활을 원하는 수준으로 보호하는 데 도움이 되고, 내담자에게는 현재로서 최상의 도움을 제공할 수 있기 때문이다. (Freud, 1912/2002: 36)

그러나 이는 Freud가 실제로 실천한 방식과는 거리가 먼 것 같다. 그의 사례 연구와 환자의 증언은 그가 내담자와 매우 일상적인 방식으로 관계를 맺었으며, 내담자가 어려움을 겪을 때 달래주기도 하고, 가끔은 자신과 가족에 관해 이야기도 나누며, 형편이 어려울 때 돈을 대주기까지 했으며, 다음과 같은 기억에서처럼 깊은 공감을 나타내기도 하였음을 보여 준다.

> 내가 떠나면서 그와 악수를 하였을 때, 그는 나를 똑바로 쳐다보았고, 다시 한번 나는 그의 눈빛에서 부드럽고 슬픈 따뜻함을 느꼈다. 그 모습에 대한 기억은 평생 나에게 남아 있다. (Goetz, 1975: 138-43)

Lomas(1973, 1981)는 관계를 다소 먼 '빈 스크린'으로 보는 전통적인 정신분석적 관점에 대해 특히 비판적이었다. 그는 치료자가 실제(real) 사람처럼 행동하는 것의 가치를 강조했다. '평범(ordinary)'은 치료적 관계를 설명하기 위해 그가 자주 사용하는 단어이다. 주요 정신분석가들이 작업한 방식에 대한 설명을 더 면밀히 조사할 때, 단순히 그들에 관한 책(예를 들어, Freud와의 만남에 대한 Goetz(1975)의 전체 설명과 Anna Freud에 대한 Couch(1995), Fairbairn 및 Winnicott에 대한 Guntrip(1975), Winnicott에 대한 Little(1985), 그리고 Klein 학파 분석가와의 다양한 경험에 대한 Hill(1993))을 읽으면서 상상할 수 있는 것보다 우리는 실제로 그들에게서 훨씬 더 큰 '평범함(ordinariness)'(환자와 함께 존재하고 환자를 이해하는 모든 기술과 함께 사람과 사람을 연결하려는 의지)을 발견한다. 내 생각에는 평범함이 치료적 관계의 기초이다. 내담자가 우리를 단상(pedestal)에 두려는 유혹을 받더라도 우리 자신을 높은 곳에 두지 않으려면 겸손이 필요하다.

인간중심 상담자가 확인한 핵심 조건과 인본주의 상담자가 설명하는 진정성은 치료적 관계의 기초의 일부라고 생각하지만, 정신역동치료와 상담에는 그 이상의 것이 있다. 이 장에서 주로 다루는 작업 동맹, 전이 및 역전이, 비전이(non-transference) 및 전치와 같은 다른 차원도 있다. 이것이 아마도 정신역동이론과 실무(practice)을 독특하게 만드는 이유일 것이다. 동시에 나는 상담자이자 치료자로서의 나의 임상을 통해서뿐만 아니라, 정신역동적 또는 정신분석적 관점에서 점점 늘어나는 문헌을 성찰함으로써 우리가 더는 정신역동적 임상가로서 단지 전이와 역전이의 관점에서 생각하는 것에만 만족할 수 없다는 것을 확신한다.

일부 통합 수련에서는 Clarkson의 5 관계 모델(1991, 1994, 2003)을 사용한다. 그녀 자신의 배경은 정신분석적이며, 치료적 관계의 다섯 가지 측면 중 네 가지 측면에 대해 정신분석적 사고를 상당히 많이 활용하고 있다. Clarkson의 것과 약간 다르지만, 나 역시 다른 책(Jacobs, 2001)에서 다섯 가지 관계 스타일을 채택했다. 아마도 그러한 차이는 상담자와 내담자 사이에 발전하는 관계를 포함하여 모든 관계에 존재하는 다양한 요인을 나타낼 수 있다. 편의상 나는 평범한 관계, 작업 동맹, 전이 및 역전이, 비전이, 그리고 Clarkson의 회복 또는 발달에 필요한 관계에 집중하고자 하나, 치료적 관계는 몇몇의 특정한 측면에만 종속될 수 있는 것은 아니다.

평범한 관계

치료적 관계에 관한 정신역동이론은 내가 지금 평범한 관계라고 부르는 것을 '실제 관계(real relationship)'라고 부르는 경향이 있다. 이는 일반적으로 한 사람은 도우미 역할을 하고 다른 사람은 도움을 구하지만 본질적으로 두 명(또는 그 이상)의 사람이 함께 모인다는 것을 인식하는 것이다. 다른 무엇이 그들을 구분할지라도, 비록 그들의 개인적인 상황에서 기쁨과 슬픔이 다른 의미가 있음에도 불구하고, 그들은 평범한 인간이며 삶의 기쁨과 슬픔을 공유한다. 자신을 평범한 인간으로 이해하는 상담자를 통해서, 부분적으로 정신역동적 접근 훈련의 매우 중요한 부분으로 느껴지는 자신의 개인 상담이나 치료를 통해, 내담자들이 자신들의 상황을 설명하는 것처럼 그들은 때때로 끌어낼 수 있는 관련된 개인 지식을 찾는다. 이러한 상담자는 내담자의 이야기를 들으며, "하나님의 은총이 없었더라면 나도 저렇게 되었을 거예요."가 아니라 "나도 마찬가지예요."라고 말한다. 훈련기간이 아무리 길다고 해서 정신역동 상담자 또는 정신분석 치료자가 내담자보다 더 특별해지지는 않는다.

Jung 학파는 종종 '상처받은 치유자(wounded healer)'를 언급한다(Samuels, 1985: 187-91). 대상관계의 입장에서 Guntrip은 치료자는 단지 전문적으로 해석하는 사람이 아닌 "온전하고 실제(real) 인간이어야 한다고 썼다. 그래야만 환자는 자기 자신을 발견하고 자기 권리를 지닌 사람이 될 수 있다"(1971: 66). Lomas는 "환자의 가장 중요한 욕구는 이해받고, 소중히 여겨지고, 사랑받으며, 치료자에 의해 평등한 동료 인간으로서 존중받는 것이다. 이것은 환원 불가능한 것이며 단순한 전이가 아니다."(1973: 133)라고 분명히 말한다.

Ralph Greenson(1967: 216-24)이 정신분석 문헌에서 처음 설명한 이러한 '실제 관계(real relationship)'는 흥미로운 질문을 불러일으킨다. 이것은 인간중심 상담의 진정성(genuineness)이나 일치성(congruence)과 유사한가? Mearns와 Thorne이 지적했듯이 일치성의 동의어는 실제성(realism)과 진정성(authenticity) 이다(2013: 202). 그러나 일치성(Mearns and Thorne, 2013: 98-128)에 대해 읽어본 결과, 대부분 별문제 없이, 나중에 설명하려고 하는 '역전이'에 더 가까운 것 같다. 예를 들어, 내담자가 최근 가까운 사람의 사망을 보고한 경우 염려를 표명하는 것과 같은, 일부 중복된 내용이 있다. 절제(abstinence)의 가치에 대한 믿음 때문에 내담자의 극심한 고통을 완화할 수도 있는 평범한 인간적 반응을 보류하는 것은 명백히 잘못된 것이다. 일치성과 마찬가지로 평범한 관계는 역할 뒤에 숨지 않는 것을 의미한다. 여기에는 정신역동 상담자가 좀 더 개인적인 관점을 공유하는 경우가 포함된다. 그리고 자기 노출을 포함하는 일치성은 내담자의 행복(wellbeing)에 도움이 되어야 한다는 Mearns와 Thorne의 의견에 동의하지만(2013: 116), 일반적으로 정신역동상담에서는 자기 노출이 적다. 자기 노출은 다른 지향(orientation)과 마찬가지로, 정신역동 모임에서 자주 토론하고 논의되는 까다로운 질문 중 하나이다. 내 경우를 말하자면, 나는 좀처럼 상담 관계 이외의 사항에 대해서는 개인 사정이나 개인사를 거의 공개하지 않는다. 상담 관계에서 평범한 방식으로 내가 경험하고 있는 것을 노출하는 것이 훨씬 더 일반적이고 관련성이 높다.

평범한 관계는 상담자와 내담자 사이의 복잡한 개인적 상호작용의 한 측면일 뿐이며, 항상 작업 동맹과 전이의 맥락에서 보아야 한다. 치료자는 주도적으로 나서지 않음으로써, 내담자가 그 공간을 사용하여 자신의 이야기와 연관성을 발전시키도록 격려한다. 이것은 작업 동맹의 한 측면이지만 치료자가 자신의 감정과 반응(역전이)을 모니터링할 수 있는 공간을 만들어 주기도 한다. 처음 훈련 중인 상담자는 내담자와 서로 다른 감정(일부 도움이 되고 일부는 도움이 되지 않음)을 공유하는 것을 자제하도록 도움을 받아야 하는 경우가 많다. 왜냐하면, 이렇게 하면 내담자가 자신을 충분히 표현하는 것을 방해할 수 있기 때문이다. 이것은 처음에 수련생에게 가식처럼 보이고 실망스러워 보일 수 있는데, 그들이 내담자를 구출하려고 뛰어들고 싶지만 내담자에게 반응하지 않는 것이라고 여길 수 있기 때문이다. 그러나 상담자는 즉각적인 개인적 반응과 감정을 지켜보는 방법을 배운다. 이에 대해 Kennedy와 Charles는 "성숙한 상담자는 상담에서 하는 일이 자신을 변화시키도록 요구하는 것이 아니라 자신의 최선의 자기에 더 가까이 다가가도록 초대한다는 사실을 인식한다."(1989: 62)라고 제시하였다. 자신감이 커짐에 따라 정신역동 상담자는 자기 노출과 '절제' 사이의 긴장을 유지할 수 있다는 점을 관찰하게 된다(1989: 45-7).

진정성 있는 일부 자기 노출이 중요하고 도움이 될 수 있다는 점에는 동의하지만, 때로는 그것이 작업을 왜곡하기도 한다. 때때로 자신의 어떤 것을 노출하는 것이 내담자 쪽에서 더 개방적인 태도를 보이도록 장려하지만, 역효과를 낳을 수도 있다. Peter Lomas는 다음과 같이 기록한다: "내가 겪은 가장 고통스러운 경험 중 일부는 환자에게 내 마음을 주었을 때 환자가 내 행동의 진실성을 그의 조작력(manipulative power)의 승리로 이해했다는 것을 알게 된 경우이다"(1981: 144). 일부 내담자는 훨씬 더 많은 것을 원한다. 그들은 깊은 인간적 접촉에 너무 목말라서 치료적 관계에 대한 상담자의 제안을 받아들이고 실현될 수 있는 것보다 훨씬 더 깊고 친밀한 관계에 대한 기대를 높인다. 다른 내담자들은 가까이 다가가려는 시도나 도움을 주려는 시도조차 거부한다. 상담자의 오류 가능성(fallibility)과 무지는 상담자가 도와주기를 명백하게 꺼리고 있다는 분노로 전환될 수 있다. 사실, 고통을 겪고 있는 사람들이 상담자, 치료자 또는 권위 있는 인물을 본질적으로 또 다른 한 사람으로 보는 것은 상당히 어려울 수 있다. 여기에서 전이의 개념을 이해하고 활용하는 것에 엄청난 가치가 있다. 이렇게 다양한 유형의 작업이 평범한 것, 작업 동맹, 전이 및 역전이 사이로 끊임없이 조화롭게 작동하며 이동할 때, 상담자와 내담자 관계는 더욱 평등하고 실제적인 파트너십으로 이어진다.

작업 동맹

자원봉사 상담자에 의해 수행되든지, 급여를 받거나 개인 상담실에서 수행되든지 여부와 관계없이 상담은 전문적인 활동이다. 조직 안에 최소한 현재까지는, 급여를 받거나 자영업 치료자뿐만 아니라 자원봉사 상담자도 포함되어 있는 것은 영국 상담심리치료협회(British Association for Counselling and Psychotherapy)와 국립상담학회(the National Counselling Society)가 발전하는 강점 중 하나이다. 상담은 개인적인 문제에 대해 협력적으로 **작업**하는 것을 포함하며, 이를 위해 내담자를 온전히 포함시켜야 한다. 상담자와 내담자 사이의 적극적인 협력이 필요한 과제가 있다. 항상 명확하진 않겠지만, 가능한 경우 달성해야 할 합의된 목표가 있다. 이 모든 것은 처음에 내담자를 상담에 이끈 동기에서 비롯된다. 이미 이전 장에서 논의한 계약, 시간 관리, 기록, 슈퍼비전, 상담료 또는 비용과 같은 요소들은 이 관계를 '친구 간의 대화(friendly chat)'와는 다른 차원으로 설정한다.

내담자 역시 높은 수준의 전문성과 동시에(Lomas, 1973: 137) '인간의 고뇌를 다루는 데 숙련된 사람'으로 기대한다. 상담자와 내담자 사이에 존재하는 작업 관계는 정신역동적 실무에서 작업 동맹으로 알려져 있으며 기본적으로 성인과 다른 성인의 만남 중 하나이다. 단순히 두 명의 평범한 인간으로서뿐만 아니라 어떤 문제나 일련의 문제에 대해 함께 작업하기 위해 만나는 두 사람(또는 집단상담에서 그 이상)의 관계라고 할 수 있다. 일부 상담자는 '문제'라는 용어로 생각하는 것을 좋아하지 않지만, 우리가 어떤 단어를 선택하든 내담자는 삶의 하나 이상의 영역에 확실히 문제가 있다고 인식하기 때문에 찾아온다. 상담에는 특정 어려움을 이해하고 변화시키려는 노력에 참여하는 사람들 간의 합의가 포함된다. 이는 일부 내담자들이 그렇다고 생각하지만, 상담자가 개인적인 문제가 없다는 것을 의미하는 것이 아니라, 치료자의 개인적인 한계와 심리적 어려움은 치료를 위해 대부분 한쪽으로 치워져 있다는 것을 의미한다. 물론 치료자들은 그들만의 의제를 가지고 있지만, 그들은 내담자가 아닌 다른 곳에서 개인의 건강과 발전을 위한 자원을 찾아야 한다.

나는 3장에서 정신역동상담이 적절한지 결정하기 위해 상담자가 평가하려고 시도하는 내담자의 몇 가지 특징과 그들이 제시하는 문제를 설명했다. 이 평가에는 합리적인 작업 동맹이 가능한지 아닌지가 포함된다. 왜냐하면, 치료 과정에서 내담자는 사고와 감정의 자유로운 연상이 장려되는 주관적인 지금 여기(here-and-now) 경험 사이를 오가도록 권장되기 때문이며, 또한 의식의 흐름이 무엇을 의미하는지 살펴보고 토론할 수 있는 보다 객관적인 자기 성찰이 권장되기 때문이다. 이는 상담자에 대한 전이 반응과 위에서 이미 설명한 평범한 관계 사이를 이동하는 것을 의미할 수 있지만, 상담실에서 무슨 일이 일어나고 있는지, 무엇을 생각하고 느끼고 있는지에 대해 항상 작업할 수 있다는 의미이다.

Greenson(1967: 190-216)은 자신이 특정 작업 방식을 채택한 이유를 내담자에게 설명하는 것이 중요하다고 생각한다. 그는 내담자에게서 행동화하지 않고 말과 감정을 통해 의사소통할 수 있는 능력을 찾는다. 또한 치료자 말을 듣고, 성찰하고, 반응하고, 동의하고, 반박하는 능력, 회기 내에서뿐만 아니라 회기 외부에서도 자신의 아이디어를 형성할 수 있는 능력을 찾는다. 또한 그는 내담자로부터 이해하고자 하는 의지와 치료자와 함께 답을 찾으면서 책임을 공유하려고 하는 소망의 증거를 찾는다. 작업 동맹에서 치료자에게 기대하는 것에 대한 Greenson의 설명은 훨씬 더 풍부하다. 이것은 다음과 같은 질서, 구조 및 루틴을 제공하는 것을 포함한다. 예를 들어, 시간 준수, 휴가 및 변경 사항에 대한 적절한 안내, 내담자에 대한 헌신, 실재적이고 합리적인 태도, 내담자가 과정에 대해 의아해하는 경우 이해하도록 돕기, 치료자가 주로 사용하는 문구와 전문 용어에 대한 풀이와 설명 제공, '이 아이디어에 대해 어떻게 생각하시는지 궁금하다.'와 같이 공유된 작업을 나타내는 문구 사용, 치료자가 잘못했거나 올바르게 이해하지 못했을 때 인정하는 능력, 내담자가 옳다고 생각하는 치료자에 대한 인식을 포함하여 내담자의 인식을 인정하고 지지하기, 치료가 어떻게 진행되고 있는지 수시로 반영하기, 개인 발달 이론에 대한 풍부한 실무 지식 등이다.

치료적 관계의 다양한 측면이 합쳐진다는 것(confluence)은 작업 동맹이 평범한 관계와 마찬가지로 내담자 측의 전이 반응이나 상담자 측의 역전이 반응 때문에 영향을 받고 왜곡될 수 있음을 의미한다. 일부 내담자는 처음에는 자신을 성찰할 준비와 능력을 보일 수 있지만, 상담이 진행됨에 따라 특정 개입을 자신들에 관한 판단으로 경험하게 되면서 방어적으로 반응하거나 분노로 반응할 수 있다. 일부 내담자는 상담자가 모든 답을 갖고 있지만, 고의로 답을 보류하면서 내담자가 스스로 답을 찾을 때까지 기다리고 있다고 생각한다. 다른 내담자들은 자신의 의견이나 불일치를 표현하는 것이 치료자의 권위에 도전하는 것으로 생각하기 때문에 표현하지 못한다. 이러한 전이 반응과 기타 전이 반응은 작업 동맹에 방해가 되며, 실제로 평범한 관계에서 불리하게 작용한다. 이런 것이 전이이며, 전이는 상담자를 의심할 수 없거나 능가할 수 없는 두려운 권위자로 만드는 것처럼 보인다.

마찬가지로 상담자의 역전이 반응은 좋은 작업 동맹을 방해할 수 있다. 상담자는 내담자에 대한 반감 때문에 상담을 조금 늦게 시작하거나 너무 일찍 끝낼 수도 있다. 때때로 상담자는 내담자의 삶을 관리하려고 시도하며, 역전이의 관점에서 내담자를 과잉보호하는 부모가 되기도 하는데, 내담자는 전이에서 겉으로 보기에 무력한 아이처럼 되어, 협력적인 파트너십을 맺기보다 상담자에게 더욱 의존하게 된다. 이러한 전이 및 역전이 간섭은 상담자와 내담자 간의 작업 동맹에만 국한되지 않는다. 수련생이 슈퍼바이저 또는 지도자를 유사한 방식으로 대할 수 있는 수련 및 슈퍼비전 관계에서도 발생할 수 있다. 모든 학습 상황에는 학생과 트레이너 또는 슈퍼바이저 간의 좋은 작업 동맹이 필요하다(Hartung, 1979).

이러한 다른 특징들은 치료적 관계에서 쉽게 나타날 수 있으므로 정신역동적 접근 방식은 좋은 작업 동맹 이상의 것을 포함한다. 정신역동 상담자는 작업 동맹의 썰물과 밀물의 흐름에 주의를 기울여야 하는데, 이는 그 자체로 더욱 발전되고 성숙한 존재 방식을 모델링한다.

전이 관계

정신분석이 치료적 관계를 이해하는 방식을 나타내는 용어가 하나 있다면 그것은 바로 '전이'이다. '전이에서(in the transference)'는 정신분석 치료자가 치료적 관계 내에서 진행되고 있는 내용에 대한 인식을 언급하기 위해 자주 사용하는 문구이다. 나는 이 문구의 남용에 대해 의문을 제기할 것이며, 실제로 전이가 무엇인지 밝히고 싶다.

정신분석에서 이 용어의 기원으로 돌아가면, 내가 찾을 수 있는 이 용어의 첫 번째 사용은 Freud가 1892년에 쓴 메모(p. 255)에서이다. 그는 여주인이 죽고 주인과 결혼하기를 바라는 여종의 소망을 어머니와 아버지에 대한 자녀의 소망으로부터의 전이로 묘사한다. 그는 치료적 관계가 아닌 다른 관계를 언급하고 있다. 따라서 전이는 상황 A에서 처음 경험한 생각 및/또는 감정을 상황 B의 다른 사람에게 전달하는 것이다. 상황 A는 오래전이었을 수도 있고 더는 기억되지 않을 수도 있다.

치료적 관계의 전이에 대한 첫 번째 설명은 1905년 Freud가 작성한 다음의 글에서 나타난다. 즉, "전이란 무엇인가? 그것은 분석이 진행되는 동안 자극되고 의식되는 충동과 환상의 새로운 판본이거나 복사물이다. 그러나 그 종이 갖고 있는 특이성으로서 전이는 이전의 사람을 치료자란 사람으로 대체한다는 특색(peculiarity)을 가지고 있다."(1905b: 116)라고 했다. Freud는 전이가 일어날 때 불가피하고 명백하며, 내담자의 성향이 어떻게 의식화되는지를 보여 준다고 이어서 설명했다. 이것이 '정신분석에서 가장 큰 장애물'이라고 생각될 수도 있지만, "감지되고 환자에게 설명될 수 있는 한' 실제로는 '가장 강력한 동맹자가 된다."(1905b: 116-119)고 말한다. 전이는 과거의 관계가 지금-여기의 맥락에서 살아나는 것을 보는 방식으로, Freud에게 치료 상황은 일종의 '살아있는 실험실'이었다. 그리고 이것은 오늘날에도 여전히 유지되는 견해이다. 내담자가 치료자에 대해 가지고 있는 감정과 생각은, 특히 내담자가 치료자의 성격과 삶의 상황에 대해 거의 알지 못하는 경우, 치료자와의 관계에서 전이된 측면을 통해 과거와 현재 관계에서 느끼는 감정과 생각에 대한 잠재적인 단서가 될 수 있다. Freud는 이러한 전이 반응이 쉽게 해소되는 것처럼 내담자에게 설명하면서, 그는 전이 감정과 생각을 끌어낼 수 있는 사람들이 다른 사고와 반응으로 이동할 수 있다고 제안했다. 이 작업 초기에 Freud는 다소 낙관적이었지만 원칙은 동일하게 유지하였다. 즉, 특정 전이 반응을 자주 반복적으로 관찰하면 내담자가 다른 사람에 대한 인식을 조정할 수 있다는 것이다. 전이를 해결함으로써 과거 경험과 현재 관계를 어느 정도 재작업할 수 있다. 이러한 방식으로 전이 관계는 다음에 논의되는 '회복적(reparative) 관계'라고 불리는 것에 기여한다.

전이는 정신역동치료 외부와 내부에서 발생할 수 있다: 실제로 Grant와 Crawley는 비록 다른 용어(도식, schema)를 사용하지만 유사한 현상이 현대 인지행동치료에서도 인식된다는 것을 입증했다(2002: 62-72). 단기상담에서는 내담자의 전이 성격을 이해할 기회가 적을 수 있는데, 그 이유는 치료 외부의 현재 관계와 치료 내 관계가 내담자의 과거에 설정된 반응 패턴에 의해 영향을 받는 방식을 이해할 기회가 적기 때문이다. 내담자의 역사 중 일부 이상을 캐어낼 시간이 거의 없다 해도 전이는 여전히 존재하며, 이것이 명백하다면 상담자와 현재의 관계뿐만 아니라 과거의 일부를 탐색할 방법을 제공해 준다. 나는 초반에 Karl에게 이렇게 말했다. "당신을 이해하려는 나의 시도에 대해 확신하지 못하는 듯, 당신은 나를 매우 의심하는 것 같습니다. 무슨 일이 일어났기에, 당신이 이토록 경계하는지 좀 더 자세히 살펴보는 것이 도움이 되리라고 생각합니다."

일상생활에서 볼 수 있는 전이 현상의 좋은 예는 Karl과의 한 회기에서 집에서 일어난 사건에 관해 이야기했을 때 분명해졌다. 그것은 어떤 면에서는 다소 사소했지만, 나와의 첫 만남에서도 그랬듯이, 누군가가 그에게 무엇을 하라고 지시하는 것처럼 보일 때 그가 매우 방어적이었다는 것을 보여 주었다. Karl은 자기 딸 Lucy가 자신이 선택한 넥타이에 대해 자신의 셔츠와 어울리지 않는다고 한 말에 격노에 휩싸였다. '어떻게 감히 나에게 무엇을 입어야 하고 무엇을 입으면 안 되는지 말할 수 있는 거지!' Lucy는 그의 격렬한 반응에 대응하며, 자신에게 그런 식으로 말하는 것을 허용하지 않겠다고 말하면서 눈물을 흘렸다. 그녀의 단순한 관찰로 시작된 일이 그들 사이의 다툼으로 발전했다. 그가 Lucy의 의견을 자신에 대한 비판으로 받아들였던 것처럼, Lucy도 아버지의 반응을 자신에 대한 비판으로 경험했을 것이다. 이 사건은 그들의 관계에 긴장(strain)이 내재되어 있었거나, 아니면 Karl이 현재 상황의 긴장을 그녀에게 풀고 있음을 나타내는 것으로서 보였다. 후자라면 전치(displacement)의 예가 될 것이다(5장 참조).

그러나 우리는 실제로 다소 평범한 상황을 무언가 다르게 이해할 수 있다. Karl이 자신의 원래 응답에 "너는 네 어머니와 똑같다. 어찌 감히…." 등의 문구를 추가했다고 가정해 보자…. 아니면 Lucy가 다음과 같이 말했다고 가정해 보자: "그리고 아버지는 항상 나를 보고 듣지 못하는 사람처럼 취급하고 있어요…. 아버지는 왜 항상 여자를 무시하세요?" 그러면 이 집안 상황에서 Karl의 행동은 Karl과 그의 아내 사이의 이전 관계, 그리고 아마도 그 전에, 어린 Karl과 그의 어머니 사이의 관계에서 시작된 반응 패턴이 전이된 것으로 이해하는 것이 가능하다. 그는 항상 어머니가 자신에 대해 비판적이라고 느꼈다고 나에게 말했었다.

Lucy가 그들 사이에 쌓인 긴장을 관찰할 수 있을 만큼 냉정함을 유지할 수 있었다면 논쟁은 발전하지 않았을 수도 있다. 그녀가 이렇게 말할 수도 있었다. '나는 아버지를 비판하려고 한 것이 아니에요. 나는 엄마와는 달라요. 좋아요. '엄마'가 그랬다는 건 알지만, 저는 단지 아버지의 넥타이가 셔츠와 어울리지 않는다는 점을 지적한 것뿐이에요.' 그 이후에도, Karl은 이런 합리적인 대답을 알아듣지 못했을지도 모른다. 그의 전이된 분노는 치료자에 대한 내담자의 부정적인 전이 반응으로 인해 작업동맹이 작동하지 못하는 경우가 있는 것처럼, 전이관계를 해결하는 것을 방해할 수 있었다. 우리는 Lucy가 자신만의 의제(agenda)를 가지고 있었기 때문에 아버지가 그런 식으로 말하는 것을 좋아하지 않았다고 추측할 수 있다. 아버지가 투옥되고 나서 어머니와 별거한 후에 그녀가 친척들과 살면서, 여자와 소녀들이 집안의 남자들에게 반대의견을 내는 것이 허용되지 않았던 그 당시 경험이 재현되었을지도 모른다. 당시에 느꼈을 그녀의 좌절감이 현재 넥타이에 대한 말을 아버지가 거부함으로써 일깨워졌고, 그녀는 눈물을 흘리며 "아버지는 내가 어떤 것도 말하지 못하게 했어!"라고 울부짖었다. 일상의 관계는 이전 경험 때문에 쉽게 영향을 받을 수 있다. 우리가 연약함을 느끼거나 스트레스를 받을 때, 우리 중 누구라도 특정 순간에, 현재 일어나고 있는 일과 과거에 일어난 일을 혼동할 수 있다.

전이는 부정적인 감정만 포함되는 것이 아니다. 긍정적인 전이 자체는 내담자의 초기 경험에서 비롯된다. 좋은 양육 관계는 나중에 인생에서 신뢰와 협력 관계를 위한 능력을 촉진하는 데 도움이 된다. 사랑에 빠지는 것은 긍정적인 전이의 좋은 예이다. 처음 사랑에 빠졌을 때 파트너는 쉽게 서로를 완벽한 짝으로 볼 수 있으며, 상대방과 헤어지는 것은 참을 수 없는 일이다. 이는 초기의 어머니-유아 관계의 행복을 반영한다고 말할 수 있는 강한 감정이다. 사랑에 빠지는 것과 관련된 강렬하고 과장된 감정의 초기 전이는 그 강렬함이 거의 지속하지 않는다는 점에서 분명하며, 결국 상대방에 대한 보다 현실적인 인식으로 대체된다. 그러나 어떤 관계에서도 전이가 완전히 사라지는 것은 아니다. 긍정적인 전이는 관계를 형성하는 데 도움이 되지만, 긴장과 스트레스를 받는 순간에 종종 그렇듯이, 부정적인 전이가 발생하면 실제 문제를 일으킬 수 있다.

나는 일상생활에서 다양한 유형의 전이를 설명하기 위해 '긍정적'과 '부정적'이라는 형용사를 사용하지만, '긍정적 전이'라는 용어는 전이가 너무 강하지 않고 작업 동맹을 더 촉진하는 상담 관계를 설명하는 데 자주 사용된다. 예를 들어, 내담자가 상담자에 대해 갖는 믿음이나 내담자가 상담자에 대해 가진 좋은 감정과 같이 어려운 상황에서도 내담자가 더 개방적으로 작업에 참여할 수 있도록 만든다. '부정적 전이'는 치료가 강한 감정으로 치우친 경우에 사용되는 경향이 있다. 그 감정이 상담자를 이상화할 때와 같이 '긍정적'이든, 아니면 돕는 사람에 대한 깊은 의심을 가질 때와 같이 '부정적'이든 여부와 상관없이 치료적 관계에 부정적인 영향을 미칠 때 사용한다. 그러나 전이가 작업에 방해가 된다는 점에서 '부정적'일지라도 Freud는 이것이 내담자의 과거 관계와 그 흔적을 남긴 문제 영역을 이해하는 유용한 단서를 제공한다고 말했다.

그러나 치료적 관계의 모든 요소를 전이로 표현하는 것은 주의해야 한다. 예를 들어, '긍정적 전이가 있다.'는 표현은 좋은 작업 동맹을 설명하는 방식으로 사용될 수 있다. 그리고 치료자의 오류를 숨기는 방식으로도 전이는 사용될 수 있다. 예를 들어 '내담자가 나와 의견이 다른 것은 부정적 전이 때문이다.'라는 설명은 치료자가 잘못했을 때 적절한 설명이 아닐 수 있다. 실제로 전이는 항상 어느 정도 존재하기 때문에 치료적 관계를 설명할 수 있는 다른 방식과 전이를 분리하는 것은 종종 어려운 일이다. 작업 동맹과 평범한 관계에도 전이 요소가 있으나 일반적으로 전이라고 부르지는 않는다. 전이는 처음에는 치료 과정에서 장벽으로 작용할 수 있지만, 개인의 어려움을 더 깊이 이해할 수 있는 가능성을 포함하고 있으며 과거를 현재의 삶으로 가져오게 하는 강하고 과장된 감정과 반응이라는 용어로 볼 수 있을 것이다.

전이 관찰하기

정신역동 상담자는 내담자에 비해 상대적으로 침묵을 유지하며, 내담자가 말하고 있는 것을 주의 깊게 경청하며 전이 연결을 파악하기 시작한다. 이 과정에서 슈퍼비전이 도움이 된다. 일부는 불확실하고 모호해서 내담자에게 유용한 개입을 하기 위해서는 더 많은 증거(substantiation)가 필요하다. 과거 사건이나 관계의 증거가 전이 해석을 뒷받침하는 경우가 있으며, 이는 내담자가 상담 외부의 현재 관계에서 일어나는 일들을 설명할 때도 적용된다. 이를 통해 상담자는 과거 관계가 현재 관계에서 재현되는 방식을 볼 수 있다. 단기상담에서는 전이를 관찰할 때 내담자의 상담 외부 관계와 작업 동맹을 방해할 수 있는 상담자에 대한 부정적 전이로 제한하는 것이 좋다. 그리고 치료적 관계 내에서 다른 전이 반응에 대한 관찰은 관계를 강화시킬 수 있다. 그러나 몇 회기 내에 상담이 종결되어야 하는 경우, 이는 바람직하지 않다.

간접적으로 전이를 관찰하는 몇 가지 방법이 있다. 예를 들어, 내담자는 상담자에게 상당히 존대하는 모습을 보일 수 있으며, 상담자가 말하는 모든 것을 마치 '복음(gospel)'인 것처럼 받아들이고 상담자가 모든 답을 알고 있는 것처럼 받아들일 수 있다. 정신역동 상담자는 이러한 지나친 존대가 다른 곳에서도 나타나고 과거의 관계에서도 나타났을 것이라고 합리적으로 가정할 수 있다. 그러므로 상담자는 회기에서 지나치게 존대하는 모습을 관찰하는 대신, "당신이 다른 사람의 의견에 쉽게 굴복할 것 같은 느낌이 듭니다." 또는 "부모님과 의견을 달리하는 것이 어려웠는지 궁금합니다."와 같은 태도를 가지고 외부에서 나타날 가능성을 탐색할 수 있다. 내담자가 동의하면 상담자는 "저와도 그런 일이 일어날 수 있다고 생각하시나요?"라고 덧붙일 수 있다. 이렇게 하면 내담자가 이를 비판으로 느낄 가능성이 훨씬 줄어든다.

장기적인 정신역동치료와 상담은 전이 감정이 발전하고 때로는 그 강도가 깊어지고 이를 훈습할 수 있는 더 많은 공간과 기회를 제공한다. 전이 해석의 가치는 내담자가 가진 현재의 감정이 실제로 과거 상황에 기반을 두고 있음을 인식하고, 지금은 과장되거나 부적절해 보일 수 있는 감정이 한때는 정상적이었으며, 또한 처음 경험했었던 그 시기, 혹은 그 나이에는 적절했을 수도 있음을 이해하도록 돕는 데 있다. '마치(as if)'라는 표현은 전이가 일어날 때 일어나는 일을 묘사하는 데 유용한 표현이다. "당신은 마치 내가 당신의 부모인 것처럼, 그리고 당신이 아이였다면 그렇게 했을 법한 방식으로 나에게 반응하고 있습니다."

전이 반응을 이해한다고 해서 모든 상황에서 이러한 반응이 사라지는 것은 아니다. 하지만 그 내용이 무엇인지, 그 전이반응이 왜 그리 강력한 것인지를 이해하면 종종 더 견딜 수 있게 되고 어려움에 대해 덜 두려워하며 도전에 개방적이게 만든다. 상담은 꽤 자주 다양한 감정을 받아들이고 표현하며 적합하게 표현하는 능력을 향상시킨다. 일부 내담자는 자신의 부정적인 감정 표현에 대한 통제력이 점차 커진다고 느낀다. 또 다른 내담자는 감정 표현을 두려워하지 않는 법을 배우며 그들은 또한 더 자발적으로 긍정적인 감정을 경험할 수 있게 된다.

치료 환경에서는 강한 전이 감정이 표현될 수 있다. 그것이 사랑, 증오, 질투, 상실감, 또는 실제로 다른 감정이라 할지라도, 내담자는 치료자에게 강렬한 감정을 표현하는 것이 상담 관계를 방해하지 않는다는 것을 깨닫게 된다. 안전한 관계에서 감정을 표현하면 그러한 감정이 훨씬 덜 위협적으로 느껴지는 경우가 많다. 왜냐하면, 강렬한 감정이 다른 사람을 멀어지게 할 것이라는 불안 때문에, 처음에는 가장 강한 감정을 억누르게 되기 때문이다. 그러나 내담자는 상담자가 충격을 받지 않고, 상처받지 않으며, 기피하지 않고, 자신들의 감정을 오용하지 않고, 부적절하거나 해로운 방식으로 반응하지 않는다는, 즉 과거를 반복하지 않는다는 것을 깨달아 감에 따라, 적절한 수준의 감정 표현을 다른 관계에서도 표현하는 것이 더욱 가능해진다.

내담자–상담자 관계에 대한 전이 해석을 공유할지 여부와 내담자가 그러한 전이 감정을 탐색하도록 초대할지 여부를 결정할 때, 상담자–내담자 관계에 특별히 주의를 기울여야 한다는 점을 기억하라. 상담 관계에 초점을 맞추는 것은 내담자가 다른 전문적인 관계에서는 일반적으로 이야기하지 않는 사고와 감정을 소유하고 치료자에게 표현하도록 초대할 수 있다. 왜냐하면, 이러한 감정들은 관련이 없거나 부적절하거나 무례하다고 여겨지기 때문이다. 첫 회기를 마칠 때 나는 Hannah에게 "몇 분 내로 마쳐야 하기 때문에, 지금 당장은 내가 당신을 혼자 내버려두고 떠나는 것으로 보일 수 있어요…."라고 말했다(p. 126 참조). 관찰을 통해, 나는 어두워진 후 할아버지에 의해 혼자 남겨진 그녀의 감정과 회기를 마친 후 우울증의 어둠 속에 그녀가 혼자 남겨진 것 사이의 전이 연결 가능성에 주의를 기울였다. 나는 암묵적으로 "내가 당신을 어둠 속에 남겨둔 것에 대해 당신이 어떻게 느끼는지에 대해 이야기해도 괜찮습니다. 왜냐하면, 그렇게 한 것에 대하여 당신이 할아버지에게 가졌던 감정처럼, 나에게도 비슷한 감정을 가질 수 있기 때문이지요."라고 말하며, 나는 부정적인 감정에 접근하려고 하고 있었다.

그러나 상담자가 "당신이 휴가 중에 나를 얼마나 그리워했는지 말씀하시는 것 같아요."라고 제안한다면 그는 내담자의 의존성 욕구를 인정하는 것이다. 이러한 방식으로 전이를 해석하는 것은 나중에 표현되는 어떤 감정도 담을 수 있어야 한다는 책임을 수반한다. 상담자는 내담자의 강한 감정, 다른 방법으로는 표현될 수 없는 감정을 다룰 수 있는지 확실하게 할 필요가 있다. 이 감정에는 상담자를 향한 사랑의 감정, 또는 내담자가 상담 회기 사이의 시간을 견디기 어렵게 만드는 까다로운 유형의 의존이 포함될 수 있다. 이는 슈퍼비전이 매우 중요한 이유 중 하나이다. 왜냐하면, 슈퍼비전은 상담자가 전이 관계를 중요한 단계에 놓음으로써 열리는 판도라의 상자를 다루는 데 도움이 되기 때문이다. 물론 상담자가 아무것도 해석하지 않아도 치료자에 대해 매우 강렬한 감정을 보이는 내담자들이 있다. 그러나 전이는 내담자가 분석가와 사랑에 빠진다는 고정관념에만 국한되지 않는다. "증오에 빠지고, 경쟁심에 빠지고, 감탄하고, 경멸에 빠지는 여러 에피소드들도 있다"(Gosling, 1968: 8). 이처럼 치료적 관계에서 전이는 다양한 감정을 포함하는 것을 특징으로 한다.

'성애적 전이(erotic transference)'로 알려진 특히 강렬한 관계가 있다. 나는 이것이 성적 애정을 지나치게 강조하며 유아기에 그 기원을 둔, 충족되지 않은 강렬한 욕구에 덜 주목하는 경향이 있는 협소한 의미로 해석될 수 있는 용어라고 생각한다. Winnicott은 이러한 강렬한 전이의 특별한 측면을 발달 과정 초기에 극심한 의존 시절로 돌아가는 깊은 퇴행의 지표라고 설명했다. 더욱 일반적인 전이 상황에서는 과거의 일부 요소가 현재에서 작동하는 것으로 보이지만, 강렬한 전이가 일어나는 상황에서는 과거가 사실상 현재를 지배하는 것처럼 보인다. Winnicott이 말했듯이, "이 작업에서는 현재가 과거로 돌아가며 현재가 과거라고 말하는 것이 더 사실이다"(1958: 297-8). 이미 언급했던 전이의 '마치 ~인 것처럼'의 특성은 강렬한 전이에서 훨씬 더 미약하며, 내담자는 상담자에 대한 적절한 감정과 과거의 좌절에서 쇄도하는 감정을 훨씬 더 구별할 수 없다.

내담자가 전이 해석에 자극받지 않은 초기 회기에서, 치료자에 대해 강렬한 감정을 빠르게 나타내는 경우, 경험이 부족한 치료자는 상황을 매우 조심스럽게 처리해야 하며, 아마도 경험이 더 많은 치료자에게 주의깊은 의뢰(referral)를 해야 한다. 좋은 슈퍼비전을 받을 수 있다면, 상담자가 전이에 대해 관찰하는 것을 의도적으로 자제하고 상담자–내담자 관계를 직접 언급하지 않으면서 지지적이고 반영적인 스타일로 상담을 제공하는 것이 가능할 수 있다.

따라서 치료적 관계와 관련된 전이 관찰은 항상 신중하게 고려되고 표현되어야 한다. 정확하고 적절해야 하며, 그렇지 않으면 해를 끼칠 수 있다. 경험적으로 말하자면, 많은 정신역동 상담자와 치료자들은 전이 자체를 명시적으로 만들지 않고도 개입을 안내하기 위해 전이 관계에 관한 생각을 반영한다. 과거와 현재, 상담실 안과 밖을 결합하는 특히 유용한 개입이 있는데, 이것이 바로 '통찰의 삼각형(the triangle of insight)'이다.

정신분석이론에서 '통찰의 삼각형' 개념은 특정 유형의 전이 해석을 설명하며, 회기에서 분명하게 나타나는 상담자와 내담자 사이의 관계는 내담자의 현재 다른 사람과의 관계 및 내담자가 중요한 다른 사람과 가졌던 과거 관계 모두와 포괄적으로 연결된다. 이는 삼각형의 세 점과 같다([그림 6–1]). 대부분의 해석은 두 점만 연결해서 한 상황에서의 행동과 반응이 어떻게 다른 경험을 반복하는지를 내담자가 보도록 권장한다. 치료자가 충분한 정보를 갖고 있고 그 순간이 적절해 보일 때, 종종 내담자로부터 무언가를 스스로 알아차리기 시작한다는 힌트가 있는 경우, 상담자는 주도권을 잡고 현재 거기에서와 과거 거기, 그리고 지금–여기를 연결할 수 있다. 세 가지 점을

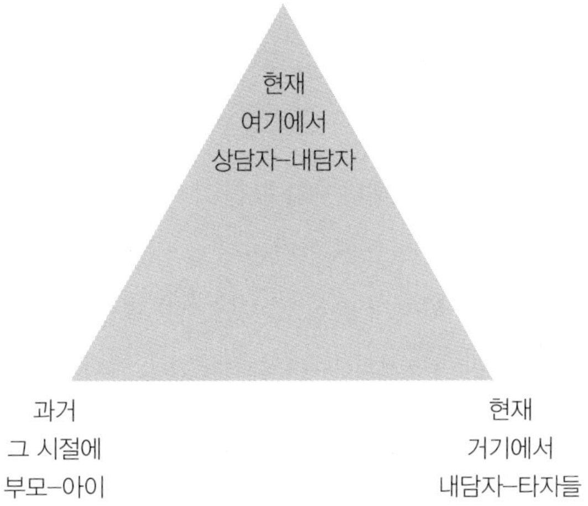

그림 6–1 통찰의 삼각형

모두 아우르는 정확하고 시의적절한 해석은 때로는 내담자에게 '아하' 경험이나 변화의 순간을 불러일으킬 수 있는 새로운 관점이 될 수 있다.

해석은 치료자만 하는 것이 아니다. 내담자 역시 연결(link)을 만들고 그렇게 함으로써 처음으로 자신에 대해 뭔가를 알게 된다. 이러한 과정에서 통찰력이 뒷받침되어야 한다. 그러나 내담자가 특히 초기 회기에서, 상담자와의 관계와 외부 또는 과거의 다른 관계를 연결할 수 있는 가능성은 매우 적다.

변화는 일반적으로 느린 과정이다. 어떤 해석이 내담자에게 이해가 된다고 느껴지면 동일한 요점을 표현하기 위해 다양한 문구와 예시를 사용하여, 다양한 상황을 언급하면서, 그 해석을 여러 회기에 걸쳐 간격을 두고 반복할 것이다. 각 회기에서는 지난 회기에서 제시된 상황에 대한 추가 예시가 나올 가능성이 크다. 그러나 '훈습(working through)'으로 기술되는 이러한 반복은 단순히 말을 반복하는 것 이상의 역할을 한다. 특히 상담자의 경우, 훈습은 내담자의 태도와 감정에 더욱 미묘하고 적절한 주의를 기울일 수 있도록 해석을 다듬는 작업도 포함한다. 훈습은 학습을 통합하고, 시간이 지남에 따라 내담자에 대해서, 그리고 내담자에 의해서 더 완전한 이해가 가능해진다. 이처럼 과거에는 '변화 유발 해석(mutative interpretation)'(Strachey, 1934)이 치료 변화의 핵심으로 여겨졌지만, 이제는 치료적 관계의 일부로서 해석에 더 많은 관심이 쏠리고 있다. 상담자와의 관계 경험을 통해 학습하면 관계가 과거에 경험했던 것과 다를 수 있다는 증거가 제공되면서, 변화가 점차 일어난다. 흔히 지적인 이해가 먼저 나타나며, 깊이 경험되고 더욱 영구적으로 변화되려면 더 오랜 시간이 걸린다.

'전이의 해결'이라 불리는 것은 내담자가 부분적으로는 지적으로, 주로는 경험적으로, 현재가 항상 과거를 복제할 필요는 없다는 것을 이해하게 됨으로써 생길 수 있다. Meissner가 제안한 것처럼, "해석이 통찰로 이어지기 때문에 효과가 있는 건지, 아니면 분석관계에 어떤 것이 반영되거나 통합되기 때문에 해석이 효과가 있는 건지 그것은 의문이다."(1991: 183)라고 하였다. 이는 상담자-내담자 관계가 모든 측면에서 특히 중요하다는 점을 확인시켜 준다.

치료적 관계의 사례

다양한 정신분석이론은 개인 성장에 대하여 약간 다른 발달 모델을 설명하였는데, 나는 이것이 치료에서 내담자가 나타내는 방식, 문제, 관계 방식, 성격 및 치료자와의 상호작용을 이해하는 데 도움이 된다는 것을 알게 되었다. 나는 내 책 『The Presenting Past』(Jacobs, 2012)에서 이러한 아이디어를 발전시켰으며 여기에서는 요약만 제시할 수 있다. 때때로 내담자의 전이는 '모성 전이'로 묘사되는데, 이는 내담자가 상담사를 (성별에 관계없이) 어머니로 여긴다는 것을 의미한다. 이는 내담자가 어머니와 가졌거나 가지고 있는 관계의 성격에 따라 긍정적이거나 부정적으로 전이될 수 있다. 또는 '부성 전이'로, 내담자가 상담사를 (역시 성별에 관계없이) 아버지로 여기는 경우로, 이때 권위가 핵심 문제일 수 있다. 하지만 이러한 용어들은, 내가 앞에서 언급했듯이, 성별에 기반한 것이며, 다양한 전이 유형의 미묘한 차이를 충분히 포착하지 못한다.

나는 전이 요소를 포함하지만, 전이에만 국한되지 않고 삶의 모든 단계와 많은 상황에서 발생하는 관련성 있는 주요한 특징을 중심으로 모여지는 관계 양식의 관점에서 생각하는 것을 선호한다. 치료적 관계에서 모성 전이보다 더 정확하고 나은 설명은 치료적 관계가 신뢰와 애착의 문제를 포함한다는 것이다. 이러한 문제는 내담자를 처음에 치료에 오게 한 것처럼 보이는 어려움이나 치료 과정 중에 나타날 수 있는 어려움에서 볼 수 있지만(Jacobs, 2012: 27-31 참조), 전이 측면에서는 다음과 같은 문제를 포함한다. 즉, 시간과 관심을 요구하거나, 그것과는 정반대로 의존성에 대한 두려움, 상담자를 이상화하고 지나치게 의존함, 변화에 시간이 걸린다는 점에 대한 참을 수 없는 좌절감, 치료자를 겨냥한 파괴적이거나 자기 파괴적인 분노, 내 경험상 성욕(비록 그것이 포함될 수도 있지만)과 관련되기보다는 치료자와의 융합을 원하며 완전히 독점하고 싶은 소유 욕구와 더 관련성이 있는 성애적 전이이다.

부성(paternal) 전이보다 치료적 관계에 더 좋고 포괄적인 설명은 그것이 권위와 자율성에 관해 많은 문제를 포함한다는 것이다. 다시 말해, 이러한 문제들은 처음에 내담자를 치료에 데려오거나 치료 과정 중에 나타날 수 있는 어려움에서 볼 수 있다(Jacobs, 2012: 107-110 참조). 전이의 관점에서 상담자는 권위자로 여겨지며, 답을 알고 규칙을 정하며 조언과 지침을 제공하며, 내담자를 기쁘게 하거나 비판하는 사람으로 취급된다. 또는 마치 상담자가 내담자를 통제하려는 누군가를 대표하는 것처럼 상담자의 정당한 권위에 저항할 것이다. 상담자가 내담자를 어떻게 이해하는지 관찰하려고 할 때 '예…. 하지만(Yes… but)'과 같은 거부의 형태가 나타날 수 있다. 또한 '말해 주세요, 조언해 주세요, 안내해 주세요, 칭찬해 주세요'와 같은 형태로 치료자의 명시적 권위에 대해 과도한 의존을 나타낸다.

세 번째 유형의 전이는 경쟁과 협력에 관한 문제를 중심으로 설명될 수 있다. 이는 처음의 두 가지 문제 세트에 주로 관련된 2자 관계(two-person relationships)와는 대조적으로 3자 관계(three-person relationships)라고 불려왔다. 연인 및 성적 파트너 전이는 정신분석에서 상상하는 고정관념이지만, 실제로 일부 내담자들은 치료자와의 성적 환상을 갖고 있으며, 그것이 환상으로 남으리라는 것을 알고 있다. 세 번째 문제 세트는 훨씬 더 광범위하다. 다시 말하지만, 치료자와 관련돼서 나타나는 문제는 내담자를 괴롭히거나 괴롭혔던 문제일 가능성이 크다(Jacobs, 2012: 173-6 참조). 치료자의 성별은 내담자가 이성애자인지 LBGT인지에 따라 더 중요할 수 있다. 나와의 첫 상담에서 Hannah처럼, 내담자는 매우 개인적이고 사적인 문제들이 논의되는 상담관계의 친밀함이 내담자나 상담자 혹은 둘 모두에 지나친 감정을 불러일으킬까 봐 두려워할 수도 있다. 내담자의 삶에는 치료적 관계에 영향을 줄 수 있는 경쟁, 라이벌 또는 질투 문제가 있을 수 있다.

이러한 유형의 치료적 관계는 상호 배타적이지 않다. 내담자는 어느 하나의 유형이나 다른 유형이 아니며, 상담자와의 관계는 동일한 회기 내에서, 실제로 몇 분 내에이 세 가지 유형 중 하나에서 다른 유형으로 바뀔 수 있다. 그들 사이에는 겹치는 부분도 있다. 그러나 나는 이러한 패턴에 더 익숙해지면 과거와 현재의 내담자 삶의 다양한 측면으로 치료자의 이해를 넓히는 데 도움이 된다고 생각한다.

전이 혹은 전치

나는 평범한 관계와 작업 동맹을 설명하기 위해 전이라는 용어를 남용하는 것에 대해 비판적이었다. 원래 이해한 대로, 이 용어를 오용하는 또 다른 방식은 내담자가 외부 인물과 관계를 치료적 관계에 자동으로 적용하는 것을 언급하면서 전이라는 이름을 붙이는 것이다. 예를 들어, Hannah는 어떤 시점에서 상담하러 가는 길에 버스에 탄 한 청년이 자신에게 말하는 방식이 너무 익숙하다는 생각이 들었다고 말했다. 그런 다음 나는 그녀에게 내가 지나치게 친숙하게 느껴졌는지 물어보았다. 그녀는 그렇지 않다고 말했고, 그 후에 나는 그녀와 Kit라는 청년에 대해 더 궁금해지기 시작했다. 일부 정신분석 치료자들은 내가 했던 이 질문을 두고 전이 발언이라고 할 것이다.

그러나 나는 이것을 전이로 보지 않는다. 이는 내가 앞 장에서 설명한 전치(displacement)의 예이며, 더 정확하게는 그녀의 발언에 전치가 있는지를 알아보는 질의다. Robert Langs와 의사소통 심리치료 학파는 모든 것을 전이로 해석하는 것에 대해 교정(corrective)안을 제시했다(Smith, 1991; Sullivan, 1998). Langs는 치료자가 주의 깊게 듣지 않고 어떤 식으로든 '틀을 깨뜨림'으로써 내담자에게 피해를 준다고 생각했다. 그 틀은 치료적 관계 주변에 설정된 경계이다. 여기서 그는 치료자의 성적 착취보다는 내담자에게 신뢰할 수 없고 도움이 되지 않는 치료자가 되는 경우를 생각하고 있다. 그는 내담자가 치료자에게 자신이 어디에서 잘못되고 있는지, 어디에서 올바르게 하고 있는지 알려주기 위해 지속적으로 이야기한다고 믿었다.

Langs와 그의 사상을 따르는 사람들은 치료자들이 올바르게 하는 것보다 더 많이 잘못하고 있다고 가정하지만, 나는 그처럼 극단적이라고 생각하지 않는다. 반면에 우리가 내담자를 대하는 방식에 대해 내담자 자신이 좋아하는 것과 싫어하는 것을 말하려고 노력한다는 Langs의 주장은 옳다. 내담자의 이야기가 항상 전이의 예는 아니다. Hannah가 할아버지가 자신에게 전혀 신경 쓰지 않는다고 나에게 말한다면 그녀는 암묵적으로 '선생님도 역시 나에게 충분한 관심을 두고 있지 않아요.'라고 말하는 것일 수 있다. 전통적인 정신분석 입장에서는 그런 발언을 전이라고 합리화할 수도 있다. 그리고 Hannah의 말을 나에게 더 많은 것을 원하지만 내가 그녀를 충분히 배려하지 않는 것으로 해석할 수 있다. 왜냐하면, 지금 내가 그녀에게 아무리 주의를 기울일지라도, 이것은 그녀의 과거의 관계로부터 예측된 것이기 때문이다. Langs는 내담자가 말하는 것을 액면 그대로 받아들이라고 요청하며, 그러한 발언을 '비전이(non-transference)'라고 불렀다. 아마도 나는 Hannah가 나에게 말하려고 하는 것을 그 당시에 충분히 듣지 않았을 수도 있다. 그것은 그녀의 꿈과 그녀의 방에 침입한 사람에 대한 이야기를 듣고 나서, 내가 그녀에게 "지금 내가 하려는 말이 당신의 두려움을 확인하는 것처럼 받아들일지도 모르겠다는 생각이 들어요. 마치 내가 당신에게 매우 사적인 일들에 대해 너무 개인적으로 다가가는 것으로 보일 수도 있어요."라고 한 말에 담겼을 가능성이 있다(p. 164). 나는 그녀의 민감한 문제에 대해 나눌 예정이었고, 할아버지가 그랬던 것처럼 내가 너무 가까이 접근할 때 생길 수 있는 불안을 미연에 방지하고 싶어서 한 말이었다.

Langs는 이 이야기와 내담자의 발언을 비전이라고 부르지만, 나는 그것들을 전이와 같은 무의식적인 의도를 가진 전치의 예로 보는 것을 선호한다. 이는 내담자가 나를 실제로 어떻게 인식하는지를 말해주는 것이지, 반드시 그들이 나를 어떤 식으로 인식하고 있다고 말하는 것은 아니다. Langs는 또한 슈퍼바이저-상담자 관계를 이해하는 데 유용한 교정 사항인, 오늘날 매우 많이 언급되는 병렬 과정을 제시한다. 이는 일종의 전이다. 즉, 슈퍼바이저-상담자 관계에서 일어나는 일이 상담자-내담자 관계를 반영한다는 의미다. 상담자가 상담자-내담자 관계에서 발생한다고 보고하는 것은 상담자가 슈퍼비전 관계에서 경험하고 있는 내용의 전치 또는 비전이 일 수 있다(병렬 과정의 복잡성에 대해서는 Jacobs, 2009b: 91-103 참조).

역전이

전이는 보편적인 현상이다. 우리는 동일한 역할, 동일한 속성, 심지어 유사한 외모를 공유하는 사람들과의 이전 관계 때문에, 모든 관계에서 영향을 받고 있다. 그리고 상담 관계에서 내담자의 치료자에 대한 전이가 필연적으로 발생한다면, 상담자 역시 내담자에 대한 전이 반응을 보인다. 여기에 역전이(counter-transference)라는 고유한 용어가 부여되었다. 초기 정신분석에서 전이에 대해 일부 언급한 경우와 마찬가지로, 역전이도 처음에는 효과적인 정신역동적 작업의 장벽으로 간주되었다. 전이와 달리 역전이는 분석가가 환자를 명확하게 인식하는 것을 방해하기 때문에 오랫동안 어떤 가치도 없는 것으로 간주되었다. 그의 반응을 검토하지 않으면 항상 환자에 대한 이해를 모호하게 한다. 그것은 특정 환자나 내담자의 특별한 특징에 대한 비합리적이고 부적절한 반응이기 때문에, 치료자 쪽에서의 통찰과 효과적인 임상 능력을 방해했다. 이러한 현재의 어려움을 극복하기 위해서 수련 중인 치료자를 위해 개인 분석에 대한 권장 사항이 부분적으로 도입되었다. 개인 상담이나 치료에 참여하는 것이 가치 있는 이유 중 하나는 상담자가 자신의 전이 어려움에 대해 배우는 것에 도움이 될 수 있기 때문이다. 상담자가 존경받기를 좋아하기 때문에 인식되지 않는 강렬한 애착은 결국 내담자와 상담자 모두에게 문제를 일으킬 수 있다. 상담자가 내담자의 부정적인 감정을 언급하는 것을 두려워한다면 내담자의 부정적인 감정도 마찬가지일 것이다. 또는 상담자가 내담자의 의견 불일치를 부정적 전이의 예로 계속해서 해석한다면, 상담자는 내담자를 통제하려는 자신의 욕구를 살펴볼 필요가 있을 수 있다.

나중에야(주로 1940년대) 전이와 마찬가지로 내담자 및 치료적 관계에 대한 치료자의 인식을 심화시키며, 더욱 효과적인 이해를 도울 수 있게 하는, 매우 귀중한 역전이 측면이 있다는 사실이 깨달아졌다. 그러나 역전이의 원래 의미는 어느 정도 상실되었으며, 현재의 사고에서는 역전이가 내담자가 경험할 수 있는 것과 치료자와 내담자 사이에 전달될 수 있는 것을 관찰하는 신뢰로운 방법으로만 이해되는 것 같다. 불행하게도 이 용어에 대한 현재의 해석은 치료자에게 있어서 역전이와 비생산적 장애라는 원래 의미를 크게 무시하고 있다. 특정 내담자에 대한 상담자의 감정(치료자의 생각이기보다는, 관련성이 있는 그의 감정)은 여전히 특정 상담 상황 이전, 혹은 외부에서 상담자의 삶의 다른 부분에 더 적절하게 귀속하는 반응에서 발생할 수 있다.

상담 관계를 방해하는 역전이 감정에는 내담자가 상담자를 화나게 만드는 아무짓도 하지 않았음에도 불구하고 내담자를 향한 상담자의 적대적인 감정이나 내담자에 대한 과도한 불안이 포함될 수 있다. 예를 들어, 내담자가 상황이 안 좋게 진행된 또 다른 사례를 상담자에게 상기시킬 수 있기 때문일 수 있다. 그러므로 상담자는 자신의 사각지대 때문에 내담자가 암시하는 몇 가지 사항을 알아차리지 못할 수도 있다. 다른 방식으로, 상담자는 내담자에게 부적절한 긍정적인 감정을 경험할 수 있다. 예를 들어, 지나치게 걱정하거나, 지나치게 관대하게 여기거나, 상담 경계를 유지하는 데 느슨하거나, 내담자에게 호의를 베풀거나 하는 행동을 할 수도 있다. 이 행동은 평소보다 더 많은 시간을 주거나 일반적으로 적절하다고 생각되는 것보다 더 개인적으로 반응하는 것이다. 상담자는 내담자에게 지나치게 매력을 느낄 수도 있고, 내담자를 이용하기 위해 상담 회기의 친밀감을 계속 이용할 수도 있다. 불행하게도 이러한 일은 상담자의 치료 지향이 무엇이든 간에 때때로 발생하며, 치료자가 내담자를 오용(abuse)하는 것은 이러한 부정적인 의미에서 해결되지 않은 역전이 감정에서 비롯된 것임이 틀림없다.

역전이 반응은 복잡하다. 왜냐하면, 상담자의 감정 중 일부는 내담자와의 실제 관계 때문에 촉발될 수 있기 때문이다. 이는 내담자와 함께 있을 때 상담자가 느끼는 감정을 두 가지로 해석할 수 있다는 것을 의미한다. 그것은 내담자가 느끼는 감정을 나타내는 것일 수 있지만, 내담자가 아직 표현하지 않았거나 인지하지 못한 감정인데, 상담자가 자신 안에서 알아차리게 되는 감정이다. 역전이를 이해하는 이러한 방식은 잠재적으로 내담자에 대한 상담자의 공감과 이해를 향상시킨다. 반면에 상담자의 역전이는 내담자에게 도움이 되지 않는 반응일 수 있다. 이것이 역전이를 이해하는 원래의 방식이다.

때로 상담자는 내담자 때문에 너무 짜증이 나서 상담 계약이 아니었다면, 관계를 끊고 싶은 유혹을 느낄 수도 있다. 내담자가 관계를 유지하는 것이 얼마나 어려운지 설명하면 상담자는 '나는 놀랍지 않다!'라고 생각한다. 하지만 상담자는 거기에 머물지 않고 대신에 이러한 개인적인 반응을 주목하고 그것이 내담자에 대한 상담자 자신의 문제인지 확인한다. 아마도 그렇지 않다는 것을 인식하면 다른 사람들이 이 내담자와 함께할 때 느끼는 것과 동일시할 수 있을 것이다. 상담자는 더 나아가 내담자가 불러일으키는 반응이 내담자가 자신에 대해 어떻게 느끼는지에 대한 단서를 제공할 수 있는지 궁금해할 수 있다.

상담자의 감정을 활용하는 또 다른 예는 내담자의 이야기를 듣고 내담자가 대우받아 왔던 방식에 상담자가 분노를 느끼는 상황에서 볼 수 있다. 그러나 또한 상담자는 내담자가 눈에 띄게 감동하지 않고 있으며 심지어 화를 내고 있다는 느낌조차 부인하고 있음을 인식하고 있다. 상담자는 내담자의 상황을 동일시할 수 있으므로, 내담자가 인정하거나 표현하기를 두려워하는 느낌이나 생각을 경험할 수 있다.

이 모든 예에서 본질적인 것은 상담자가 자신의 감정과 생각이 내담자에 의해 유발되고 있는지, 아니면 그 근원이 상담자 자신의 문제에 있는지를 명확히 해야 한다는 것이다. 역전이를 이해하는 이 두 가지 방식 사이의 연관성이 밀접하기 때문에 상담자의 특정 감정이 내담자보다 상담자 자신으로부터 더 많이 발생한 것으로 확인했음에도 불구하고 상담자는 그러한 감정의 출현이 내담자 자신의 감정과 어떤 연관성을 나타내는 표시인지를 궁금해할 수 있다. 역전이는 내담자와 상담자가 서로에게 얼마나 많은 영향을 미치는지 보여 준다. 예를 들어, 상담자가 완전히 쓸모없다고 느끼며, 내담자에게 아무런 도움도 되지 않는다고 가정해 보자. 상담자는 상황을 돕기 위해 무엇을 말하거나 행동해야 할지 모른다. 이는 수련 상담자나 결과를 너무 예민하게 보는 치료자에게도 괴롭히는 문제가 될 수 있다. 그러나 쓸모없다는 느낌을 담아내는 법을 배웠던 상담자는 그런 느낌을 내담자 자신의 무력감을 반영하는 것으로서 동일시하는 것이 가능하다.

이는 '투사적 동일시'이라고도 불리우는 또 다른 기법의 용어이다! 그러나 이것은 특정한 유형의 역전이로서 특별한 가치를 지니고 있다. 내담자가 당신을 정말로 짜증 나게 하지만, 적어도 내담자 편에서, 상담의 모든 것이 매우 잘 진행되고 있는 것 같은 상황을 상상해 보자. 당신이 내담자에게 "내 생각엔 당신이 나에게 짜증을 느끼는 것 같아요."라고 말하고(내가 이 시점에서 그렇게 하라고 제안하는 것은 아니다), 내담자가 그 말에 동의한다면 당신이 느낀 감정은 귀중한 역전이의 예이다. 일종의 투사로 볼 수도 있다. 내담자가 그것을 부인할 뿐만 아니라 당신이 왜 그렇게 느끼는지 생각할 수도 없으며 "그것은 당신의 문제이지 내 문제가 아니에요."라고 말한다고 가정해 보자(이런 경우는 거의 없지만 평범한 대화에서 일어난다). 여기서 일어난 일은 그들의 짜증을 당신에게 투사했고, 상담자인 당신은 그와 동일시해서 내담자가 아닌 상담자를 짜증 내는 사람으로 만든 것이다. 투사적 동일시는 투사와 동일시(또는 내면화)라는 두 가지 방어 방식이 위험한 감정을 매우 강력하고 종종 효과적인 거부와 결합되어, 수신자(이 경우 치료자)가 자신이 왜 이런 강렬한 감정을 느끼는지, 그것이 어디에서 왔는지를 궁금해하며 혼란스럽게 만드는 방식의 예이다. 그 감정은 내담자한테서 왔다.

전이 해석은 때로는 발견하기 어렵고 공식화하기는 더 어렵다. 왜냐하면, 이들은 통찰의 삼각형에서 두 개 이상의 지점 사이 연결에 대한 명확한 증거가 필요하기 때문이다. 반면에 역전이는 보통, 상담자와 치료자가 자신들의 감정과 접촉하는 한 훨씬 더 분명하다. 그들은 자신의 내담자에 대해 긍정적이거나 부정적인 반응을 보일 수밖에 없다. 슈퍼바이저의 주요 질문은 다음과 같다. "이 내담자가 당신에게 무엇을 느끼게 합니까? 내담자가 그런 말을 했을 때 기분이 어땠나요?" 상담자 자신에게만 정확히 속하는 반응과 내담자와 더 직접 관련된 반응을 구별하는 것이 때로는 어렵지만, 대부분의 역전이 반응에는 내담자들을 이해하는 두 가지 방법들이 혼합되어 있다. 물건을 걸 수 있는 못이 있을 때에만 옷을 걸 수 있듯이, 무언가 실마리가 있을 때 전이가 발생할 수 있다고 흔히 말한다. 역전이 경우에도 대체로, 마찬가지이다. 치료자는 약점을 가질 수 있고 내담자의 어떤 특징에 지나치게 민감할 수 있지만, 그 약점으로 인해 잘 조율하는(well-attuned) 수용자일 수도 있다. 물론 분별력은 모든 치료에서 매우 중요하며, 치료자가 자신의 반응 중 어떤 반응을 신뢰할 수 있는지, 어떤 반응을 조심해야 하는지 알기 시작하는 것은 훈련, 슈퍼비전 및 내부감독자의 발달을 통해 이루어진다.

회복적 관계

치료적 관계의 다섯 번째 측면인 회복적 또는 발달적으로 필요한 관계를 명확하게 규명한 것은 Petruska Clarkson이 기여한 바가 크다. 이는 '원래 양육(또는 이전 경험)이 부족했거나, 학대나 과잉보호를 받은 경우에 교정, 회복적 또는 보충하는 관계나 조치를 심리치료자가 의도적으로 제공하는 것'으로 구성된다(Clarkson, 2003: 15). 비록 회복의 가치가 치료자는 '내담자가 과거에 겪었던 고통을 결코 보상할 수 없다.' 라는 1장 Winnicott의 인용과 모순되는 것처럼 보이지만, 문장의 회복 부분은 다음과 같다. '… 그러나 그가 할 수 있는 것은 그들 자신을 충분히 사랑하지 못한 것을 반복하는 것이다…. 그리고 그들과 나누고 그들이 자신의 실패에 대해 감정을 훈습하도록 돕는 것이다'(Malan, 1979: 141). 그러나 회복적 관계에서는 그보다 더 많은 것들이 포함되어 있다.

Winnicott은 치료자가 내담자에게 제공하는 촉진적인 환경에 대해 광범위하게 기술했다. Guntrip이 Winnicott과의 분석에 대해 설명한 것을 통해서, 우리는 Winnicott이 첫 회기에서 끊임없이 이야기하는 Guntrip에게 응답해야 한다고 말했다. 그렇지 않으면 그는 자신의 괴로움 때문에 어린 Guntrip에게 응답할 수 없었던 어머니처럼 될 수 있다는 것이다(Guntrip, 1975). 이는 다르게 행동하여 이전 피해를 복구하려는 예이다. Guntrip 자신은 다음과 같이 Winnicott의 말을 인용하였다. "치료 작업의 기반이 되는 기본 원칙을 우리에게 가르쳐 줄 수 있는 것은 어머니-유아쌍(mother-infant couple)이다"(Guntrip, 1968: 361).

치료자와 상담자가 과거를 제거할 수 없다는 것은 엄연한 사실이지만 내담자에게 성장하고, 경험하고, 재협상하고, 어떤 측면에서는 '**그러나 새로운 결말로**' 과거 경험을 다시 살 기회를 제공한다는 증거가 많이 있다(Alexander and French, 1946: 338, 원본 강조체). 정신분석은 지금까지 실제 변화에 영향을 미치는 치료와 상담의 힘을 보다 긍정적으로 평가하는 인본주의치료에 대해 방어적이고 시기하는 태도를 취했기 때문에, 회복적 관계의 중요성을 경시하는 경향이 있었을지도 모른다. 이와 같은 인본주의적 낙관주의와는 반대로 Freud 사상은 그동안 인간이 문명의 얇은 베니어(veneer) 판 아래에서 여전히 야만적이고 잔인하며, 근본적으로 변화할 가능성이 거의 불가능한, 즉 일반적으로 더 비관적(또는 아마도 현실적인?) 이었다. 그러나 Freud 역시 사랑에 의한 치료법에 관해서도 이야기했다. 이에 대해 다소 농담조로 글을 쓰는 Lomas는 정신분석가들은 내담자가 '따뜻함, 성실함, 용기, 힘, 민감성, 현실주의,

정직함'으로 도움을 받을 수 있다고 주장하는 것은 너무 겸손한 표현이기 때문에 대신에 그들은 '그것이 기법이다'라는 말을 선호한다고 하였다. 그러나 최근 몇 년 동안 특정 분야에서 치료적 관계는 변화의 주된 요인이라는 점이 훨씬 강조되어 오고 있다(Mitchell and Aron, 1999; Bresler and Starr, 2015).

신뢰할 수 있고 비판단적이며 보복적이지 않고 경청하고 배려하는 상담환경은 원가족이나 다른 상황에서 내담자에게 그런 식으로 분명하지 않았을 관계를 제공할 수 있다. 분명히 끔찍한 역사를 가진 내담자들이 있으며, 그들은 누군가와 가까워지는 것을 허용하는 것에 대해 겁을 먹고 의심을 품을 수도 있다. 상담과 치료가 과거와 달라진 점은 치료자의 실패에 관해 이야기할 수 있을 뿐만 아니라 상담자나 치료자가 내담자가 원하는 모든 것을 줄 수 없거나 내담자가 원하는 존재가 될 수 없더라도, 고통 중에 있는 내담자와 함께 있으면서, 과거의 다른 사람들과 다르게 반응한다는 것이다. 그 자체가 내담자가 회복적 관계를 경험할 수 있는 한 가지 방법이라는 점이다.

초월 정의

정신역동치료와 상담에서 이해되는 치료적 관계는 서로 다른 측면을 갖고 있으므로 때때로 관계가 어떤 점에서 기능하는지 파악하기가 어렵다. 특정 시점에서 말하고 느끼는 것이 평범한 관계, 작업 동맹, 전이 혹은 역전이의 예인가? 회복적 관계의 예인가? 실제로는 다섯 가지 모두 동시에 발생하지만, 관계를 다양한 표현의 측면으로 생각하는 것이 가치가 있다. 치료자로서 평범하다는 것은 작업 동맹과 회복적 관계를 향상시킨다. 그 반대로 인간으로서 자신의 평범함을 존중하지 않는 것은 작업 동맹을 손상하고, 불필요한 전이를 초래하고, 회복적 관계를 손상하고, 도움이 되지 않는 의미에서의 역전이를 나타낼 수 있다. 좋은 작업 동맹은 내담자가 자신의 전이 반응을 더 잘 인식할 수 있게 만들며, 역전이와 접촉할 수 있는 치료자의 능력은 작업 동맹, 회복적 관계 등을 향상시킨다. 다섯 가지 관계 방식은 모두 상호작용한다.

Clarkson의 다섯 가지 관계 모델을 아는 사람이라면 의심할 바 없이 다섯 가지 요소와 내 모델의 차이점을 알 수 있을 것이다. 그녀는 전이와 역전이를 동일한 요소로 파악하는데, 두 용어의 거울 같은 특성을 고려하면 이해할 수 있다. 그녀는 다섯 번째 요소를 '개인 초월적 관계(transpersonal relationship)'로 설명하고 이것에 대한 정의를 '설명할 수 없지만, 치유 관계의 영적, 신비적 또는 현재 설명할 수 없는 차원을 가리키는 심리치료적 관계의 무한한(timeless) 측면'이라고 하였다(Clarkson, 2003: 20).

관계의 영적인 측면은 어떤 사람들에게는 쉽게 받아들이기 어려운 의미를 담고 있는 것 같다. 나 자신도 이 맥락에서 '개인초월'이 무엇을 의미하는지 확신을 얻지 못하지만, Clarkson이 그녀의 책 2판에서 정의한 내용에 '신비하거나 현재 설명할 수 없는 차원'을 추가한 것을 보면 조금 더 이해가 된다. 정신분석 문헌에서도 이 차원과 유사한 암시(allusion)가 있다.

치료적 관계의 내부와 외부에서 일어날 수 있는 깊은 직관적인 만남이 있을 수 있다. 즉, 내담자와 상담자가 말로 쉽게 설명할 수 없지만 이해하고 있는 것처럼 보이는 순간이다. John Rowan과 나는 우리 책『The Therapist's Use of Self』(2002: 71-87)에서 정신역동을 포함하여, 다양한 이론적 관점에서 이를 조사하였다. 정신분석 문헌에는 치료자가 이해하지 못하는 것이 훨씬 더 많으므로, 실제로 너무 이해하려고 애쓰지 말아야 한다는 인식이 상당히 있다. Winnicott은 다음과 같이 썼다. "건강에 있어서 분열된 성격의 참자기(true self)에 해당하는 성격의 핵심이 있다고 제안한다. 나는 이 핵심이 결코 인식된 대상 세계와 소통하지 않는다고 제안한다. 그리고 개인은 그 핵심이 결코 외부 현실과 소통되거나 영향을 받아서는 안 된다는 것을 알고 있다고 제안한다"(1965: 187). Bion은 Carl Rogers가 내담자에 대한 선입견을 비워야 한다고 말한 내용을 반영해, '기억도, 욕망도, 이해도 없는(NO memory, no desire, understanding)' 상태의 바람직함에 대한 글을 썼다(Bion, 1970: 129, 그의 강조). Bion은 또한 그의 생애 말년에 "나는 평생 상식, 이성, 기억, 욕망, 그리고 무엇보다도 가장 큰 걸림돌인 이해와 이해받는 것에 갇혀 좌절하고 집착해 왔다."(Bion, 1991: 578)라고 썼다.

일부 가장 중요한 정신분석 작가들의 그러한 생각은 Freud와 그의 직계 추종자들에게서 볼 수 있듯이, 합리성에 대한 명백한 이상화와 정신분석이 철저하게 과학적이기를 바라는 것과는 대조된다. 나는 Freud의 저서들을 읽으면서 그가 겸손하고 자신의 실수를 인정할 수 있었다는 점에 주목한다. 비록 그가 때로는 기질과 내부 정치로 인해 자신을 모세처럼 여기도록 강요당하여 배타적 그 자체로 보여지곤 했던 운동을 이끌었을지라도 말이다. 정신분석 및 정신역동치료에 관한 방대한 문헌에도 불구하고, 우리가 알지 못하거나 항상 의심스러운 부분이 훨씬 더 많다는 사실을 받아들이는 것이 중요하다.

환상(Illusion)에 관한 나의 책(Jacobs, 2000a)에서 검토한 개념인 '모르는 것', 심지어 '알지 못하는 것'의 수준에 대해 편안함을 느끼는 것은 숙련된 치료자와 상담자의 발달적인 특징이다. 이는 결과적으로 우리가 설명, 해석, 연결, 방어 확인 또는 치료적 관계의 다양한 측면을 불안하게 찾아다니기보다, 무의식적인 의사소통에 개방되려고 노력해야 한다는 것을 의미한다. 이것이 일어날 때, 직감(haunch), 번쩍이는 영감 또는 평범한 지혜가 나오게 된다. 이것은 작업의 다른 모든 압력을 고려할 때, 달성하기 정말 어려운 상태라고 생각한다. 이것은 일어나게 만들 수 없으며 고의로 찾아볼 수도 없다. 그러나 그것이 없다고 해서 정신역동 상담자가 달성하려고 하는 그 어떤 것도 무효가 되지는 않는다. 그러나 그 존재는 진정한 가치가 있는 보너스이다.

상담 관계의 실제

네 번째 회기에서 Hannah는 할아버지가 밤에 자신의 침실에 들어온 일에 대해 나에게 말하려는 거부감을 극복할 수 있었고, 다섯 번째 회기에서 우리는 그 사건이 가진 성적인 함의로 인해 그녀가 가졌던 위협감에 대해 탐구했다. 우리는 이 주제가 다시 등장하는 여러 회기를 가졌고, 그녀의 할아버지가 그녀를 죽은 아내와 죽은 딸의 대리자로 대하는 방식에 대해 그녀가 느꼈던 분노에 대해 함께 작업했다. 분노가 약해지기 시작하면서 그녀는 더욱 우울해 보였다. 처음에 그녀가 의사를 찾아갔을 때의 기분이었다. 그러나 나는 그 느낌이 그녀가 이전에 경험했던 것보다 더 깊고, 런던 집에서 쫓겨났을 때나 그녀의 할아버지가 그녀의 지갑에서 돈을 훔쳤을 때 경험했던 것보다 더 광범위한 상실감에서 비롯된 것이라고 느꼈다.

다음에 보고하는 회기에서 그녀의 슬픔의 깊이가 드러나 있다. 이는 상담 작업 중에 상담자–내담자 관계의 다양한 측면을 볼 수 있는 방식을 보여 준다.

"오늘은 매우 멀리 떨어져 있는 기분이에요."라는 말로 그녀가 시작했다. "선생님이 이해해 주실지 모르겠어요. 선생님은 아마도 휴가에 대해 생각하고 있을 거니까요."

나는 실제로 휴가를 떠날 예정이었지만, 그 시점에서 그 생각을 하고 있지 않았다. 나는 이전에 Hannah에게 한 달 후에 우리 만남이 쉬게 될 거라고 말했었고, 그녀는 그 말이 내가 여름 휴가를 떠나는 것을 의미한다고 정확히 가정하였다. 그녀가 언급한 것은 실제 사건이었다. 그녀가 경험할지도 모르는 만나지 못하는 것에 대한 감정은 어느 정도 예상된 것이었다. 왜냐하면, 우리는 중단(break)이 의미 있게 느껴질 만큼 충분히 강한 관계를 형성했기 때문이다.

"물론 그때는 내가 멀리 떨어져 있을 거예요." 나는 그녀의 '멀리'라는 말을 사용하여 먼저 내 휴가와 상담 중단의 현실을 확인하면서 대답했다. "하지만 당신은 내가 이미 멀리 있다고 느끼는 것 같아요. 내가 지금 온전히 당신과 함께 있는 것 같지 않다고 느껴지나요?"

나는 그녀가 꺼낸 말을 생각해 보도록 권유했다. 나는 너무 많은 말을 하고 싶지 않았다. 오히려 그녀가 자신의 사고 가운데, 멀리 느끼는 감정과 내가 이미 멀리 떨어져 있다고 가정하는 방식 사이를 연결할 수 있는지 알아보고 싶었다. Hannah는 잠시 고민한 뒤 이렇게 대답했다.

"아니요, 제 생각엔 그 문제는 아닌 것 같아요. 그게 뭔지 모르겠어요." 그녀는 잠시 멈추고 상황에 대해 더 생각하는 것처럼 보였다. 여기에 작업 동맹의 예가 있는데, 그녀 자신의 사고와 작업에 대한 기여가 나의 것만큼이나 중요한 것이었다.

잠시 침묵이 흐른 후, Hannah는 생각에서 벗어나 몸을 흔들며 이야기를 더 이어갔다. 그녀는 자신과 같은 사무실에서 일하던 한 여성에 대해 말했는데, 그녀는 새 직장에 적응할 때 상당한 친절을 베풀었다. 그 여성은 Hannah와 비슷한 또래였으며 혼자 살고 있었다. 그녀는 최근 몇 달 동안 보지 못했던 여동생이 그녀와 함께 머물기 위해 올 거라고 말했다. 퇴근 후 Hannah는 집으로 가는 길에 버스 정류장에 갔는데, 저 멀리서 분명히 고속버스에서 자신의 여동생을 마중하는 그 동료를 보게 되었다. 그녀는 그들이 서로 포옹하는 모습을 지켜본 것과 두 사람이 얼마나 행복해 보였는지, 그들이 어떻게 Hannah의 눈에 띄지 않는 역의 다른 곳으로 팔짱을 끼고 갔는지를 묘사하였다.

그녀가 목격한 장면이 주말 내내 그녀의 마음속에 남아 있었다. 그녀는 그 언니에 대해서 생각하게 되었는데, 그녀도 자신과 마찬가지로 외로운 삶을 살고 있을 거라고 생각하였다. 하지만 두 자매가 역에서 다시 만났을 때 서로에게 위로가 되었을 거라고 상상하였다. 두 사람을 생각하며 그들의 주말이 두 사람에게 즐거움을 줄 것이라는 생각에 깊은 기쁨을 느꼈지만, 한편으로는 그들로 인해 똑같이 깊은 슬픔을 경험하였다. 그녀는 과거와 현재 상황에 대한 체념과, 자신과 할아버지와의 사이에서 서서히 일어나는 분리(separation)의 감정을 느꼈다.

"그가 했던 일로 우리 사이에 뭔가가 생겼어요." 그녀는 한숨을 쉬었다. "하지만 그가 그렇게 하지 않았다고 해도, 우리 사이에는 그가 결코 이해하지 못할 무언가가 빠진 것이 있어요."

회기를 시작하며 했던 말을 떠올리며 말했다. "그리고 당신은 나도 그렇게 할 수 없다고 느끼는군요." 그녀의 대화에서 할아버지와 나 사이의 전이 연결을 나타낼 수 있는 전치 가능성을 명확히 하면서 제안했다.

"아, 선생님도 시도하긴 하세요." Hannah가 다시 우리 사이의 작업 동맹에 대한 인식을 보여 주면서 말했다. "하지만 선생님은 나의 자매가 될 수 없어요. 그리고 두 사람이 함께 있는 모습을 보면서 내가 원했던 것이 바로 그것임을 깨달았어요. 나를 포옹해 주고, 품에 안아주고, 그녀처럼 나를 보살펴줄 누군가를 원했어요…" Hannah의 목소리가 끊기며, 조금 맴돌다가 이내 조용해졌다.

이 시점에서 비록 지금은 그녀가 자신의 말로 동일한 감정을 표현하고 있지만, 그녀를 처음 만났을 때 느꼈던 그 감정을 떠올렸다. 독자 여러분도 기억하듯이 나는 Hannah에게 물리적으로 위로해 주고 싶은 마음을 느꼈다. 첫 회기에서 느꼈던 '역전이' 감정은 내담자가 화를 내는 동안 무기력하게 앉아 있기보다 상황을 더 좋게 만들고 싶은 나만의 전이였을 수도 있다. 아마도 위로를 제공하는 것은 Hannah에게 필요한 보상적인 몸짓일 수 있지만, 이는 정신역동 상담자가 취하기에는 일반적이지 않은 (unusual) 조치일 거라고 앞서 언급했다(pp. 75-78). 이 경우, 심지어 다섯 번째 회기라고 해도, Hannah에게는 그러한 움직임은 보상적이라기보다는 잠재적으로 위협이 되었을 거라고 생각한다. 그러나 나는 그것에 대해 조처하지 않았음에도 불구하고, 그 당시 내 감정의 근원을 파악할 수 없었다는 점에 관심이 있었다. 그것은 단지 나 자신의 어려움(나의 역전이)인지 아니면 치료적 자세의 일부였는지(보상), 아니면 실제로 Hannah의 문제 일부를 포착하고 있었는지(다른 형태의 역전이)? 그러나 이번 회기는 첫 회기와 달랐다. 내가 처음에 느꼈던 감정은 남자가 아닌 여자가 자신을 안아주고, 잡아주고, 돌봐주길 바라는 그녀의 소망이 그녀 자신의 말과 분명히 일치했기 때문이다. 내가 선택하고 있다고 생각한 것은 일종의 전이, 즉 제한적이고 비신체적인 방식으로만 제공할 수 있는 물리적(physical) 위안과 양육(성적인 것은 아님)에 대한 소망이었다. 비록 내가 그녀에게 정말로 원하는 사람이 되지 못했다는 점에도 불구하고, 전이 해석을 하기에 적절한 시기가 된 것 같았다.

나는 Hannah가 나를 올려다볼 때까지 기다렸다. 아마도 내가 말하길 원했을 것이다. "여기에는 매우 중요한 것이 있어요. 비록 당신 감정의 외로움을 지울 수는 없지만, 이해할 수는 있을 것 같아요. 내가 도울 수 없고, 당신의 할아버지도 도울 수 없는 이유는 아마도 우리가 남자이기 때문일 거예요. 하지만 내 생각엔 당신이 단지 자매를 찾고 있는 것은 아닌 것 같아요. 할아버지에 대한 믿음을 잃었을 때, 당신은 실제 어머니가 없었기에, 얼마나 그리워했는지 더 잘 깨닫게 되었어요. 당신의 할아버지도 어머니를 그리워했지만, 그에게 당신은 어머니의 대체였지요. 그러나 그는 당신이 상실한 여인을 대신할 수 없었습니다. 내가 휴가를 떠났던 것이 당신에게 나는 그다지 좋은 대리 어머니가 아니라고 느끼게 하는 것 같다고 생각합니다."

그 시점에서 더 많은 내용이 언급되었을 수도 있는데, 그중 일부는 회기 중에 살펴볼 수 있었고 일부는 휴가 전 이후 회기에서 다루어졌다. 버스터미널에서 보았던 여동생도 휴가를 떠나고 있었다. 휴가(holidays)는 가족 구성원이 함께 시간을 보내는 것을 의미했다. 오랫동안 보지 못했던 사람들과의 재회를 의미하는 것 같기도 하다. 사무실에 근무하는 그 여자는 휴일 주말을 보내고 있었고, 나도 휴가를 보내고 있었다. 그러나 Hannah는 휴가를 보낼 수 없었고, 이는 가족들과 멀리 떨어진 느낌이 부각되었다. 그녀는 함께하는 두 자매를 보면서, 결과적으로 그들의 관계에 대해 부러움을 포함하여 많은 것을 느꼈다. Hannah는 직장에서 그 여자가 자신에게 친절을 베풀었을 때 다소 특별하다고 느꼈지만, 그 여자가 여동생에게 인사하는 모습을 보고 난 후, Hannah는 자신이 다른 누구보다 특별하지 않다는 것을 깨달았다. 그녀는 질투심을 느꼈다. 두 자매에게 주말 휴일은 Hannah에게 '멀리 있다'는 느낌이 들게 했다. 그리고 나의 다가오는 휴가로 인해 그녀는 나와 멀리 있음을 느꼈고, 실제로 그녀가 속하지 않은 가족이 나에게 있다는 것을 깨달았다.

Hannah가 나에게 말한 것에는 이러한 가능성이 모두 들어 있었다. 나는 이 회기에서 그중 하나, 내 휴가로 인해 발생한 우리 사이의 거리와 나의 거리가 그녀 어머니의 양육 실패를 되풀이하고 있다는 점에만 집중했다. 일반적으로 한 회기에 하나의 해석만 이루어지며, 내담자의 응답이 그의 관련성을 확인하는 한, 이에 관한 탐구가 회기 중과 이후의 회기에서 이루어진다. 심리적으로 손상된 사람들과 치료적 관계에 대한 중요한 통찰을 훈습하려면 몇 주 또는 심지어 몇 달이 걸릴 수 있다. 그러나 나는 Hannah가 내가 그녀를 실망시킨 것에 대한 반응과 나의 거리에 대해 말할 수 있게 함으로써, 그녀에게 자신의 감정의 타당성(회복적 관계)을 평가할 기회를 제공하였다.

치료적 관계의 전이와 역전이가 정신역동상담에서 특별한 위치를 차지한다면, 이러한 측면에서 발생하는 적극적인 해석은 신중하게 이루어져야 하며, 두 사람 사이의 정상적인 관계와 과거와 외부 상황에서 전달되는 내용 사이에서 적절하게 구별되도록 고려해야 한다. 이 장에서 설명한 상담자-내담자 관계의 다른 측면을 고려하지 않고, 전통적인 전이 해석만 사용하는 것은 다소 지적인 활동이 되기 쉽다. 그러나 과거와 현재, 현재의 관계와 치료적 관계 사이의 가능한 연관성에 대한 이러한 성찰이 없다면, 정신역동적 상담자는 시간과 장소의 다른 곳에 있지만 지금 여기에 존재하는 내담자의 경험의 중요한 영향력을 다시 경험할 수 있는 귀중한 수단을 박탈당하게 된다. 상담자와 타인에 대한 새롭고 덜 전이적이며 보다 현실적인 인식이 내담자의 현재 관계와 자신의 내면 세계로 다시 번역되면서 과거의 유령 중 일부는 점차 사라질 수 있다.

나의 다가오는 휴가는 Hannah와 내가 그녀의 내면세계에 있는 유령(ghost)들을 살펴보는 데 도움이 되었다. 그리고 상담 관계 종결도 예행연습할 수 있었다. 마지막 장에서 우리는 상담과 관련된 종결이 이전의 상실 경험을 어떻게 반복하는지 살펴본다.

추가 읽을거리

치료적 관계의 다양한 측면에 대한 가장 포괄적인 연구 중 하나는 Petrüska Clarkson의 『The Therapeutic Relationship in Psychoanalysis, Counselling Psychology and Psychotherapy』(2003)에 있다. John Rowan과 나의 책인 『The Therapist's Use of Self』(2002)는 또한 통합적이고 정신역동적 입장에서 치료적 관계에 관한 중요한 연구로서, 전이보다는 일반적인 관계와 역전이에 더 집중하면서 우리가 치료자가 되는 도구적, 진정성, 초개인적 방법을 검토하고 일상적인 관계와 대응에 더 집중한다. 역전이에 관한 다른 유용한 텍스트는 Winnicott의 「Counter-transference」(1960)에 관한 에세이를 참조하라. 이 논문은 그의 논문집인 『The Maturational Processes and the Facilitating Environment』(1965)에 재인쇄되었다. Michael Fordham의 「Countertransference and technique」, Fordham과 동료들이 편집한 『Technique in Jungian Analysis』(1974), Harold Searles의 논문집 『Collected Papers on Schizophrenia and Related Subjects』(1965)에서 중요한 논문인 「Oedipal love in the counter-transference」, 혹은 K. Maroda의 『The Power of Countertransference: Innovation in Analytic Technique』(1991)을 참조하라. H. Racker의 『Transference and Countertransference』(1968)는 1960년대에 출판된 이후 주로 관련성을 훨씬 더 강조하는 정신분석의 발전을 고려하는 것이 중요하지만 고전적인 정신분석 교재다. 이에 대해서는 Mitchell과 Aron의 『Relational Psychoanalysis: The Emergence of a Tradition』(1999), Meissner의 『What is Effective in Psychotherapy: The Move from Interpretation to Relation』(1991), 또는 Bresler와 Starr의 『Relational Psychoanalysis and Psychotherapy Integration』(2015)을 참조하라. 기술적인 측면에 지나치게 집중하는 것에 대한 건전한 교정 치료적 관계는 『True and False Experience』(1973) 또는 『The Limits of Interpretation』(1987)과 같은 Peter Lomas의 책에서 찾을 수 있다.

연습하기

1. 내담자가 당신을 어떤 방식으로 언급하거나 특정 방식으로 대하는 경우, 당신에 대한 투사 또는 전이 인식과 정확한 '실제' 인식을 어떻게 구별할 수 있는가? 예를 들어, 내담자가 당신에게 불만이 있다고 말한다면, 다음 여부를 어떻게 알 수 있는가? (a) 그것은 실제로 당신이 통제하려고 노력하지만 빠져나갈 수 있는 당신의 경향이다. 또는 (b) 부모가 종종 반내하는 경험을 한 내담자의 전이 인식이다. 또는 (c) 내담자의 자기비판을 투사하는가? 아니면 이러한 가능성 중 두 가지 또는 세 가지 모두의 조합인가? 이 연습에서는 당신이 자신으로서 치료적 관계에 가져오는 것이 무엇인지 살펴보라.
2. 처음 만났을 때와 사람들이 당신을 더 잘 알 때가 다를 수 있으므로 다른 사람들에게 당신이 어떻게 나타나는지에 대한 아이디어가 있다면 이러한 구별을 더 신중하게 할 수 있을 것이다. 예를 들어, 사람들이 일반적으로 당신을 알아가는 것이 어렵다고 생각하는 경우, 내담자가 당신에게 다소 거리감을 느낀다고 말한다면 그것은 비현실적이지 않을 것이다. 그러한 상황에서는 전이 해석이 반드시 적절하지 않을 것이다.
3. 좀 더 분별력을 갖추기 위해, 나열된 자질이나 특징 중 어떤 것이 옳다고 생각하는지에 관계없이, 사람들이 당신에 대해 긍정적이든 부정적으로 말하는 목록을 적어 보라. 사람들이 평가하는 신체적 특징을 포함하라(예: "맙소사, 키가 크네요!" "옷 센스가 좋군요."). 스스로가 자신에 관해 설명할 특징을 목록에 추가하라.
4. 그렇게 할 기회가 있다면 유사한 목록을 만든 훈련 중인 다른 사람들(사람이 많을수록 더 좋음)을 확인하여 그들이 당신에 대한 인식을 바탕으로 당신이 만든 목록에 동의할지를 확인하라. 때때로 어떤 사람은 '처음 만났을 때 당신에 대해 이러저러한 생각을 했었는데 이제는 당신을 더 잘 알게 되어서 이러저러한 생각을 한다.'라고 말할 수도 있다. 당신은 그들의 목록에 대해 논평할 수 있다. 이런 방식으로 사람들이 당신을 어떻게 만나게 되는지에 대한 그림을 구상할 수 있으므로, 당신에 대한 내담자의 인식 현실과 그들의 환상이 무엇인지 더 잘 구별할 수 있다.
5. 당신은 자신의 '전이 반응', 즉 특정 유형의 사람, 특정 감정, 내담자가 설명하는 특정 생각이나 행동에 대한 역전이를 성찰하고 싶을 수도 있다. 내담자로서 함께 일하기 가장 어려운 사람의 유형, 가장 듣기 어려운 의견, 침착함을 유지하기 가장 힘든 감정, 가장 불안을 유발하는 상황 등을 나열하여 이러한 자기 성찰을 추구할 수 있다. 내담자가 설명하거나 설명할 수 있는 것이다. 혼자서 또는 가능하면 다른 사람(또는 자신의 치료자)과 함께 이

작업을 수행한 후 이러한 상황과 사람들이 이를 받아들이기 어렵게 만드는 것이 무엇인지 생각해 보라. 그것들은 당신에게 어떤 감정을 불러일으키는가? 그리고 과거나 현재의 관계에서 무엇이 역전이에 기여했을 수 있을까?

휴식과 종결 07

Hannah가 상담을 종결하다

2주 간의 휴가 후에 가진 첫 회기였다. Hannah는 일찍 도착했고, 대기실에서 나를 봤을 때 안도하는 듯했다. “즐거운 시간 보내셨어요?” 그녀는 자리에 앉으면서 물었다. 나는 그녀의 질문에 고개를 끄덕였지만 내 휴가에 대해 이야기하고 싶지는 않았다. 나는 그녀에게 내가 없는 동안 기분이 어땠는지 물었다.

“괜찮았어요.” 그녀가 대답했지만 목소리에는 그다지 생기가 없었다. 뭔가 있다면 어조에 약간의 예민함이 있었는데, 그래서 그녀가 정말로 무엇을 느끼고 있는지 궁금해졌다. “이사를 가야 할 것 같아요.”

이 말은 폭탄처럼 떨어졌고 나를 혼란스럽게 만들었다. 그녀가 내 휴가에 너무 강하게 반응해서 상담을 그만두고 싶어하는 걸까? 그녀를 떠난 것에 대해서 나에게 반격하는 방법일까? 그럴 수도 있었지만 Hannah의 성격에는 맞지 않는 일이었다. Hannah는 그동안 삶에서 주변 사람들에게 너무 충성스럽게 남아 있었고 자신을 마지막에 두는 경향이 있었다. 그럼에도 불구하고 일부 내담자는 상담자의 부재에 대해 회기에 불참하거나 심지어 처음에 합의한 것보다 일찍 상담을 중단함으로써 반응한다. 더 많은 정보가 필요했다. “이사를 가야 한다고요?” 나는 Hannah에게 그녀의 말을 더 자세히 설명해 달라고 반복해서 권유했다.

Hannah는 내가 떠나 있던 2주 동안 무슨 일이 있었는지 이야기하기 어려워했는데, 사건들로 인해 분명히 괴로워하고 있었기 때문이었다. 그녀의 할아버지는 그녀가 직장에서 돌아오는 오후 시간에 며칠간 집을 비우고 있었다. 처음에 그녀는 그것에 대해 아무 생각을 하지 않았지만, 내기 전표를 발견하고는 그가 다시 도박을 시작했다고 추측했다. 그녀는 그것을 따졌고 그들 사이에 다툼이 있었다. 그녀는 이번만큼은 분명히 말했고 자신이 얼마나 화가 났는지 그에게 보여 줄 준비가 되어 있었다. 그러나 그녀는 그 문제를 꺼낸 것이 뭔가를 바꾸었다고 분명히 확신할 수 없었고, 다음날 할아버지는 훨씬 더 늦게 집에 도착했는데 Hannah가 '매우 수상하다'라고밖에 묘사할 수 없는 또 다른 (더 젊은) 남자와 함께 왔다. "분명해요. 할아버지는 다시 우리를 실망시킬 거예요."라고 그녀는 결론 내렸다.

여기에는 분명히 몇 가지 실제 문제(real issues)가 있었고 나는 그것들을 놓치고 싶지 않았다. 동시에 나는 나의 부재가 Hannah에게 상황을 더 어렵게 만들었다고 느꼈다. "아마도 지원이 필요했을 때 제가 자리를 비워서, 저 또한 당신을 실망시켰다고 여기는지 궁금합니다."

"음, 솔직히 말하면 선생님이 떠나서 즐기느라 제가 이 모든 것을 혼자 대처하게 둔 것에 정말 화가 났어요. 선생님에게 화가 나서 할아버지와 결판을 내기로 결정했다고 생각해요. 제 안에서 막 쌓여가고 있었거든요."

"그리고 이제 떠나야 한다고 느끼나요? 할아버지를 떠나고 싶나요?"

나는 그녀의 의도를 잘못 알아들었다. "아니, 저는 할아버지를 떠날 수 없어요. 할아버지는 자신이 무엇을 하는지 몰라요. 우리가 여기서 지내면 할아버지가 진짜 곤경에 빠질까 봐 두려워요. 우리는 이사를 가야 해요. 그냥 나가야 해요. 어디로 가야 할지 모르겠어요."

그녀의 목소리에 담긴 절망은 그녀가 정말 심사숙고하여 그런 결정을 내린 것이 아니며, 이사를 가면 문제에서 벗어날 수 있을 것이라는 헛된 희망으로 모든 것을 버리고 있음을 나타냈다. 다행히 그녀가 할아버지에게 자신의 생각을 말할 수 있었다는 몇 가지 징후가 있었지만, 그의 반응은 함께 집으로 데려올 '동맹'을 찾아낸 것으로 보였다. 나는 Hannah에게 머물러 지낸다는 것은 직업과 거주지를 의미하며, 그녀가 나를 계속 볼 수 있게 해 주는 것임을 말하려고 노력했다. 이것은 상담자의 지지적인 작업의 일부로 볼 수 있는데, 내담자가 자신의 삶의 측면을 더 잘 관리할 수 있도록 하여 부정적인 반응이 내담자가 달성한 것이나 상담이 이룰 수 있는 것을 손상시키지 않도록 하는 것을 목표로 한다. 나는 또한 우리가 그녀의 할아버지를 위해 도움 받는 것을 알아볼 수 있을지 생각했다. 그러나 나는 여전히 그녀의 상황이 현실적이기는 하지만 나의 휴가가 그녀의 반응을 악화시켰다고 느꼈다.

내가 논리적으로 이야기하려고 할수록 Hannah는 더욱 비협조적인 태도를 보였다. 그녀는 이사를 결심했고, 나는 그녀를 막지 않을 것이었다. 그녀는 이것이 마지막 회기가 될 것이라고 말했다. "남자들은 다 똑같이 나를 만만하게 취급해요. 그저 내가 바보라고 생각하는 거죠."

"제가 당신을 붙잡으려고 한다고 생각해서 나에게 화가 난 것 같아요. 당신은 내가 당신보다 나 자신에게 더 관심이 있다고 생각하죠. 지난 주에 떠났고, 실제로 우리가 계획했던 종결이 7월로 다가오면서, 당신은 내가 모든 것을 통제하고 당신이 원하는 것을 상관하지 않는다고 느끼네요. 당신이 자기 주장을 하는 것도 중요하지만, 나에게서 멀어지는 선택을 한 것이 할아버지를 통제하거나 벗어나는 것보다 더 쉬워서 그런 것은 아닌지 궁금합니다."

나에게는 어떤 절박함이 있었고, 그로 인해 다소 '산탄총' 같은 개입을 하게 되었다. 즉, 다양한 아이디어가 흩뿌려졌고, 그중 하나가 효과를 발휘하기를 희망했다. 나는 도망가는 것이 해결책이라고 생각하지 않았지만, Hannah가 주변에서 그토록 쉽게 보았던 지배적인 남자 중 한 명으로 비치고 싶지는 않았다. 내 말 중 어떤 것이 실제로 도움이 되었는지 확신할 수 없었지만, 그녀는 진정되었고 "그때 아직 이사를 가지 않았다면 말이죠."라고 하며 한 주만 더 오겠다고 말했다.

나는 이것에 감사했는데, 그 이유는 적어도 우리에게 10회기 동안의 작업을 종합하고, 그녀에게 무엇이 변화했는지를 살펴보며, 여전히 그녀를 괴롭히는 것이 무엇인지, 상담이 어떻게 도움이 되었다고 느끼는지, 또 어떤 측면에서 상담이 그녀를 실망시켰는지를 알아보는 시간을 허락했기 때문이다. 이것은 상담을 종결할 때 살펴볼 안건의 모든 가능한 측면이다. 안타깝게도 그녀의 상담이 갑자기 종료되면서 내가 원했던 만큼 철저히 종결을 작업할 기회를 갖지 못했다. 그러나 그녀가 이사를 바라는 것이 나의 부재로 인한 실망감과 관련되고, 이 마지막 회기가 그녀가 이것을 인식하는 데 도움이 되었을 가능성이 있었다. 그렇다면 Hannah는 마음을 바꿔 원래 계약을 유지하기로 결정할 수도 있으며, 이 시점에서 나는 해당 계약을 유용하게 재검토하고 갱신할 필요성을 느끼고 있었다.

휴가에 대한 그녀의 반응 강도를 내가 충분히 예상하지 못했거나, 내가 끝까지 도우려 했지만 그녀가 자신이 처한 새로운 외부 환경이 견디기 어려웠을 수도 있다. 그 다음 주에 다시 왔을 때, Hannah는 분명히 그 지역을 떠날 것이며 국내의 다른 지역에서 일자리를 찾을 것이라고 말했다. 그들은 주말에 떠날 것이었다. 나는 마지막 회기에서 Hannah가 현재의 자신과 처음 의사를 찾았을 때의 자신 사이에 차이가 있다고 느끼는지를 생각해 보도록 했다. 앞서 기록했듯이(그녀의 회기 요약에서, p. 98) Hannah는 덜 우울하게 느낀다고 말했고, 나는 그녀가 할아버지에게 일부 분노 감정을 표현했다고 언급할 수 있었다. 그녀는 미소를 지으며 내가 "선생님이 처음 생각했던 것만큼 나쁘지 않았다."고 말했고, "아마도 이 세상에는 얻을 수 있는 것만을 추구하지 않는 사람들도 있을 것"이라고 덧붙였다.

그럼에도 불구하고, 나는 그녀가 어렸을 때 놓쳤던 충분한 관심과 사랑을 내가 그녀에게 보여 주지 않아 실망감을 느끼며, 이는 지난 몇 년 동안 그녀가 깊이 느껴왔던 것이라고 제안했다. 함께 작업할 수 있는 능력이 있음에도 불구하고, 나는 그녀가 원하면서도 두려워하는 친밀감에 대한 소망을 불러일으키는 어떤 관계도 여전히 믿지 못한다고 생각했다. 어쩌면 그녀는 스스로 중단시킴으로써 내가 더 이상 그녀를 실망시키지 않도록 해야 했을 것이다.

어머니의 상실과 그로 인한 친밀감의 상실로 여전히 많은 슬픔이 그녀에게 깊이 묻혀 있다는 직감을 나는 혼자 간직해 두었고, Hannah가 휴가 전 회기에서 언급하였던 또 다른 영역에 대해서는 이야기하지 않았다. 그 회기에서 Hannah는 그녀 가족의 모든 여성이 젊은 나이에 죽었다고 말했다. Hannah와 진행한 몇 번의 회기와 같은 단기 작업은 상담자나 내담자가 확인 가능한 모든 어려움을 살펴보는 것을 목표로 할 수 없으며 그렇게 해서도 안 된다. 또한 회기나 계약을 종료하기 직전에 새로운 관심 영역을 개방해서도 안 된다. 마지막 회기에서 내가 제안했던 것은 아마도 우리 관계가 아직 초기 단계에 머물고 있는 것처럼 느껴지는 시점에서 만남이 끝나고 있다는 것이었다. 그러나 나는 그 회기에서 전국을 돌아다니며 무익하게 엄마를 찾는 것, 그리고 할아버지에게서 벗어나지 못하는 것이 다시 가라앉고 있는 것으로 보이는 그녀의 우울증 해소에 도움이 되지 않을 것이라는 염려를 느꼈다.

Hannah는 어디로 갈지 알게 되면 내게 연락하여 그 지역의 상담자 추천을 받을 수 있는지 물었다. 나는 이것이 가능하며, 나와 상담한 것보다 더 오래 그녀를 볼 수 있는 사람을 찾는 것이 도움이 될 것으로 생각한다고 말했다. 나는 내 마지막 말에 대해 조금 미심쩍었는데, 그것은 결국 그녀가 나를 일찍 떠난 것에 대한 은근한 비판처럼 보였기 때문이다. 반면에 나는 Hannah가 이제 확인하기 시작한 다른 주제들 중 일부를 작업하기 위해 보다 장기적인 상담이나 치료의 기회가 필요하다고 느꼈다.

나는 그녀가 떠나는 것이 매우 슬펐다. 그것은 내가 초기 노트에서 설정한 목표 중 일부를 달성한 유용한 단기상담이었다(p. 93 참조). 더 자세히 살펴볼 기회를 갖기 전에 Hannah가 종결하기로 결정하였지만 다른 목표 중 몇 가지가 다루어졌다. 다음 달에 나는 그녀로부터 그들이 약 50마일 떨어진 대도시에 있고 그녀가 그것을 '싫어한다'는 짧은 편지를 받았다. 그 후 6주 뒤에 그림 엽서가 도착하였는데, 그들은 조용한 마을에 정착하였고 그녀는 가사도우미로, 할아버지는 정원사로 일한다고 적혀 있었다. 짧은 문장은 다음과 같이 끝이 났다. "마침내 조용한 곳입니다. 할아버지는 우울해하고 집착하며 매우 피곤해합니다. 하지만 우리는 봄이 오기를 기대하고 있어요." 그러고 나서 나는 다시는 그녀에게서 소식을 듣지 못했다.

휴식의 중요성

Hannah와의 종결은 갑작스러움과 미해결된 주제들로 인해 여러 면에서 불만족스러웠다. 이것은 상담에서 이례적인 것이 아닐 수 있는데, Hannah를 보았던 당시에는 덜 일반적이었던 단기 작업이 유행하는 요즘에는 더욱 그렇다. 진전이 있을 수 있고 또 그에 따른 내담자와 상담자의 성취감이 있을 수 있지만, 시간이 더 주어진다면 작업할 수도 있는 많은 것들이 남아 있다. 그러나 정신분석 자체에서 볼 수 있듯이 가장 집중적이고 장기로 진행되는 정신역동적 작업조차 불가피하게 미진한 부분을 남긴다. Freud 자신도 마지막 논문 중 하나인 「종결 가능한 분석과 종결 불가능한 분석(Analysis Terminable and Interminable)」(1937/2002)에서 정신분석이 과연 완료될 수 있을지를 논의하였다.

정신분석, 심리치료 또는 상담이 이론적으로 결코 끝나지 않는 것이라면, 항상 자신에 대해 더 배울 것이 있기 때문에, 실제로는 시간, 치료자나 상담자의 기술, 그리고 내담자의 희망에 의해 제한이 된다. 무료 혹은 저렴한 비용으로 상담과 치료를 제공하는 기관과 환경에서 특히 그렇다. 상담이 제공할 수 있는 것의 한계는 많은 사람들이 가진 삶의 측면을 반영한다. 모든 사람이 언젠가는 해결되지 않은 감정이 있는 결말과 상실을 경험한다. 개인의 성장과 발달 과정에서 아주 많은 상실, 결말 및 새로운 시작이 있기 때문에 적어도 일부가 만족스럽게 해결되지 않는다면 놀라게 될 것이다. 태어날 때부터 아이의 성장과 발달에 반응하여 부모-자녀 관계에서 일어나는 빈번한 변화를 통해, 그리고 이어서 성인의 삶의 변화와 기회를 통해, 모든 사람은 일련의 과도기를 지난다. 이 중 일부는 중대한 격변이며, 특별한 스트레스 지점으로 인식된다.

이러한 시작과 끝, 또한 우리 자신의 죽음에 대해 단서를 제공하는 '작은 죽음들'에 대해서는 상세히 말하지 않겠다. 이 책에서 기술한 두 내담자에게 어려움을 겪게 한 몇 가지 상실을 상기시키는 것만으로도 충분하다. 어머니, 아버지 및 독립의 상실, 최근 집에서의 퇴거(Hannah), 자유와 직업의 상실, 아내의 상실, '모국'을 떠난 것, 사람들과의 우정 상실, 딸과의 이별, 그리고 딸의 결혼으로 인한 상실(Karl). 이 요약은 주요 사건만을 나열한 것이며, 할아버지가 지갑을 훔쳤을 때 Hannah가 경험한 신뢰의 상실이나 나와의 계약에 동의하여 Karl이 자기 삶에 대해 통제를 일부 상실한 것과 같이 더 미묘한 상실은 포함하지 않았다.

이러한 유형의 상실은 사람들이 경험할 수 있는 많은 어려움과 부정적인 감정을 발생시키며, 상담을 받으러 올 때 내담자가 처음 제시하는 즉각적인 상실인 경우가 많고, 이것이 다시 이전의 상실을 상기시킨다. 1장에서 분명히 밝혔듯이, 정신역동 상담자는 상담자가 과거의 상실을 만회할 수 없지만 실망, 분노, 슬픔, 그리고 그와 관련된 다른 정서는 당연히 애도의 일부로서 표현되고 인정될 수 있다는 것을 인식하도록 돕고자 한다. 따뜻하고 촉진적인 환경이 절대적으로 필요하지만, 실망과 고통이 매우 깊은 곳에서는 그 자체로 충분하지 않을 때가 많다. 상담 관계를 통해 힘든 감정을 가져온 실망과 상실을 재경험할 수 있으며, 내담자는 이러한 감정이 관계를 손상시키거나 더 긍정적인 감정을 파괴하지 않는다는 것을 발견할 수 있다.

따라서 정신역동 상담자는 내담자가 어릴 때 부모와의 관계에서 경험하였던 실패와 실망 중 일부를 거의 필연적으로 반복하는 과정에서, 상담자가 부분적으로 관여되어 있다는 것을 내담자에게 보여 줄 기회를 얻는다. 이러한 기회 중 다수는 상담의 단절과 치료적 관계에 대한 실망에서 비롯된다. 예를 들어, 회기가 끝나는 것은 상담자가 그들의 시간에 제한을 두었다는 것을 의미한다. 예약은 정기적이고 매주 있을 수 있지만 상담자는 내담자가 이야기할 필요가 있을 때마다 '대기 중' 이거나 '준비 중'인 상태가 아니다. 상담자(그리고 그보다는 덜하지만 내담자)의 휴가는 내담자에게 평소보다 더 오랜 시간 동안 상담자 없이 지내야 한다는 것을 의미하기에, 이것은 일부 내담자에게 어려울 수 있다. 관계를 끝내는 것은 상담자, 상담, 그리고 혼자서 대처해야 하는 것에 대해서 많은 감정을 느끼게 된다. 회기의 연속성이 중단되는 것은 항상 계약 종료를 위한 예행연습이 될 수 있다. 동시에 상담 자체 및 상담자와 관련된 모든 상실의 경험은 비록 그것이 오래된 상처를 열어보게 하겠지만, 아마도 처음으로 그들이 치유를 시작할 수 있도록 해 준다.

따라서 상담의 휴식과 종결은 상실을 경험하고 바라보는 방법을 제공한다. 상담과정에는 내담자가 상담에 들어가고 그 안에 머물기 위해 직면해야 하는 다른 미묘한 상실이 있다. Wolff(1977)는 심리치료의 중심 주제인 상실에 관한 중요한 논문을 통해 치료에서 (그리고 암묵적으로 정신역동상담에서) 새로운 시작을 준비하기 위해 특정한 신념과 환상을 포기해야 한다고 언급했다. 그는 자신이 독립적이고 스스로 대처할 수 있다는 환상의 상실, 상담에 참여하거나 자신의 덜 수용되는 부분을 소유하고 공유하는 데서 동반될 수 있는 체면의 상실을 포함하였다. 마찬가지로, 상담을 찾는 사람은 종종 낡은 가치를 포기해야 하고, 오랜 태도를 포기하면 억제 부족과 통제의 상실로 이어질 수 있다는 두려움에 직면하게 된다. 상담에서 상실과 관련된 다른 측면은 성인의 삶에서 유지될 수 없는 유아적 소망을 포기하는 것을 포함한다. 예를 들어, 결코 슬픔이나 실망으로 얼룩지지 않는 완벽하게 행복한 삶에 대한 열망이다. 삶의 현실에 직면하기 위해서는 환상을 포기해야 한다.

Wolff는 치료자와의 관계에서 상실을 살펴봄으로써 논문을 마무리한다. 그의 사례는 휴식과 종결의 중요성을 뒷받침한다. 상담자가 신뢰성 있고 규칙적인 연속성을 제공하려고 노력하지만 내담자는 그의 상담자가 개인적으로 친구나 부모 같은 인물이 될 수 없으며, 상담자가 회기와 계약 기간이라는 특정 기간 동안 가용하다는 점에서 실망을 느낄 수 있다. 비슷하게, 상담자는 자신의 전문성을 가능한 한 민감하고 능숙하게 실천하려고 노력하지만, 항상 이상에 미치지 못하고, 완전히 듣지 않거나 모든 것을 이해하지 못하거나 때때로 잘못된 해석을 함으로써 내담자를 실망시키기 마련이다. 이 중 어느 것도 재앙이라고 여길 필요가 없는데(상담자가 이러한 손실과 실망을 이야기할 용기가 있다면), 왜냐하면 그러한 좌절은 내담자의 삶에서 피할 수 없는 실망에 대처하는 것을 배울 기회를 제공하기 때문이다.

상담자와 내담자가 상담을 종결하기로 동의한 시점이 가까워지면 이러한 실망감은 다른 상실감과 결합된다. 이것은 예를 들어, Elizabeth Kübler-Ross(1970) 또는 Murray Parkes(1972)가 기술한 죽음 후의 이별 및 애도 과정과 몇 가지 측면에서 유사하다. 미리 알려진 경우 충격의 요소가 줄어들기는 하지만, 실제 죽음이 없다고 해도 치료적 관계의 종료에는 부인, 분노, 슬픔이 선행될 수 있다. 이러한 감정이 얼마나 강하게 일어나는지는 내담자가 그 과정에 얼마나 많은 자기 투자를 했는지, 그리고 상담자에 대한 그들의 감정이 얼마나 강한지에 달려 있다. 상담자는 그러한 감정의 증거를 경청하고, 상담 과정의 끝이 다가옴에 따라 그러한 감정을 표현할 수 있도록 돕는다. 그러한 감정을 인식하는 것은 깔끔한 결별(내담자가 상담자와 만족스럽게 분리될 수 있는 경우)과 지저분한 결말 사이의 모든 차이를 만들 수 있다. 후자의 경우, 내담자는 상담자를 붙잡기 위해 다양한 전략을 취하며, 연락을 유지하거나, 추가 회기를 원하거나, (최악의 결말로) 첫 상담에서 남은 미완성 문제를 해결하기 위해 실제로 두 번째 상담자에게 가야 할 수도 있다.

휴식과 종결 다루기

따라서 상담 관계의 종결을 다루는 방법은 매우 중요하다. 휴가를 위한 휴식이나 정기적 회기의 공백 처리도 마찬가지로 중요한데, 이것은 상담자의 부재나 내담자의 부재로 인한 것일 수 있으며, 예를 들어 내담자가 자신이 통제할 수 없는 상황으로 인해 참석하지 못하는 경우가 있다. 잘 처리된 종결은 내담자의 감정을 존중하는 방식으로 상담을 마무리할 수 있는 기회를 제공한다. 상담 중의 일시적인 휴식이 덜 중요해 보일지라도, 그럼에도 불구하고 위에서 살펴본 것처럼 이는 상담의 종결을 위한 예행연습이며 상담자를 만나지 않는 것이 어떠할지에 대한 간단한 예비 맛보기이다. 일부 내담자, 특히 상담자에게 크게 의존하는 내담자의 경우, 한 번의 회기 누락으로 인한 부재조차 심각하게 불편하고 두려운 것으로 경험할 수 있다.

종결의 경험을 최대로 활용하기 위해서 정신역동 상담자는 계획된 만남에 변경이 생길 때를 대비해서 내담자에게 준비시킬 필요가 있다. 이것은 부분적으로 내담자에 대한 존중에서 비롯된 것이므로, 상담자는 계획된 휴식이 발생하기 적어도 3주 전에 내담자에게 전달해야 한다. 하지만 이것은 또한 다가오는 휴식이 상담 과정의 일부가 되도록 해야 하며, 때로는 내담자가 회피하려고 할지라도 상담자는 그들의 루틴에서 예정된 휴식을 의제로 포함한다. 휴식을 내담자에게 알릴 때, 정신역동 상담자는 그 시점부터 내담자가 말하는 것에서 분리, 상실 또는 종결에 대한 언급을 특히 주의 깊게 듣는다. 외부 상실에 대한 언급은 내담자가 상담자와 관련해서 경험하고 있는 감정에 대한 전치일 수 있다(pp. 153-154, 189-190 참조).

예를 들어, 우리가 마무리하기로 계획한 2주 전에 Karl은 자신이 감옥에서 석방되었다는 소식과, 그로 인해 자유로워질 것이라는 안도감과 바깥 세상에서 어떻게 대처할 것인가에 대한 두려움이 기이하게 뒤섞인 상태가 된 것을 이야기하였다. 나는 이러한 내용에 대해 Karl이 상담이 끝나는 것을 말하는 것이 아닐까 하는 생각이 들었다. 한편으로 그는 규칙적인 방식에 얽매이는 것을 두려워하기 때문에 종결은 안심할 수 있었다. 다른 한편으로, 종결은 그가 더 이상 나를 볼 수 없을 때 가끔 나타났던 무서운 에피소드에 얼마나 잘 대처할 것인가에 대한 걱정을 불러일으켰을 수도 있다. 그래서 나는 그에게 "혹시 우리가 2주 후에 마치는 것에 대해 당신의 마음이 좀 그런가요?"라고 물었다. Karl은 그것이 조금 걱정된다고 대답했다. 나는, "그리고 아마 여기에 오지 않아도 되는 자유로움도 있지 않을까요?"라고 덧붙였다. Karl은 그 말에 미소를 지으며 고개를 저었고, 나는 그 미소가 나의 말이 맞다는 말인지 아니면 고개를 저은 것이 내가 틀렸다는 의미인지 궁금해졌다.

내담자가 말하는 내용에서 다가오는 휴식이나 종결에 대한 걱정을 시사하는 언급이 없더라도, 상담자는 계속해서 내담자에게 '3주' '2주' '1주'가 남았다고 상기시키며, 항상 종결을 염두에 두고, 회기를 시작할 때 언급한다. 그러면 내담자는 원하는 경우 자신의 반응을 나눌 수 있다. 만약 아무 반응이 없다면 다가오는 휴식에 대해 어떤 감정을 느끼는지 내담자에게 물어보는 것이 종종 도움이 된다. 때로는 그때서야 "그리울 거예요."와 같은 말을 하여 상담자를 놀라게 하지만, 휴식이 그들에게 전혀 의미가 없다고 부인하는 내담자가 항상 있을 것이다. 감정을 부인하는 것은 그 자체로 흥미로운데, 특히 다른 사람에 대한 감정이 그들에게 영향을 미치도록 허용하지 않는 사람들을 볼 때 더욱 그렇다.

그러므로 정신역동적 접근에서는 상담자가 휴식 기간 동안과 휴식에 대한 내담자의 감정을 나타낼 수 있는 언급을 주의 깊게 듣고자 한다. 이는 휴식이 의도적인지 여부에 관계없이 적용된다. 사실 상담자나 내담자 측의 예상치 못한 부재가 발생한 경우에 내담자의 반응을 듣는 것이 훨씬 더 중요하다. 다시 말하지만 그러한 언급은 감정을 회기 외부의 상황에 전치하는 등 간접적일 수 있지만, 이는 상담 관계에도 동일하게 속하는 것이다.

예를 들어, Hannah는 이 장의 처음에 기술된 회기에서 할아버지에 대한 분노를 이야기했는데, 나는 그것을 기회로 삼아 그녀가 말하는 것을 나와 내 휴가에 대한 그녀의 감정과 관련시켰다. Hannah는 자기 혼자서 대처하도록 내버려둔 채 내가 떠나있는 동안 즐겁게 지낸다고 느꼈음을 확인시켜 주었다. 이것은 할아버지가 집안을 관리하는 모든 책임을 그녀에게 맡긴 채 떠나서 도박을 즐기는 것에 대해 그녀가 가졌던 감정과 매우 유사했다.

휴식 후 첫 회기는 내담자의 반응을 살펴보는 시간으로 특히 중요하지만, 어떤 경우에는 이러한 감정이 이후 회기로 계속 이어질 수도 있다. 따라서 휴식 전과 직후에, 상담자는 휴식과 관련된 것으로 보이는 모든 것에 특별한 주의를 기울인다. 이것은 내담자가 기술하는 외부 상황의 현실을 부정하거나 간과한다는 것을 의미하는 것이 아니라, 상담자가 가능한 한 상담 관계 내에서 일어나는 일과 다른 곳에서 경험한 것 사이의 가능한 연결점을 찾는다는 것을 의미한다. 마지막 장에서 언급한 '통찰의 삼각형'을 이용하여, 상담자는 휴식과 종결에 대한 내담자의 감정이 지금-여기에서 관계와 과거 관계가 유사하다는 것을 관찰할 수 있을 것이다.

적절하게 다루지 못한 휴식이나 예기치 않은 휴식(정의상, 예상할 수 없는 것을 의미함)은 일단 회기가 재개되면 종종 회복될 수 있는데, 이는 특히 내담자가 느꼈을 수 있는 실망에 대한 부정적 감정을 이끌어 내는 방식일 경우이다. Hannah의 경우 나는 휴식을 잘못 다루었을지 모른다고 생각했고, 따라서 그녀의 이사 결정이 나에 대한 불만을 '행동화'한 것이 아닌지 불안했다(p. 76, 145-149참조).

일단 상담이 끝나면 내담자에게 마지막 휴식에 대한 감정을 나눌 기회는 없지만 상담이 끝난 후 추가 회기를 요청하는 내담자는 종결이 충분히 작업되지 않았기 때문에 그렇게 할 수도 있다. 그러나 요즘은 필연적으로 짧은 계약이 필요하기에, 일부 내담자가 6회기를 더 진행하기 위해 다시 방문하는 일은 놀라운 일이 아니다. 또한 일부 내담자는 새로운 상황이 발생할 때 주변사람의 도움 없이는 대처 능력이 위태롭기에 더 많은 회기를 요청한다.

휴식에서와 마찬가지로 상담 종결에 대한 초점은 내담자의 반응에 있다. 결말에 초점을 맞추는 것은 내담자의 재충전에 맞춰져 있다. 합의된 계약 기간이 짧은 경우, 종결이 처음부터 보이기 때문에 상담자는 매 회기에 적어도 한번은 남은 회기 수를 언급해야 한다. 또한 상담자는 제한된 회기 수에 대해 숨겨진 혹은 명백한 언급에 귀를 기울여야 한다. 보다 장기계약이나 개방형 계약(상담이 시작될 때 명확한 제한이 설정되지 않은 계약)에서는 종결을 협의해야 한다. 종결 날짜를 정할 때는 상담이 얼마

동안 진행되었는지를 고려한다. 3개월 이상의 상담인 경우 종결은 예정된 시기의 약 4~5주 전에 협의하는 (그리고 종결에 초점을 두는) 것이 이상적이다. 1년 동안 진행되는 상담은 2~3개월 전에 종결을 알려주어야 한다. 특히 의존적인 내담자의 경우, 상담의 첫 회기에서부터 종결의 전망을 가지고 작업하는 것이 중요하다 해도 과언이 아니다. 상담자가 기존 관계에서 의존적이고 사람들을 떠나 보내지 못했던 개인사가 있는 내담자와 6개월 동안 매주 만나기로 계약을 맺는다면, 상담자는 계약의 한계와 개인사의 심각한 혼란에 대한 언급을 연결하면서, 한 주가 지날 때마다 상담 관계의 끝을 계속 언급해야 한다.

상담자가 내담자를 다른 곳에 의뢰하더라도, 그들 관계의 종결은 내담자가 상담을 완전히 중단할 때와 마찬가지로 중요하다. (내담자가 상담자를 2회기를 만났든지 2년을 만났든지 간에) 잘못 다루어진 종결은 의뢰된 상담자 혹은 치료자에게 어려움을 줄 수 있으며, 내담자가 제공된 도움을 받는 것을 막을 수도 있다.

종결에 대한 상담자의 감정

휴식과 종결을 잘 다루려면 상담자는 자신의 감정, 특히 자신의 어려움이나 '역전이'로 인해 종종 가려지는 감정을 인정해야 한다(6장 참조). 예를 들어, 특히 상담자에 대한 요구가 강렬할 때, 상담자에게 휴식이 주는 안도감은 그 휴식이 내담자에게 어떤 의미인지 이해하는 것을 방해할 수 있다. 상담자의 휴가를 불필요한 사치로 여기는 내담자가 있을 수 있는데, 예를 들어 그는 자신의 감정이 가라앉지 않거나 괴로운 상황에 처해 있지만 상담자가 일을 쉴 수 있다는 것에 대하여 분개하는 것이다. 또 다른 예는, 상담자가 한 내담자와의 상담을 마치면 일반적으로 다른 내담자가 대기하고 있어 그 자리를 채우게 되는데, 이는 상담자가 누군가에게 '필요한 존재이고 싶은 욕구'를 곧 충족시키게 된다. 각 내담자가 얼마나 중요하든지, 단기 작업에서 대부분은 새로운 내담자가 자리를 차지하면 상담자의 기억에서 이전 내담자는 상당히 빠르게 정리된다. 따라서 지금까지 가졌던 가장 중요한 (그리고 독특한) 관계 중 하나인 종결에서 내담자가 느끼는 슬픔을 상담자가 스스로 경험하지 못할 수 있다.

상담자가 유능해지고 싶고 또 그들의 작업이 내담자에게 도움이 되었다고 느끼고 싶은 욕구가 있어서, 처음에 가진 기대 중 일부가 비현실적이거나 지나치게 낙관적이라고 해도 내담자가 그 기대가 달성되지 않은 것에 대해 실망하는 말을 하게 될 때 상담자는 이를 듣기 어려워할 수 있다. 만약 너무 짧은 시간 후에 종결해야 하는 시점에서 일부 내담자가 경험할 수 있는 분노나 좌절을 상담자가 수용할 수 없다면, 떠나는 시점에서 내담자들이 느끼는 부정적인 감정을 그들이 인정하도록 내담자를 돕지 못할 수도 있다. 일부 상담자는 자신감이나 자존감이 부족하기 때문에 자신이 어떤 내담자에게 매우 중요한 위치를 차지했다는 것과 그들이 자신을 그리워한다는 것을 보지 못하는 경우가 있다. 상담자가 분리와 상실에 관련된 모든 감정을 스스로 인정하는 법을 배웠을 때에만 내담자는 상담이 끝날 때 종종 전면에 등장하는 긍정적이고 부정적인 감정을 마주하도록 격려받을 수 있다.

휴식과 종결에 관련된 감정

그러므로 상실과 사별에 동반되는 모든 일반적인 감정이 상담자 및 상담과 관련하여 노출될 수 있다. 종결에서 슬픔이 가장 분명한 감정이지만 유일한 감정은 아니다. 내담자가 표현하지 않거나 억제하고 있는 다른 감정을 끌어내야 할 수도 있다. 내담자가 거부하더라도 종결에 대한 다양한 감정을 적절하게 표현할 수 있도록 잠정적으로 제안할 수 있다. 그중 일부는 상담이 끝난 후 나중에 실제로 경험될 수도 있으며, 끝나기 전에 이야기되었다면 설령 거부되었더라도 내담자가 그것을 정상적이고 예상할 수 있는 것으로 볼 수 있다.

예를 들어, 슬픔을 생각해 보면, 어떤 내담자는 그들이 종결에서 슬픔을 느낄 수 있다는 상담자의 제안을 거부할 수 있으며, 그 순간에 그들은 진심이다. 그들은 특별히 아무것도 느끼지 않지만 마지막으로 방을 떠날 때 갑자기 목이 메고 슬픔이 밀려오는 것을 느낄지 모른다. 상담자가 이러한 가능성을 미리 인지했다면 훨씬 더 좋은데, 그러면 내담자가 스스로에게 다음과 같이 말할 수 있기 때문이다. '그녀는 분명히 내가 슬픔을 느낄 거라고 예상했어. 그렇지 않다면 그런 말을 하지 않았을 거야. 슬픔을 느껴도 괜찮아.' 상담자가 그럴 가능성을 언급하지 않는다면, 나중에 실제로 매우 우울한 기분을 느끼는 내담자들이 자신의 슬픔을 처음에 도움을 요청하게 된 우울증의 재발로 오해할 수도 있다.

이러한 이유로 나는 상담에서 마지막 몇 주 동안 종결에 대한 다양한 반응을 시험해 보는 것이 중요하다고 제안하며, 가능하다면 특정 감정에 대한 그러한 제안을 내담자가 이미 보여 준 비슷한 내용과 연결시킨다. 표면 아래의 내용을 주의 깊게 경청하고 치료적 관계에 연결하는 것은 경험을 가지면서 이루어지는데, 특히 슈퍼비전이 다양한 종결에 대해 내담자와 성찰할 수 있는 기회를 상담자에게 제공할 때 더욱 그러하다.

그러나 종결에는 슬픔 외에도 다른 감정이 있을 수 있다. 그중 일부는 상담이 단기이거나 내담자의 삶에서 외적인 현재 문제 수준에 머물렀을 때 이러한 감정이 나타나지 않을 수도 있다. 그러나 단기 작업에서도 상담이 진행된 방식에 따라 다른 감정이 있을 수 있다. 종결에 대한 안도감은 내담자가 상담을 받는 것에 확신이 없고 상담을 활용하려는 진정한 욕구보다는 의무감이나 순응해서 상담을 받아들인 경우에 나타날 수 있는 반응이다. 동기가 충분한 내담자와의 장기상담이 끝날 때에도 어떤 의미에서는 어느 정도의 안도감을 볼 수 있는데, 결과가 아무리 유익하더라도 회기와 배움이 어느 정도 고통스러웠기 때문일 것이다.

상담이 종종 심리치료보다 짧은 경향이 있어서 비교적 성공적인 작업이 계속될 수 없다는 실망감 또한 있을 수 있다. 이러한 성찰의 기회에 대한 감사함 위에 끝나감의 슬픔이 어릴 수 있다. 화가 난 감정이 있을 수도 있는데, 실망하거나 원하는 것보다 빨리 끝내도록 상담자에게 조종당한 느낌이다. 여기서 상담자가 상담 시간과 심지어 회기 수를 통제하는 것이 현재 감정에 일부 기여한다는 것을 인정할 필요가 있다.

실망, 슬픔, 분노 및 안도감은 내담자가 접촉하도록 도움을 받을 수 있는 주요 감정이다. 일부 내담자는 종결에 대한 감정을 모두 부인하는데, 이것은 특히 상담이 장기간 지속된 경우 종결을 맞는 방어적인 방식일 것이다. 그러한 감정에 대한 방어의 필요성을 이해하는 것(5장 참조)은 다른 때와 마찬가지로 여기에서도 적용된다. 그 외 나타나는 감정에는 상담자가 제공한 도움에 대한 감사와 상담자가 실제로 그들을 어떻게 생각하는지에 대한 호기심이 있다. 일부 내담자는 상담자가 자신에 대한 최종 '진단'을 해 줄 것이라고 기대한다. 물론 그들이 자신이 '좋은 내담자'였다는 상담자의 승인을 바라고 있을 수도 있는데, 이는 부모와 같은 인물(parent-figures)이 자신을 어떻게 생각하는지에 대한 염려와 연결될 수 있다. 반면에, 내담자가 자신이 얼마나 발전하였는지, 이제 어떤 방향으로 나아갈지, 또는 어떤 변화와 통찰을 어떻게 통합할 수 있는지를 평가하기를 바라는 것은 종결에 접근하는 환영할 만한 방식이다.

내담자가 자신의 발전을 평가하도록 초대하는 것이 좋다. 그들은 자신이 어떤 방식으로 변했다고 생각하는가? 어떤 새로운 이해를 하게 되었나? 자신의 어떤 측면을 아직도 바꾸거나, 또는 마음속에서 계속 생각하기를 바라는가? 앞에서 이미 분명히 언급한 대로 상담은 필연적으로 일련의 불완전한 답변으로 마무리된다. Hannah의 사례와 같이 부분적인 변화, 새로운 통찰, 그리고 대부분 탐색되지 않고 미개척 영역으로 남아 있는 전체 영역이 일반적이다. 이는 Hannah의 사례에서와 같다.

상담이 끝나갈 때 내담자에게 주도권과 책임을 부여하는 것은 내담자가 자신을 성찰하고 자신의 사고와 감정에 대해 스스로 판단할 수 있다는 것을 더욱 분명히 해 준다. 상담자가 자신의 통찰과 인식을 공유하는 방식은 내담자가 자신에 대해 더 잘 자각하도록 고무한다. 시간과 내담자의 준비도에 따른 한계 내에서 상담자의 역할은 상담자가 내면화되어 내적으로 수용하고, 내면의 다양한 '목소리'를 경청하여 다양한 사고와 감정을 인정하고 포용하는 방향으로 내담자가 나아갈 수 있도록 한다. 나는 이미 내담자가 마치 상담자와 대화하는 것처럼, 상담자가 할 수 있는 반응을 상상하면서 생각하기 시작하는 방식을 언급하였다. 이러한 내면화 과정이 더욱 완성될수록 내담자는 내면화된 상담자를 대신해 스스로 치료자가 된다. 상담자는 내적 세계에 거주하며 그들에게 영향을 미치는 다른 모든 중요한 사람들과 함께, 그들의 내적 세계에 무의식적으로 기여하는 또 다른 존재가 된다.

상담에서 큰 성공을 이루지 못할지도 모른다. 그럼에도 불구하고 내담자를 놓아주는 능력은 그 자체로 좋은 상담의 사인이며, 좋은 양육과 일치한다. 내담자의 미래의 안녕과 대처 능력에 대해 지나치게 염려하는 상담자는 종결을 미루거나 내담자가 정당한 사유 없이 점점 더 많은 시간을 요구하도록 허용함으로써 종결을 처리하지 못할 수 있다.

종결에 대한 결정은 간단하지 않다. 단기적인 경향이 있는 상담의 특징 중 하나는 장기적인 심리치료의 경우보다 그러한 결정을 훨씬 더 자주 처리해야 한다는 것이다. Malan(1976)은 시간 제한이 필수 요소인 단기 심리치료(brief psychotherapy)를 개척했다. 그는 단기 치료(약 30회기를 의미함)의 효과에서 핵심 요소 중 하나는 치료자가 환자에게 종결의 의미를 해석하는 능력이라고 주장하였다. 시간이 제한된 작업은 종결을 건설적으로 활용하여 상실의 보편적 현실에 대처하는 내담자의 경험을 심화시킴으로써 필연으로부터 미덕을 만들어 낸다.

통찰을 제공하는 종결

나는 Karl과 6주 동안 만나기로 약속했는데, 그 시점은 Karl 자신이 마치고 싶어 하는 시기로 딸의 결혼식 직전이었다. 그가 나를 계속 만나는 것에 대해 상당한 양가감정을 보였다는 것을 기억할 것이다. 그의 저항을 이해하려고 시도한 덕분에 Karl은 조금 더 안전하다고 느꼈고, 그가 제시간에 와서 마지막 회기를 더 잘 활용할 수 있었다고 생각한다.

나는 Karl이 제시한 내용에 신중하게 반응했고, 그가 느꼈던 불안을 인식하면서, 우리가 가진 짧은 시간을 감안하여, 그가 어느 날 아침에 겪었던 반쯤 꿈 같은 에피소드에서 공포에 압도당할 수 있는 경험을 공유했다. 나는 그가 내용을 통제하도록 두고, 그가 이 나라에서의 생활에 적응하도록 지지하는 것을 목표로 하는 데 만족했다. 계약이 절반을 조금 넘어서 종결까지 3주를 남긴 때에, Karl은 자신의 대처 능력에 더 자신감을 갖는 것으로 보였다. 나는 그에게 우리가 마치기로 합의한 날짜를 상기시켰다.

Karl은 약간 불안해 보이며 조용해졌다. 몇 분 동안의 침묵 후에, 그가 다소 멍한 표정으로 있었기 때문에 내가 개입했다. "무슨 생각을 하고 있나요? 멀리 떨어져 있는 것 같아요."라고 말하였다.

"강탈당했어요." 그가 중얼거렸다.

그는 우리의 첫 만남에서 정확히 그 말을 사용했다. 그 당시에는 그 말이 무슨 의미인지 몰랐지만, 지금 그 말이 떠올랐다. 그 이후로 그의 이야기를 더 들으면서, 수감생활로 인해 자유와 아내, 그리고 딸의 어린 시절 대부분을 잃었을 때 그가 어떤 식으로 강탈당했는지 알 수 있었다. 하지만 지금 무엇이 그 말을 하게 만들었을까? 휴식에 대한 언급이 그 구절을 촉발한 것으로 보였다.

그에게 종결을 상기시킨 것이 왠지 강탈당했다는 표현을 촉발시켰다는 느낌이 강하게 들었지만, 나는 우리 관계를 너무 명백하게 언급하는 것이 꺼려졌다. 나는 "전에도 그 말을 했었잖아요. 강탈당했다고 느끼세요?"라고 말했다. 나는 의도적으로 동사를 현재 시제로 사용하였는데, 왜냐하면 과거에 일어났던 일이 어떤 식으로든 지금 다시 경험되고 있기 때문이었다.

"나는 그 느낌이 무서워요. 내가 볼 수 있는 것은 어둠, 달과 별, 희미한 빛의 작은 창문밖에 없어요." 다시 말하지만, 그가 사용한 몇 가지 표현이 첫 번째 만남에서 나왔었다. 종결 작업에서는 때로 내담자가 처음에 상담자에게 제시했던 어려움과 증상이 다시 나타난다. 그것은 내담자가 떠나고 싶지 않다는 표시일 수 있으며, 따라서 계약을 연장하기 위해 원래의 염려를 재현한다. 그러나 이 경우 우리는 아직 살펴보지 않은 것으로 돌아가고 있었다.

나는 "마음속의 모습들이 당신에게 무엇을 의미하나요?"라고 물었다. 초반에 종결에 대해 알렸기 때문에 다행히도 아직 회기에서 이것을 탐색할 시간이 충분했다.

"감옥이요." Karl이 슬프게 대답했다. "감옥이요. 밤에 밖을 내다보며, 어둠 속의 거대한 공간, 달과 별을 보았던 것을 기억해요. 그 혹독한 곳에서는 어디서도 찾을 수 없었던 부드러움을 빛 속에서 느꼈어요. 특히 아내가 나를 버렸다는 것을 알았을 때 밤하늘이 내게 주었던 위안을 기억해요…."

Karl은 달과 별에 대해 말하는 동안 침착했지만, 아내와 관련되면서 괴로운 표정이 그를 더욱 고통스럽게 하였다. 남은 회기는 긴장감이 감돌았고, 나는 그에게 우리가 원래 합의했던 것보다 몇 주 더 만나는 것이 더 나을 수도 있다고 제안했다. 회기의 종결을 상기시킨 것이 뭔가 중요한 것을 수면 위로 끌어올렸다는 느낌이 들었다. 이 경우에는 유연하게 새로운 상황에 적응할 필요가 있었다.

이후 2주 동안 Karl은 회기 중에 이미 내게 말했던 내용을 더 자세히 설명했다. 그 다음 주가 되어서야 돌파구가 마련되었는데, 딸의 결혼식 이후의 회기였다. Lucy와 그녀의 남편은 며칠 동안 떠나 있었고, Karl은 몽상이 엄청나게 재발하는 것을 경험했다. 사실 처음에 그에게 나를 만나보라고 제안했던 친구가 내게 전화를 했고, 그의 마음 상태를 얼마나 걱정하는지를 이야기했다.

사실 나는 그것을 늦게서야 알게 되었고, 독자들은 이미 Karl의 불안과 현재 사건 간의 본질적인 연관성을 예상했을 것이다. 사실, 그가 젊은 부부의 신혼여행을 망치고 싶지 않았기 때문에 Lucy에게 자신의 상태를 알리지 않는 것이 중요하다는 것을 말했을 때, 나는 '강탈당했다'라는 것의 진정한 의미를 깨닫기 시작했다. 그는 Lucy의 남편을 좋아했지만, 더 깊은 곳에서는 Lucy를 자기에게서 빼앗아 갔다고 느꼈다. Lucy는 어떤 의미에서 길잡이 별이었다. Lucy에 대한 생각은 감옥에 갇혀 있던 암울한 날들을 견디게 해 주었다. 그 끔찍한 날들로 다시 데리고 가려고 위협했기 때문에 그를 매우 불안하게 만들었고, 이전에 아내를 잃었던 기억을 상기시켰다. 그리고 또 다른 차원에서 그는 밤하늘의 자유와 위안을 가진 경험을 반복하는 것으로 보였고, 그래서 결혼식 전 몇 주 동안 더 현실로 다가온 Lucy에 대한 상실로부터 어떤 식으로든 주의를 돌리기 위해 행동한 것으로 보인다.

우리가 종결을 계획한 시간을 상기시킨 것은 사실 Lucy의 결혼식이 훨씬 더 가까워졌다는 것을 깨닫게 하였다. 이것이 그가 그처럼 이상하게 반응한 이유였다. 하지만 그런 식으로 반응하지 않았다면, 그는 결국 더 완전한 그림과 더 만족스러운 결말을 짓는 데 도움이 되는 몇 가지 단서를 제공하지 못했을 것이다.

제삼자와의 모든 의사소통은 내담자와 공유되어야 하므로 나는 Karl에게 그의 친구로부터 연락을 받았다고 말했다. 그 회기에서 우리는 지난 며칠간 그에게 일어났던 일을 살펴보았고, 나는 그의 정신 상태와 Lucy의 결혼 간에 관련이 있을 수 있다고 제안했다. Karl은 처음에 자신은 너무 기뻐할 뿐이며 그녀에게 가장 좋은 것을 원할 뿐이라고 강하게 주장하며 이를 반박했다. 나는 다음 회기까지 기다린 후에 비로소 그가 그녀를 진심으로 아끼지만, 또한 그녀를 너무나 아끼기 때문에 그녀를 잃는 것이 받아들이기 힘들 거라는 정도로 덧붙일 수 있었다. 나는 "정말이지 그녀는 당신에게 너무나 큰 의미이기 때문에, 한편으로는 그녀를 떠나보내고 그녀가 독립해 나가는 것을 보는 즐거움을 찾는 것과, 다른 한편으로는 그녀를 당신 삶의 빛으로 붙잡는 것 사이에 갈등이 있습니다."라고 말했다. 다음 회기가 되었을 때 이제 거의 불안한 생각에서 벗어난 Karl은 딸의 남편을 좋아하기는 하지만 아마도 Lucy의 결혼이 그의 마음속에서 아내가 그를 떠나 다른 남자에게 가는 것과 연관되어 있겠다고 스스로 말하였다.

처음 만났을 때 Karl의 정신 상태가 위태로웠고, 과거의 경험으로 인해 그에게 장기적인 어려움이 남아 있었음에도 불구하고, 즉각적 '위기'에 명확한 초점을 맞추었기 때문에 그를 도울 수 있었다. 위기가 점점 더 분명해짐에 따라 초점을 제공했는데, 그가 보기에는 결혼을 통해 딸을 잃게 될 것이었기에 위기가 촉발된 것이다. Karl은 딸을 보내주려고 애쓰고 있었다. 의식적으로 그가 그녀의 장래 행복을 이제 다른 남자와 함께 찾을 것임을 받아들였지만, 무의식적으로 큰 고통을 느끼고 있었으며 이를 Lucy에게나 자기 자신에게 직접 표현할 수 없었다. Hannah의 할아버지와는 달리, 그는 이제 딸의 결혼을 통해서 딸과의 관계가 더 성숙한 관계로 변화하는 것을 이루어 낼 수 있었다. 더욱이 그는 이미 의식적으로 적응하는 것을 받아들인 상태가 되었으며 이는 상담을 통해 그가 무의식적으로 항의를 듣고, 이해하고, 수용하고, 떠날 수 있게 되면서 더욱 완전해졌다.

결론

글쓰기를 마치는 지점에서, 나는 상담 기간 동안 내담자와 상담자가 걸어온 길고 다양한 여정을 적절하게 요약하는 것이 불가능하다고 생각하는 상담자들과 비슷한 입장이라는 것을 발견하였다. 나의 설명과 사례는 정신역동적 접근의 실무를 지배하는 주요 고려사항들을 보여 주지만, 이 얇은 책에서 다룰 수 없는 것이 훨씬 더 많다. 주의 깊은 경청과 정확한 반응을 통해, 그리고 상담자와 내담자의 관계를 통해, 첫 번째 접촉에서 마지막 회기에 이르기까지 정신역동적 접근은 여러 가지 중요하고 독특한 특징을 포함하고 있다는 것을 독자가 이해하는 데 도움이 되었기를 바란다. 만약 이 글에서 설명한 이론과 실무에 대해 모든 설명을 뒷받침하는 단 한 가지를 선정해야 한다면, 그것은 조용히 성찰적이면서도 끈질긴 질문이다. '이것은 무엇을 의미하는가? 이 말, 그 행동, 이 기억, 그 감정, 저 상징, 이 방어, 우리 관계의 이런 측면. 이것은 무엇을 의미하는가?'

추가 읽을거리

종결 회기와 상담의 종결 다루기에 대해서는 Susan Howard의 『Skills in Psychodynamic Counselling and Psychotherapy』(2010: 129-30 and 132-7)를 참조하라. 이 주제에 관하여 종합적으로 다루는 드문 자료로 Lesley Murdin의 『How Much is Enough? Endings in Psychotherapy and Counselling』(2000), 그리고 『British Journal of Psychotherapy』(1994)에 게재된 그녀와 M. Drayton의 논문 「Time to go-therapist induced endings in psychotherapy」가 있다. 그리고 A. Leigh의 『Referral and Termination Issues for Counsellors』(1998)도 참조하라. 단기 작업에서 종결을 잘 다루는 것이 변화 과정에 미치는 중요성을 고려할 때, 단기 심리치료와 상담에 관한 다음의 텍스트는 매우 중요하다: A. Molnos, 『A Question of Time: Essentials of Brief Dynamic Psychotherapy』(1995), A. Coren, 『Short-Term Psychotherapy: A Psychodynamic Approach』(2009), G. Mander, 『A Psychodynamic Approach to Brief Therapy』(2000), 그리고 V. Garrett, 『Effective Short-Term Counselling within the Primary Care Setting: Psychodynamic and Cognitive-Behavioural Therapy Approaches』(2010)를 참조하라.

연습하기

이 장에서 설명하듯이 상실의 경험에는 여러 가지가 있는데, 이것은 삶에서 어떤 형태이거나 불가피한 것이다. 죽음으로 인한 상실이 가장 분명하지만, 이 연습하기에서는 상실이 발생한 여러 상황을 되돌아보고 그 사건에 의해 촉발될 수 있는 다양한 감정을 확인하도록 요청한다. 훈련에서 한 사람은 상실을 경험하는 사람의 역할을 맡고 다른 사람은 상담자 역할을 함으로써 상황을 연출할 수 있다. 이것은 상황을 더욱 생생하게 해 줄 수 있다.

이 연습을 혼자서 하거나 다른 사람과 함께 하거나, 각 상황에서 경험할 수 있는 감정 목록을 적는다. 다양한 상황을 비교하고 대조하며, 특히 어떤 것이 가장 지배적인 감정이고 어떤 것이 각 상황에서 근본적인 감정인지 확인한다.

a. 직장에서 산업재해로 인해 팔(다리)을 사용할 수 없게 되었다. 다른 일을 배정받았지만, 그것은 당신이 항상 해 왔던 일이 아니다.
b. 당신은 최근에 흥미로운 새로운 기회를 위해 이사를 했고, 그곳의 생활을 사랑했던 지역과 매우 그리워하는 친구를 떠났다.
c. 그들이 헤어지기를 원하고 그 결과 당신은 파트너를 잃었는데, 그 이별을 당신은 거부했다.
d. 당신은 해고되었다. 당신의 일은 매우 전문화되어 있었고 당신이 개발한 기술을 사용하는 다른 직장을 찾을 가능성이 거의 없다.
e. 당신은 지난주에 갑자기 세상을 떠난 친한 친구를 잃었다.
f. 당신은 인생에서 가장 어려웠던 시기에 크게 도움을 준 상담자와의 만남을 곧 중단할 예정이다.
g. 당신은 종교적인 방식, 혹은 정치적 견해나 압력 단체의 적극적인 일원으로서 열렬한 지지자였지만, 그 관점에 대해 가졌던 믿음과 확신을 완전히 잃었다.

일곱 가지 상황 모두에 공통적인 감정이 있는가? 그것들은 어떻게 다른가? 그리고 각각의 특정한 유형의 상실을 경험한 내담자와 작업할 때 상담자가 무엇을 염두에 두는 것이 필요한가?

참고문헌

Alexander, F. and French, T.M. (1946) *Psychoanalytic Therapy.* New York: Ronald Press.

Balint, M., Ornstein, P.H. and Balint, E. (1972) *Focal Psychotherapy: An Example of Applied Psychoanalysis.* London: Tavistock.

Bass, A. (2007) 'When the frame doesn't fit the picture', *Psychoanalytic Dialogues*, 17: 1-27.

Bettelheim, B. (1983) *Freud and Man's Soul.* London: Penguin.

Bion, W.R. (1970) *Attention and Interpretation.* London: Karnac.

Bion W.R. (1991) *A Memoir of the Future*. London: Karnac.

Bramley, W. (1996) *The Supervisory Couple in Broad-Spectrum Psychotherapy*. London: Free Association Books.

Bresler, J. and Starr, K. (eds) (2015) *Relational Psychoanalysis and Psychotherapy Integration*. New York: Routledge.

Brinich, P. and Shelley, C. (2002) *The Self and Personality Structure*. Buckingham: Open University Press.

Burnham, J.B. (1986) *Family Therapy.* London: Tavistock.

Casement, A. (2001) *Carl Gustav Jung*. London: Sage.

Casement, P. (2014) *On Learning from the Patient.* London: Tavistock.

Clarkson, P. (1991) 'A multiplicity of therapeutic relationships', *British Journal of Psychotherapy*, 7(2): 148-63.

Clarkson, P. (1994) 'The psychotherapeutic relationship', in P. Clarkson and M. Pokorny (eds), *The Handbook of Psychotherapy*. London: Routledge, pp. 28-48.

Clarkson, P. (2003) *The Therapeutic Relationship in Psychoanalysis, Counselling*

Psychology and Psychotherapy (2nd edition). London: Whurr Publishers.

Cooper, M. (2008) *Essential Research Findings in Counselling and Psychotherapy*. London: Sage.

Coren, A. (2009) *Short-Term Psychotherapy: A Psychodynamic Approach* (2nd edition). London: Palgrave.

Couch, A.S. (1995) 'Anna Freud's adult psychoanalytic technique: a defence of classical analysis', *International Journal of Psycho-Analysis*, 76(1): 153-71.

Davy, J. and Cross, M. (2004) *Barriers, Defences and Resistance*. Maidenhead: Open University Press.

Durlak, J.A. (1979) 'Comparative effectiveness of paraprofessional and professional helpers', *Psychological Bulletin*, 86: 80-92.

Edwards, D. and Jacobs, M. (2003) *Conscious and Unconscious*. Maidenhead: Open University Press.

Fairbairn, W.R.D. (1994) *Psychoanalytic Studies of the Personality*. London: Routledge.

Fordham, F. (1953) *An Introduction to Jung's Psychology*. Harmondsworth: Penguin.

Fordham, M. (1974) 'Countertransference and technique', in M. Fordham, R. Gordon, J. Hubback and K. Lambert (eds), *Technique in Jungian Analysis*. London: Heinemann.

Freud, A. (1968) *The Ego and the Mechanisms of Defence*. London: Hogarth Press.

Freud, A. (2015) *Selected Writings*. London: Penguin Modern Classics.

Freud, S. (1892) 'Draft N. Extracts from the Fliess Papers', *The Standard Edition of the Complete Psychological Works of Sigmund Freud*, Vol. I (1886-99). London: Hogarth Press, pp. 254-6.

Freud, S. (1901/2002) *The Psychopathology of Everyday Life*. London: Penguin Modern Classics.

Freud, S. (1905a) 'Fragment of an analysis of a case of hysteria', *The Standard Edition of the Complete Psychological Works of Sigmund Freud*, Vol. VII. London: Hogarth Press, pp. 1-122.

Freud, S. (1905b) *Three Essays on the Theory of Sexuality*. Penguin Freud Library, Vol. 7. London: Penguin.

Freud, S. (1912/2002) 'Advice to doctors on psychoanalytic treatment', in *Wild Analysis*

(2002). London: Penguin Modern Classics. pp. 31-41.

Freud, S. (1913/2002) *On Beginning the Treatment*. London: Penguin Modern Classics.

Freud, S. (1916) *Introductory Lectures on Psychoanalysis*. Penguin Freud Library, Vol. 1. London: Penguin.

Freud, S. (1937/2002) *Analysis Terminable and Interminable*. London: Penguin Modern Classics.

Freud, S. (1940) *An Outline of Psychoanalysis*. Penguin Freud Library, Vol. 15. London: Penguin.

Freud, S. and Breuer, J. (1895/2004) *Studies in Hysteria*. London: Penguin Modern Classics.

Fromm, E. (1959) *Sigmund Freud's Mission*. New York: Harper and Bros.

Fromm, E. (2001) *Fear of Freedom*. London: Routledge Classics.

Garrett, V. (2010) *Effective Short-Term Counselling within the Primary Care Setting: Psychodynamic and Cognitive-Behavioural Therapy Approaches*. London: Karnac.

Goetz, B. (1975) 'That is all I have to say about Freud: Bruno Goetz's reminiscences of Sigmund Freud', *International Review of Psycho-Analysis*, 2: 139-43.

Gomez, L. (1996) *An Introduction to Object Relations*. London: Free Association Books.

Gosling, R. (1968) 'What is transference?', in J. Sutherland (ed.), *The Psychoanalytic Approach*. London: Baillière, Tindall and Cassell.

Grant, J. and Crawley, J. (2002) *Transference and Projection: Mirrors to the Self*. Buckingham: Open University Press.

Gray, A. (2014) *An Introduction to the Therapeutic Frame*. London: Routledge.

Greenberg, J.R. and Mitchell, S.A. (1983) *Object Relations in Psychoanalytic Theory*. Cambridge, MA and London: Harvard University Press.

Greenson, R.R. (1967) *The Technique and Practice of Psychoanalysis*, Vol. 1. London: Hogarth Press.

Guntrip, H. (1968) *Schizoid Phenomena, Object Relations and the Self*. London: Hogarth Press.

Guntrip, H. (1971) *Psychoanalytic Theory, Therapy and the Self*. London: Hogarth Press.

Guntrip, H. (1975) 'My experience of analysis with Fairbairn and Winnicott', *International Review of Psycho-Analysis*, 2: 145-56.

Hartung, B. (1979) 'The capacity to enter latency in learning pastoral psychotherapy', *Journal of Supervision and Training in Ministry*, 2: 46–59.

Hawkins, P. and Shohet, R. (2012) *Supervision in the Helping Professions*. Maidenhead: Open University Press.

Hetherington, A. (2007) 'The use and abuse of touch in therapy and counselling', *Counselling Psychology Quarterly*, 11(4): 361–4.

Higdon, J. (2012) *Psychodynamic Theory for Therapeutic Practice* (2nd edition). Basingstoke: Palgrave Macmillan.

Hill, J. (1993) 'Am I a Kleinian? Is anyone?', *British Journal of Psychotherapy*, 9(4): 463–75.

Howard, S. (2010) *Skills in Psychodynamic Counselling and Psychotherapy*. London: Sage.

Jacobs, M. (1991) *Insight and Experience: A Manual of Training for the Technique and Theory of Psychodynamic Counselling and Therapy*. Milton Keynes: Open University Press.

Jacobs, M. (1995) *D.W. Winnicott*. London: Sage.

Jacobs, M. (1996a) *In Search of Supervision*. Buckingham: Open University Press.

Jacobs, M. (1996b) 'Parallel process-confirmation and critique', *Journal of Psychodynamic Counselling*, 2(1): 55–66.

Jacobs, M. (2000a) *Illusion: A Psychodynamic Interpretation of Thinking and Belief*. London: Whurr Publishers.

Jacobs, M. (2000b) *Swift to Hear* (2nd enlarged edition). London: SPCK.

Jacobs, M. (2001) *Still Small Voice: An Introduction to Pastoral Counselling*. London: SPCK.

Jacobs, M. (2003) *Sigmund Freud* (2nd edition). London: Sage.

Jacobs, M. (2006) 'The use of contracts in the psychodynamic/psychoanalytic approach', in C. Sills (ed.), *Contracts in Counselling and Psychotherapy* (2nd edition). London: Sage, pp. 29–40.

Jacobs, M. (2009a) 'A maturing professional approach', in M. Jacobs, *Our Desire of Unrest*. London: Karnac, pp. 163–80.

Jacobs, M. (2009b) 'Naming and labelling', in M. Jacobs, *Our Desire of Unrest*. London: Karnac, pp. 91–103.

Jacobs, M. (2009c) 'Parallel process-confirmation and critique', in M. Jacobs, *Our Desire of*

Unrest. London: Karnac, pp. 33–51.

Jacobs, M. (2012) *The Presenting Past: The Core of Psychodynamic Counselling and Therapy* (4th edition). Maidenhead: Open University Press.

Jenkins, P. (2007) *Counselling, Psychotherapy and the Law*. London: Sage.

Kennedy, E. and Charles, S. (1989) *On Becoming a Counsellor* (2nd edition). Dublin: Gill and Macmillan.

Kernberg, O. (1995) *Love Relations: Normality and Pathology*. New Haven, CT and London: Yale University Press.

King, A. (2011) 'Touch as relational affirmation', *New Directions in Psychotherapy and Relational Psychoanalysis Journal*, 5: 108–24.

Klein, J. (1987) *Our Need for Others and Its Roots in Infancy*. London: Routledge.

Kohon, G. (ed.) (1986) *The British School of Psychoanalysis: The Independent Tradition*. London: Free Association Books.

Kübler-Ross, E. (1970) *On Death and Dying*. London: Tavistock.

Leigh, A. (1998) *Referral and Termination Issues for Counsellors*. London: Sage.

Leiper, R. and Maltby, M. (2004) *The Psychodynamic Approach to Therapeutic Change*. London: Sage.

Lemma, A. (1996) *An Introduction to Psychopathology*. London: Sage.

Little, M.I. (1985) 'Winnicott working in areas where psychotic anxieties predominate: a personal record', *Free Associations*, 3: 9–42.

Lomas, P. (1973) *True and False Experience*. London: Allen Lane.

Lomas, P. (1981) *The Case for a Personal Psychotherapy*. Oxford: Oxford University Press (2nd edition, 1993, under a new title, *The Psychotherapy of Everyday Life*. London and New Brunswick, NJ: Transaction).

Lomas, P. (1987) *The Limits of Interpretation*. London: Penguin.

Mace, C. (ed.) (1995) *The Art and Science of Assessment in Psychotherapy*. London: Routledge.

Malan, D.H. (1976) *Toward the Validation of Psychodynamic Psychotherapy*. New York: Plenum Medical.

Malan, D.H. (1979) *Individual Psychotherapy and the Science of Psychodynamics*. London:

Butterworth.

Mander, G. (2000) *A Psychodynamic Approach to Brief Therapy*. London: Sage.

Maroda, K. (1991) *The Power of Countertransference: Innovation in Analytic Technique*. Chichester: Wiley.

McGoldrick, M., Gerson, R. and Petry, S. (2008) *Genograms: Assessment and Intervention*. New York and London: W.W. Norton.

McLoughlin, B. (1995) *Developing Psychodynamic Counselling*. London: Sage.

Mearns, D. and Thorne, B. (2013) *Person-Centred Counselling in Action* (4th edition). London: Sage.

Meissner, W.W. (1991) *What is Effective in Psychotherapy? The Move from Interpretation to Relation*. Northvale, NJ: Aronson.

Mellor-Clark, J., Barkham, M., Connell, J. and Evans, C. (1999) 'Practice-based evidence and standardised evaluation: informing the design of the CORE System', *European Journal of Psychotherapy, Counselling and Health*, 2: 357-74.

Mitchell, S. and Aron, L. (eds) (1999) *Relational Psychoanalysis: The Emergence of a Tradition*. New York: Routledge.

Molnos, A. (1984) 'The two triangles are four: a diagram to teach the process of dynamic brief psychotherapy', *British Journal of Psychotherapy*, 1(2): 112-25.

Molnos, A. (1995) *A Question of Time: Essentials of Brief Dynamic Psychotherapy*. London: Karnac.

Monger, J. (1998) 'The gap between theory and practice: a consideration of the fee', *Journal of Psychodynamic Counselling*, 4(1): 93-106.

Murdin, L. (2000) *How Much is Enough? Endings in Psychotherapy and Counselling*. Hove: Routledge.

Murdin, L. and Drayton, M. (1994) 'Time to go-therapist induced endings in psychotherapy', *British Journal of Psychotherapy*, 10(3): 354-60.

Omand, L. (2009) *Supervision in Counselling and Psychotherapy: An Introduction*. Basingstoke: Palgrave Macmillan.

Paley, G., Cahill, J., Barkham, M., Shapiro, D., Patrick, S. and Reid, E. (2008) 'The effectiveness of psychodynamic-interpersonal therapy (PIT) in routine clinical practice:

a benchmarking comparison', *Psychology and Psychotherapy*, 81(2): 157-75.

Palmer, S. and McMahon, G. (eds) (1997) *Client Assessment*. London: Sage.

Parkes, C.M. (1972) *Bereavement*. Harmondsworth: Penguin.

Pool, Z. and Jacobs, M. (2017, in press) *Counselling Adult Survivors of Childhood Abuse*. Maidenhead: Open University Press.

Psychoanalytic Electronic Publishing (2016) www.pep-web.org (accessed 3 April 2017).

Racker, H. (1968) *Transference and Countertransference*. London: Hogarth Press.

Rayner, E. (1990) *The Independent Mind in British Psychoanalysis*. London: Free Association Books.

Rayner, E. (2005) *Human Development: An Introduction to the Psychodynamics of Growth, Maturity and Ageing* (4th edition). London: Routledge.

Rowan, J. and Jacobs, M. (2002) *The Therapist's Use of Self*. Buckingham: Open University Press.

Samuels, A. (1985) *Jung and the Post-Jungians*. London: Routledge and Kegan Paul.

Searles, H. (1955) 'The informational value of the supervisor's emotional experiences', in H. Searles (1965), *Collected Papers on Schizophrenia and Related Subjects*. London: Hogarth Press.

Searles, H. (1965) 'Oedipal love in the counter-transference', in H. Searles, *Collected Papers on Schizophrenia and Related Subjects*. London: Hogarth Press.

Segal, J. (2004) *Melanie Klein* (2nd edition). London: Sage.

Shedler, J. (2010) 'The efficacy for psychodynamic psychotherapy', *American Psychologist*, 65(2): 98-109.

Siegel, A.M. (1996) *Heinz Kohut and the Psychology of the Self*. London: Routledge.

Sills, C. (ed.) (2006) *Contracts in Counselling and Psychotherapy* (2nd edition). London: Sage.

Smith, D.L. (1991) *Hidden Conversations: An Introduction to Communicative Psychoanalysis*. London: Routledge.

Stewart, I. (2013) *Transactional Analysis Counselling in Action* (4th edition). London: Sage.

Strachey, J. (1934) 'The nature of the therapeutic action of psychoanalysis', *International Journal of Psycho-Analysis*, 15: 127-59.

Sullivan, E.M. (ed.) (1998) *Unconscious Communication in Practice*. Buckingham: Open University Press.

Walker, M. and Jacobs, M. (2004) *Supervision: Questions and Answers for Counsellors and Therapists*. London: Whurr Publishers.

Wallis, K.C. and Poulton, J.L. (2001) *Internalization*. Buckingham: Open University Press.

Walrond-Skinner, S. (1996) 'Family therapy', in M. Jacobs (ed.), *In Search of Supervision*. Buckingham: Open University Press, pp. 120-34.

Williams, H. (1982) *Some Day I'll Find You*. London: Mitchell Beazley.

Winnicott, D.W. (1958) *Collected Papers: Through Paediatrics to Psycho-Analysis*. London: Hogarth Press.

Winnicott, D.W. (1960) 'Counter-transference', in D.W. Winnicott (1965), *The Maturational Processes and the Facilitating Environment: Studies in the Theory of Emotional Development*. London: Hogarth Press.

Winnicott, D.W. (1965) *The Maturational Processes and the Facilitating Environment: Studies in the Theory of Emotional Development*. London: Hogarth Press.

Wolff, H.H. (1977) 'Loss: a central theme in psychotherapy', *British Journal of Psychology*, 50: 11-19.

찾아보기

인명

내용

저자 소개

Michael Jacobs는 라이세스터대학교(University of Leicester) 상담 및 심리치료 프로그램의 책임자로서 수년간 재직했다. 그는『정신분석의 창시자 지그문트 프로이트』(SAGE, 2판, 2003/이용승 역, 학지사, 2007)와『아동정신분석의 거장 도널드 위니컷』(SAGE, 1995/김은정 역, 학지사, 2014)을 포함하여 60여 권의 책을 저술하거나 편집을 맡았다. 현재 그는 은퇴하여 본머스대학(Bournemouth University)의 객원교수로 재직 중이며, 여전히 영국 각지에서 가끔씩 강의를 하고 있다.

역자 소개

김영근(Kim Youngkeun)

한국심리치료상담학회 편집위원장

현 인제대학교 상담심리치료학과 부교수

전 캐나다 윈저대학교 심리학과 방문학자

손자영(Son Jayoung)

한국심리치료상담학회 자격관리 부위원장

현 홍익대학교 세종캠퍼스 겸임교수

리솜심리상담센터 센터장

김미례(Kim Mirye)

한국심리치료상담학회 대외협력위원장

현 호남대학교 상담심리학과 부교수

전 한국학교상담학회 회장

김수임(Kim Sooim)

한국심리치료상담학회 부회장

현 단국대학교 상담학과 부교수

단국대학교 대학생활상담센터 센터장

김종수(Kim Jongsoo)

한국심리치료상담학회 총무이사 · 홍보위원장

현 계명대학교 태권도학과 조교수

전 한울 스포츠심리상담연구소장

박승민(Park Seungmin)

한국심리치료상담학회 회장

현 숭실대학교 기독교학과 상담심리전공 교수

숭실대학교 부부가족상담연구소 소장

신선임(Shin Sunim)

한국심리치료상담학회 사례연구위원장

현 숭실대학교 기독교학과 상담심리전공 부교수

한국생산성본부 기업교육 · 코칭 교수

안인숙(Ahn Insook)

한국심리치료상담학회 교육연수 부위원장

현 서울대학교 대학생활문화원 전문위원

전 숭실대학교 상담인권센터 연구교수

윤숙경(Yun Sookgyeong)

한국심리치료상담학회 감사

현 심리상담연구소 마음on마음 소장

조난숙(Cho Nhansook)

한국심리치료상담학회 교육연수위원장

현 한성대학교 교양학부 교수

전 한국정신분석심리상담학회 부회장

최바올(Choi Baole)

한국심리치료상담학회 윤리위원장

현 한국기술교육대학교 교양학부 부교수

한국기술교육대학교 상담 · 진로개발센터 센터장

홍상희(Hong Sanghee)

한국심리치료상담학회 국제교류위원장

현 이화여자대학교 마음E센터 특임교수

정신역동상담의 실제
Psychodynamic Counselling in Action, Fifth Edition

2024년 9월 20일 1판 1쇄 인쇄
2024년 9월 25일 1판 1쇄 발행

지은이 • Michael Jacobs
옮긴이 • 김영근 · 손자영 · 김미례 · 김수임 · 김종수 · 박승민
신선임 · 안인숙 · 윤숙경 · 조난숙 · 최바올 · 홍상희
펴낸이 • 김진환
펴낸곳 • ㈜ 학지사
04031 서울특별시 마포구 양화로 15길 20 마인드월드빌딩
대표전화 • 02-330-5114 팩스 • 02-324-2345
등록번호 • 제313-2006-000265호

홈페이지 • http://www.hakjisa.co.kr
인스타그램 • https://www.instagram.com/hakjisabook/

ISBN 978-89-997-3223-2 93180

정가 20,000원

역자와의 협약으로 인지는 생략합니다.
파본은 구입처에서 교환해 드립니다.